書山有路勤為徑
學海無崖苦作舟

文經閣

書山有路勤為徑

學海無崖苦作舟

文經閣

資治通鑑

故事導讀

英國哲學家培根說過：「讀史使人明智。」
唐太宗李世民也說過：「以古為鏡，可以知興替。」
讀者們在讀這本書的時候可能為其中某個故事哈哈大笑，
也為其中某個人物的悲慘遭遇默默垂淚，
但是當合上這本書的時候，希望讀者們從中獲得豐富的知識。

全國各國、高中指定國文科輔導教材

■讓國文不在艱澀。讓你輕鬆閱讀、迅速累積國學基礎

■讓我們一起展開這幅瑰麗的歷史畫卷，徜徉在歷史的長河裡

司馬光◎原著
姜波◎譯著

前言

《資治通鑑》是北宋著名史學家司馬光（1019年—1086年）歷時19年，主持編撰的第一部編年體通史，記載了從戰國時代至五代1362年間的史事。書中以時間為綱，以事件為目，綱舉目張，時索事敘。為了做到敘述詳備，司馬光等人在編纂此書時，會在每一事件中留下一段空白，以隨時補充資料，即司馬光所謂「寧失於繁，毋失於略」，然後再考證異同，刪除繁冗。因此此書清晰地記述了歷史重大事件的前因後果，以及事件發生的環境，使讀者能夠輕易地理解事件的發展過程，而無突兀之感。

司馬光等人完成此書後，將其上呈神宗皇帝。神宗皇帝御覽後，給予高度評價，稱「有鑑於往事，有資於治道」，於是此書定名為「資治通鑑」，並且神宗皇帝親自為此書作序，使其在後來新黨對舊黨的打擊迫害中得以保全。

司馬光以為統治者提供借鑑為出發點，希望統治者能夠以前世的興衰鑑，考證當今為政得失。然而此書的功效絕非僅止於此，甚至可以幫助人修身齊家治國平天下，宋末元初的學者胡三省就評價此書說：

「為人君而不知《通鑑》，則欲治而不知自治之源，惡亂而不知防亂之術，為人臣而不知《通鑑》，則上無以事君，下無以治民，為人子而不知《通鑑》，則謀身必至於辱先，作事不足以垂後。」

《資治通鑑》一書是司馬光等人於17本正史以及野史、譜錄、別集、碑誌等三百多種雜史中，辨別異同，存是去非，撰成此書，因此有極高的史料價值，在我國史學界佔有極為重要的地位。內容以政治、軍事和民族關係為主，兼及經濟、禮樂、曆數、天文、地理和歷史人物評價，博大精深，詳略得當，有「體例嚴謹，脈絡清晰，網羅宏大，體大思精，史料充實，考證稽詳，敘事詳明，繁簡得宜」的美譽。

也正是因為《資治通鑑》體大思精，導致今天的讀者不可驟然全得，只當「如飲河之鼠，各充其量而已」。在這巨大的精神財富面前，讀者只能像在河邊飲水的鼴鼠，各取所需，各充其量。《資治通鑑故事導讀》的出現，就是希望成為讀者「飲水」的一個工具，幫助讀者更方便地「飲水」。

因為體例的限制，原著在敘述歷史事件時，不可避免地將同一事件分散地列在不同的時間下，使得事件的來龍去脈分散開來。

《資治通鑑故事導讀》為了聚攏線索，將原本每個在原著中分散的故事或人物串連起來，並加入一些相關知識介紹，以期成為讀者進行閱讀的有效工具。

資治通鑑

三家分晉

春秋時期，晉國雄踞中原，曾一度稱霸天下。到春秋末期，晉國的國力日趨式微，國家大權也旁落六卿（卿，也稱卿大夫，古代官職名。西周以後先秦諸侯國中，在國君之下有卿、大夫、士三級官吏，其中以卿最高。大夫有封地，可以世襲）之手，即智氏、趙氏、魏氏、韓氏、中行氏和范氏，其中又以智氏權力最大。

當初在智宣子立嗣之時，族人智果堅決反對立智瑤（即後來的智伯）為嗣，而是提議立智宣子的庶子（庶子，指妾生的兒子。古代是妻妾制，正妻生的兒子為嫡子，妾生的兒子為庶子。庶子的地位，較嫡子為低，不能承奉祖廟的祭祀和承襲父祖的爵位和產業）智宵為嗣。智果認為，智瑤比之常人有五個優點：美貌高大、精於騎射、多才多藝、能文善辯、堅毅果敢。這些優點可以助其擊敗別人，但是智瑤有一個致命的缺陷，就是為人不仁厚。他好施機巧，不露聲色卻內心兇狠，可以憑藉自己的才能制伏別人，但是多行不義，無法與人和睦相處。如果立智瑤為嗣，智氏宗族將會因此招致滅頂之災，不如把表面駑鈍但秉性忠厚的智宵立為嗣子。智宣子沒有採納智果的建議，智果便決定與智氏劃清界線，到掌管姓氏的太史（太史，古代官職名。在西周和春秋時期，是朝廷大臣，掌管起草文書，記載史實，並兼管國家典籍、天文曆法、祭祀等）那裡，請求脫離智氏，改為輔氏。

智宣子去世後，智瑤繼承爵位，是為智襄子，又稱智伯。果如智果所言，智伯確實大有作為，多次對外用兵並取得勝利，威震諸侯。之後又聯合趙氏、魏氏滅掉范氏、中行氏，三家平分其地。取得這些成就之後，智伯的缺點也逐漸暴露出來，專橫跋扈而又貪得無厭。

一次，智伯與韓康子、魏桓子宴飲。席間，智伯先是戲弄韓康子，後又侮辱韓康子的家臣段規。家臣警告智伯：公然侮辱他人而不加以防備就必定會招致災難，智伯卻不可一世地說：「災難從來都是我施加給別人，我不興起災難，誰敢興起？」他將規諫當作耳旁風，依然我行我素。

權勢正熾，智伯日益驕縱，狂妄地向韓康子索要土地。韓康子本不想答應，家臣段規建議說：「智伯為人貪婪兇狠，如果不答應他的要求，就會受到他的攻擊。不如暫時答應他的要求，他得到土地後就會愈加狂妄，一定會以同樣的方法向別人索要土地。如果遭到拒絕，雙方勢必兵戈相向，那時我們再伺機而動。」韓康子覺得段規的話很有道理，就按照智伯的要求如數奉上土地。

智伯得到土地後，越發狂妄，之後又向魏桓子提出索地要求。對此不合理要求，魏桓子予以拒絕，家臣任章說：「智伯平白無故地向他人索要領土，必定會引起眾人的慌恐；暫時答應智伯的要求，智伯必定會驕縱。智伯驕縱輕敵，我們慌恐而團結相親，用團結相親之兵對付驕傲輕敵的智伯，智家離滅亡也就不遠了。」魏桓子也採納了家臣的建議，向智伯獻上土地。

如此，智伯更加狂妄地不可一世，隨後向趙襄子索要土地，不料卻遭到拒絕。趙襄子膽敢拂逆，智伯怒不可遏，脅裹魏、韓兩家，圍攻趙氏家族的老巢晉陽（今山西太原）。趙襄子不敵，堅守不出，智伯則引汾水灌城。晉陽城遂成澤國，百姓家中爐灶被淹，大家只得懸釜而炊。

儘管如此，百姓因為感念趙氏平日的恩情，沒有背叛趙襄子。智伯在韓康子、魏桓子的陪同下察看晉陽形勢，突然說道：「我今天才知道水可以滅亡一個國家。」韓康子與魏桓子聽後憂心不已，因為他們兩家的封邑同樣受到水的威脅。兩人的心思被智伯的家臣郤疵（郤ㄒㄧˋ疵ㄘ）察覺，郤疵過後向智伯說：「韓、魏兩家一定會反叛。他們擔心趙家滅亡之後，災難會降臨到自己身上。晉陽破城在即，然而他們面無喜色，反而是憂心忡忡，這不是反叛之兆是什麼？」第二天，智伯把郤疵的話告訴了韓康子和魏桓子，兩人均表示沒有反叛之心。韓康子和魏桓子離開後，郤疵問智伯為何要將那些話告訴他們，智伯驚奇地反問：「你是怎麼知道的？」

郤疵回答說：「他們端詳了我幾眼，然後又匆忙地離開了，這是他們知道我看穿了他們心思的表現。」智伯聽了，仍然不以為意。

晉陽被智伯圍困了整整三年，形勢越來越危急。一天，張孟談面見趙襄子，說：「韓、魏兩家迫於智伯的淫威才會攻打我們，我去向他們說明利害，動員他們反戈聯趙，共同消滅智伯。」當天夜晚，張孟談潛入韓、魏營中，說服了魏桓子和韓康子，三家決定聯合對付智伯，並約定日期發起攻擊。到了約定日期，趙襄子派人趁夜色殺掉智伯安排把守河堤的士卒，然後掘開河堤，將水引向智伯，智伯的軍隊陣腳大亂。這時，韓魏兩家從兩翼殺出，智伯的軍隊被擊潰，智伯被殺。西元前453年，智氏滅亡，智果一支因改為輔氏而得以倖免。

從此，晉國形成了趙、魏、韓三家鼎立的局面，晉國公室形同虛設。西元前403年，周威烈王冊封趙襄子的孫子趙籍為趙烈侯、魏桓子的孫子魏斯為魏文侯、韓康子的孫子韓虔為韓景侯，晉國遂亡。三家分晉意味著春秋時代的結束，戰國時代則由此拉開序幕。

名將吳起

吳起是衛國人，本來是一個貴族，但是到他這一代時已經家道中落了。他喜好談論兵事，從小立下志願，一定要成就大功業，否則就是枉活在人世間。於是他既不經商也不務農，總是帶著家裡剩下的錢財四處結交達官貴人，希望謀求一官半職。最後，他把所有的家財都用光了，也沒有得到這樣的機會。同鄉們因此嘲笑他，他一怒之下殺死了30多個譏笑自己的人。殺人之後，他決定逃走。臨行前，他咬著自己的胳膊向母親發誓，如果他做不到卿相，就絕不回來。後來吳起跟著曾參（曾參，16歲拜孔子為師，因為勤奮好學而頗得孔子真傳。他積極推行儒家主張，傳播儒家思想）學習，母親去世他都沒有回家去奔喪。曾參覺得他無情無義，就跟他斷絕了師生關係。

吳起來到魯國，魯國國君覺得他是個人才，便將他留下來委以官職。齊國出兵攻打魯國，魯國國君想任用吳起為將，但考慮到吳起的妻子是齊國人，所以有所顧慮。為了消除國君的顧慮，吳起將自己的妻子殺死，表示自己絕不會偏向齊國，因而求得大將之位，領兵大破齊國軍隊。

吳起在魯國得勢，引起了許多人的嫉恨，有人在國君面前中傷他說：「吳起曾經拜曾參為師，但是母親死了也不回去治喪，儒家向來注重孝道，所以曾參與他斷絕師生關係。現在為了求得大將之位，又將自己的妻子殺死。可見吳起是一個殘忍無德之人，我們禮儀之邦不能重用這種殘忍無德之人。」吳起擔心自己遭到陷害，便離開了魯國。

吳起聽說魏文侯是一位禮賢下士的明主，於是投奔魏國。魏文侯得知吳起前來投效，與大臣李克商量，李克說：「吳起品行不佳，為人貪圖功名和美色，但是他的軍事才華卻非同凡響，就是齊國名將司馬穰苴（穰苴，司馬穰苴，是春秋時期齊國著名的軍事家，本姓田，因為戰功卓著被封為大司馬，所以又被世人稱為司馬穰苴，由他撰寫的《司馬穰苴兵法》是我國古代重要的軍事理論，被列為武經七書之一）也不能跟他相比。」於是魏文侯接納吳起，任命他為大將。不久之後，吳起領兵攻擊秦國，替魏國攻下五座城池。

吳起做大將，與最下層的士兵穿同樣的衣服，吃同樣的飯。睡覺不鋪席子，行軍不騎馬坐車，親自背乾糧，與士兵們分擔勞苦。軍中一位士兵患了毒瘡，吳起親自幫他把膿水吸出來。這個士兵的母親知道這件事情後，大哭不止。旁人就問她：「你的兒子是一個普通的士兵，吳起將軍親自為他吸吮毒瘡，你的兒子遇到這樣一個愛戴士卒的將軍，應該高興才對，為什麼還哭呢？」

士兵的母親回答說：「不是這樣的。當年吳將軍曾為孩子的父親吸過毒瘡，之後他父親作戰從不後退，因此死在敵陣之中。現在吳將軍又替我兒子吸毒瘡，我知道他也會和他父親一樣，要死在敵陣之中，所以才哭啊！」因為吳起與士卒分擔疾苦，所以深得士卒擁護。

魏文侯去世之後，魏武侯即位。一日，魏武侯與吳起乘船順西河而下，船到中流，魏武侯對吳起說：「穩固的山河真是壯美啊，這是魏國的國寶啊！」

吳起回答說：「一個國家最寶貴的是施行德政，而不是險要的地勢。當初三苗氏部落，左面有洞庭湖，右面有彭蠡湖，但是他們不肯施行德政，最終被禹消滅。夏朝君王桀的居住之地，左邊有黃河，右邊是泰華山，伊闕山在其南面，羊腸坂在其北面，但因朝政不仁，終被商湯放逐。商朝紂王的都城，左邊是孟門，右邊是太行山，常山在其北面，黃河經過其南面，因他施政不德，被周武王殺了。由此可見，一個國家最寶貴的是施行德政，而不是險要的地勢。如果君主您不修德政，恐怕就是這條船上的人，也可能會成為您的敵人。」魏武侯聽罷，對吳起的話大加讚賞。

吳起因為出色的軍事才華，被任命為西河守將，抗拒秦國和韓國。在此期間，魏國與各諸侯國發生大戰*76*次，取得*64*次全勝，所以魏國的國土迅速向四面擴大，吳起居功至偉。魏國要設置相國，以田文擔任此職。吳起認為自己的功勞甚大，非常不甘心，於是找到田文理論。

吳起說：「統率三軍，使士兵樂於戰死，敵國不敢來犯，你比我吳起如何？」

田文說：「我不如你。」

吳起又問：「整頓百官，親善百姓，使倉庫充實，你比我吳起如何？」

田文說：「我不如你。」

吳起再問：「鎮守西河，使秦兵不敢向東侵犯，韓國、趙國伏首聽命，你比我吳起如何？」

田文還是說：「我不如你。」

吳起質問道：「這三條你都在我之下，而職位卻在我之上，是什麼道理？」

田文說：「如今國君年幼，國家多有隱患，大臣不歸附，百姓不信服。這種情況下，應該把國家託付給你呢，還是託付給我？」吳起默然不語，過了一會兒說：「應當託付給你！」

田文死後，公叔任相，他妻子是魏國的公主。公叔對吳起非常忌憚，想要除掉他，他的僕人獻計說：「吳起容易除掉，他為人有節操，廉潔而重視聲譽，你可以先向君侯說：『吳起是個賢明的人，魏國是一個小國，恐怕吳起不想長期留在魏國。』君侯必定會問你如何留住吳起，你就趁機向君侯說：『君侯可以把一位公主許配給吳起，他如果願意留在魏國就必定欣然接受，如果不願意留在魏國就必然辭謝，如此就可以探測他的想法了。』然後你再親自把吳起邀到你的府上，讓公主羞辱你。吳起看到你被公主羞辱，必定以為自己也會受到羞辱，就會拒絕婚事，這樣您的計謀就實現了。」公叔依計行事，吳起果然辭謝了與公主的婚事。魏武侯由此猜疑吳起，吳起害怕被害，於是投奔到了楚國。

楚悼王早知道吳起是一個難得的人才，當即任命吳起為相國。吳起一上任就實施改革，精兵簡政，廢除了許多不重要的官職，把省下來的錢用來獎勵士兵。在吳起的治理下，楚國很快就強大起來，其他諸侯國都十分懼怕。

吳起在楚國的改革措施損害了許多王親貴族的利益，因而受到怨恨。楚悼王去世後，吳起失去庇護，這些王親貴族率兵攻打吳起。吳起逃到楚悼王的屍體旁，伏在上面以求庇護。但是他們毫無顧忌，用箭射擊吳起，吳起中箭而死，楚悼王的屍體也中了箭。楚肅王即位後，懲處所有射擊吳起並射中先王屍體的人，因射吳起之事而被滅族的多達70餘家。

吳起是戰國初期著名的政治改革家和軍事家，與兵家之祖孫武合稱「孫吳」，著有《吳子兵法》，與《孫子兵法》一樣，在中國古代軍事典籍中具有崇高地位。

商鞅變法

秦孝公即位時，「戰國七雄」中當數秦國勢力最為弱小。眾諸侯都認為秦國卑微弱小，秦孝公深以為恥，於是立志要富國強兵，便下「求賢令」向山東（崤山以東）各國廣納賢士，衛國人公孫鞅聞訊而來。

公孫鞅喜好法家（法家是先秦諸子中對法律最為重視的一個流派，主要代表人物有商鞅、申不害、韓非子、李斯等，他們對法律的起源、本質、作用等問題做了很深入的探討，在法理學方面做出了重大貢獻）刑名之學，曾在魏國國相公叔痤（痤 ㄘㄨㄛˊ）手下做事，公叔痤深知他的才幹，但還未來得及推薦，就重病不起。魏惠王前來看望公叔痤，問道：「您如果不幸去世，國家大事如何處置？」公叔痤說：「我手下任中庶子之職的公孫鞅，年紀雖輕，卻有奇才，希望國君把國家交給他來治理！」魏惠王聽罷默然不語。公叔痤又說：「如果國君您不採納我的建議，那就要殺掉公孫鞅，不要讓他到別的國家去。」魏惠王許諾後告辭而去。

公叔痤又急忙召見公孫鞅道歉說：「我必須先忠於君上，然後才能照顧屬下；所以先建議惠王殺你，現在又告訴你。你趕快逃走吧！」公孫鞅搖頭說：「國君不能聽從你的意見來任用我，又怎麼能聽從你的意見來殺我呢？」便留了下來。果然如公孫鞅所料，魏惠王離開公叔痤，對左右近臣說：「公叔痤病入膏肓（肓 ㄏㄨㄤ），真是太可憐了。他先讓我把國家交給公孫鞅去治理，一會兒又勸我殺了他，豈不是糊塗了嗎？」

公孫鞅到了秦國後，由寵臣景監推薦見到秦孝公。秦孝公懷著很大的興趣與公孫鞅進行了第一次會面，公孫鞅跟秦孝公講解治國的道理時，秦孝公一直打瞌睡，公孫鞅走後，秦孝公埋怨景監說：「你推薦的這是什麼人啊？只會夸夸其談！」景監去問公孫鞅怎麼回事，公孫鞅說：「我跟大王講的是堯舜治理國家的辦法，大王根本領悟不了。」景監回去請求秦孝公再給公孫鞅一次機會，秦孝公答應了，可第二次見面仍然不歡而散。公孫鞅說：「這次講的是大禹、商湯和文王的治國之道，大王根本不想聽。我已經知道了大王的心思了，不過藉由這種方法來強國的話，大王只能在短時間內取得成效，要想建立像商朝和周朝那樣的不朽偉業是不可能了。麻煩你再為我引薦一次吧！」第三次見面，秦孝公和公孫鞅果然聊得十分開心，秦孝公高興地對景監說：「公孫鞅果真是個人才！」

隨後秦孝公任命公孫鞅為左庶長，讓他負責變法。變法的各項具體法令都已制定好了，但公孫鞅並沒有急著將其公之於眾，他首先做的就是取信於民。

公孫鞅在秦國都市南門立了一根三丈餘長的木頭，召集百姓並當眾許下諾言：「凡是有能將木頭搬到北門的人，奉上10金作為獎勵。」民眾感到奇怪莫名，因為當時秦國朝野上下素來就沒有信義，底下一片議論之聲。有人便說：「天底下哪有這麼便宜的事情，搬一根木頭就賞賜10金？」有人跟著說：「是啊，我看這事兒弄不好是要掉腦袋的。」眾人沸沸揚揚、莫衷一是，但並沒有誰願意上去搬那木頭。於是公孫鞅又當眾宣佈：「若是有人把木頭搬到北門，賞賜50金。」眾人譁然，更加認為這不會是真的。但重賞之下必有勇夫，其中便有一人站出來將木頭搬到了北門。公孫鞅當即兌現承諾，果然獎賞50金給搬木頭的人，以示誠信，如此民眾也都覺得這位左庶長的話可信。在取得民眾的信任之後，接著公孫鞅趁勢把變法法令公之於眾，並承諾功必賞，過必罰。此後，新法才在秦國推行起來。

公孫鞅下令將人民編為五家一伍、十家一什，互相監督，犯法連坐。舉報奸謀的人與殺敵立功的人獲同等賞賜，隱匿不報的人按臨陣降敵給以同等處罰。立軍功者，可以獲得上等爵位；私下鬥毆內訌的，以其輕重程度處以大小刑罰。致力於本業，耕田織布生產糧食布匹多的人，免除他們的賦役。不務正業因懶惰而貧窮的人，全家收為國家奴隸。王親國戚沒有獲得軍功的，不能享有宗族的地位。明確由低到高的各級官階等級，分別配給應享有的田地房宅、奴僕侍女、衣飾器物。使有功勞的人獲得榮譽，無功勞的人即使富有也不能顯耀。

變法令頒佈一年後，秦國百姓前往國都控訴新法使民不便的數以千計。這時太子也觸犯了法律，公孫鞅說：「新法不能順利施行，就在於上層人士帶頭違犯。」太子是國君的繼承人，不能施以刑罰，便將他的老師公子虔（虔〔ㄑㄧㄢˊ〕）處刑，將另一個老師公孫賈臉上刺字，以示懲戒。第二天，秦國人聽說此事，都小心翼翼地遵從法令。新法施行十年後，秦國境內路不拾遺、山無盜賊，百姓勇於為國作戰，不敢再行私鬥，鄉野城鎮都得到了治理。秦國得到大治，公孫鞅功不可沒，秦孝公為了獎賞他，把他封到了商地，所以人們又把公孫鞅叫做商鞅。

但是嚴苛的新法只強調了懲罰，卻忽視了對人們的教化。為了防止犯罪發生，法律要求人們互相監視，互相揭露，否則就「一人犯法，全家受罰」。這阻礙了人與人之間的和睦相處，於是到了秦孝公後期，人們對商鞅的法律越來越不滿了。

秦孝公逝世，太子繼位。當年因為太子犯法而受罰的兩個老師開始為自己報仇，他們詆毀商鞅有謀反之心。太子對兩個老師的心思心知肚明，但是因為他也對商鞅很不滿，所以順水推舟，決定處死商鞅。商鞅聽到這個消息，趁著深夜逃跑了，但是慌亂之中沒有帶證明自己身分的憑證，出不了城門，於是他準備到附近人家借宿一晚，不料，主人不肯，還堅決要舉報他。那家主人說：「商鞅大人有命令，如果發現家裡或鄰居家藏有不明身分的人不舉報，就要全家受罰。」最終商鞅被自己的法律捆住了手腳，被扭送到王宮。

新的秦王對他處罰自己的老師一事非常憤恨，其他的貴族也因為新法損害了自己的利益而討厭商鞅，所以都要求秦王對商鞅從重處罰，最終嚴苛的商鞅也受到了嚴苛的懲罰——車裂。

孫臏、龐涓鬥智

孫臏是戰國時期著名的軍事家，與龐涓一起拜在鬼谷子門下學習兵法。兩人才資俱佳，但孫臏略勝一籌。鬼谷子（鬼谷子，本命王詡（詡ㄒㄩˇ），是縱橫家的鼻祖，學問博大精深，精通多種學問，並且培養出了一大批傑出弟子，都是中國歷史上赫赫有名的人物，如蘇秦、張儀、孫臏、龐涓等等）因孫臏單純質樸、且是孫武（孫武，春秋末期時人，著名的軍事家，被譽為百世兵家之祖，其軍事著作《孫子兵法》十三篇，被後世兵家推崇為「兵學聖典」，是《武經七書》之首，被譯成多種語言）後代，於是將孫武所著兵書《孫子兵法》13篇傳授給了他。

出師後，龐涓憑藉出色的軍事才華當上了魏國大將。孫臏以為龐涓會顧念同窗之誼，便去投奔於他。不料龐涓嫉恨孫臏才能，竟在魏惠王面前誣告孫臏裡通外國，並請魏惠王對孫臏施以刖（刖ㄩㄝˋ）刑（挖掉膝蓋骨）。而後龐涓把孫臏關在一個秘密的地方，大獻殷勤，好吃好喝地供養。孫臏不知實情，還對龐涓感激涕零，龐涓乘機索要《孫子兵法》。孫臏身上並無抄錄本，只依稀記得一些，龐涓就弄來木簡，讓他抄錄。龐涓準備在孫臏完成之後，斷絕食物供給，把他餓死。但是，龐涓派來侍候孫臏的童僕偷偷把龐涓的陰謀詭計告訴了孫臏，孫臏才恍然大悟。

要脫身又苦於無法行走，孫臏心生一計。當天晚上，孫臏就偽裝成得了瘋病的樣子，一會兒號啕大哭，一會兒嬉皮笑臉，作出各種傻相，或唾沫橫流，或顛三倒四，又把抄好的書簡翻出來燒掉。龐涓懷疑他裝瘋賣傻，派人把他扔進糞坑裡，弄得滿身污穢。孫臏在糞坑裡爬行，顯出毫不在意的樣子。龐涓又讓人獻上酒食，欺騙他說：「吃吧，相國不知道。」孫臏怒目而視，罵不絕口，說：「你們想毒死我嗎？」隨手把食物倒在地上。龐涓讓人拿來土塊或污物，孫臏反而當成好東西抓來吃。龐涓由此相信孫臏確實是精神失常了，疑心也稍有解除。

齊國的一位使者出使魏國，瞭解到了孫臏的情況，回去時把他在魏國的所見全部告訴了齊國相國鄒忌，鄒忌又轉告了齊威王。齊威王命令辯士淳于髡（髡ㄎㄨㄣ，淳于髡，戰國時期齊國著名的政治家和思想家，他博學多才，能言善辯，微言大義以諷諫齊威王，匡正得失）到魏國去見魏惠王，暗中找到孫臏，秘密地把孫臏接回齊國。

孫臏來到齊國，首先做了大將田忌的門客，深受賞識。在一次賽馬中，幫助田忌獲勝，由此受到齊威王的重視。齊威王經常和孫臏談論兵事，發現孫臏具有出色的軍事才能，於是將他留在身邊，並且拜他為老師。

魏國在國喪之時被趙國乘虛而入，奪走了附屬國中山國。西元前354年，魏惠王想要報此一箭之仇，派大將龐涓率兵奪回中山國。大將龐涓認為中山國不過彈丸之地，距離趙國又很近，不如直接攻打趙國的都城邯鄲（邯ㄏㄢˊ鄲ㄉㄢ），既能一洩心頭之恨又能沉重打擊趙國，可謂一舉兩得。魏惠王接受龐涓的建議，調撥戰車5百乘與龐涓，命其直取趙國邯鄲。

龐涓治軍有方，軍隊戰無不勝，很快便包圍了趙國的都城邯鄲，趙國形勢危急。第二年，迫於形勢，趙國向齊國求救，許諾以中山國作為解圍的報酬。齊威王允諾，當即任命孫臏為主將，領兵前往救援。孫臏因為自己受到刖刑而落下殘疾，如果擔任大將就會受到敵人的恥笑，這樣己方的士氣就會受到打擊，所以婉言謝絕。於是齊威王改任田忌為大將，孫臏為隨軍軍師。

田忌與孫臏率兵進入魏、趙交界之地，田忌本來打算領軍直接去趙國與魏軍作戰，孫臏制止說：「要解開糾纏錯雜的繩結，不可以握拳去擊打，應當用手指慢慢解開；要解開搏鬥，不能讓自己動手參與其中，而是開口勸說。如今魏、趙兩國相互攻打，魏國的精銳部隊必定在國外精疲力竭，老弱殘兵在國內疲憊不堪。你不如率領軍隊火速向魏國的國都大梁挺進，佔據它的交通要道，衝擊它防守空虛的地方，魏國國都被圍困，魏王肯定會下令龐涓放棄攻打趙國而回兵自救。我們再在龐涓回師的必經之路，中途伏擊他，必定可以大獲全勝。這樣，我們不但可以一舉解救趙國之圍，而且可坐收魏國自行挫敗的成果。」

田忌聽取了孫臏的意見，出兵圍困魏國的都城大梁，魏王果然下令龐涓回軍自救。龐涓收到魏王的命令後，丟掉糧草輜重，星夜從趙國撤軍回國。孫臏預先在魏軍回國的必經之地桂陵設下埋伏，當魏軍經過時，齊軍突然出擊，大敗魏軍。

西元前342年，龐涓帶領10萬大軍，分三路進攻韓國。韓國國小勢微，就派出使臣向齊國求救。齊威王任命田忌為主將，孫臏為軍師去救韓國。孫臏與龐涓之間的智鬥，再一次上演。

孫臏知道龐涓素來輕視齊軍，認為齊軍膽小懦弱，於是採取誘敵深入的方法。龐涓決定與齊軍決一雌雄。不料，齊軍不肯交戰，稍一接觸就向東退去。龐涓緊追不放。頭一天，齊軍營地有10萬人的飯灶；第二天，還剩5萬人的灶；到第三天，只剩3萬人的灶了。龐涓得意地說道：「我就知道齊國的士兵都是膽小鬼，如今不到三天就逃跑了大半！」於是他傳令：「留下步兵和笨重物資，集中騎兵輕裝前進。」

當魏軍來到一個叫做馬陵道的地方時，孫臏指揮早已埋伏好的弓箭手見到火光就萬箭齊發。龐涓聽說前面的道路被樹木堵塞，忙上前察看。朦朧間他看到路旁有一大樹，上面隱約有字，於是派人點起了火把。當龐涓看清樹上的那一行字時，大吃一驚，原來樹上寫著：

「龐涓死於此樹下！」

他這才知道中了孫臏的計謀，但是一切都已經太晚了。埋伏在山林中的齊軍一見火光，頓時萬箭齊發，魏軍亂成一團，死傷無數。龐涓身負重傷，知道敗局已定，就拔出佩劍自殺了，臨死前說：「這樣一來倒成就了這小子的名聲！」齊軍乘勝追擊，徹底打敗了魏國的軍隊，俘虜魏太子。

張儀誆楚

張儀是魏國人，曾經師從鬼谷子，學習縱橫之術。出師之後投奔到楚相國昭陽門下，昭陽因為立下戰功得到楚王賞賜和氏璧。一天，和氏璧（和氏璧，是春秋時期楚國人卞和獻給楚王的一塊絕世美玉，楚王為了表彰卞和，將此寶玉命名為「和氏璧」。「和氏璧」是稀釋珍寶，幾經輾轉，最後被秦始皇所得，做成了傳國玉璽）丟了，眾人認定張儀家境貧寒，和氏璧一定是被張儀偷去了。被誣陷的張儀被嚴刑拷打，遍體鱗傷，被放出來後，張儀問自己的妻子：「我的舌頭還在嗎？」妻子告訴他還在，張儀笑著說：「只要我的舌頭還在，我就有機會出人頭地。」

離開魏國後，張儀去了秦國，受到秦惠文王的賞識，被拜為客卿，直接參與謀劃軍國大事。不久，張儀幫秦國從魏國手中奪得上郡15縣和河西重鎮少梁，被秦惠文王提拔為相國。

秦惠文王想要討伐齊國，但是因為齊、楚兩國是盟國而有所顧慮，齊國是中原霸主，楚國則雄霸南方。為了瓦解齊、楚聯盟，秦惠文王派張儀前往楚國。張儀對楚懷王說：「大王如果與齊國廢除盟約，秦國願意獻上商於6百里土地。」楚懷王高興地答應了張儀。群臣都來慶賀，只有陳軫（軫ㄓㄣˇ）表示擔憂，楚懷王怒責：「不費一兵一卒就得到6百里土地，這有什麼不好？」

陳軫回答：「只怕商於的土地不會輕易到手。秦國忌憚楚國，是因為我們與齊國互為盟友，如果我們與齊國廢除盟約，陷入孤立境地，秦國又怎麼會白送土地給我們！張儀回去之後，必定會背棄諾言。到時候大王與齊國斷交，又與秦國結怨，必定會受兩國夾攻。不如先假裝與齊國斷交，如果張儀遵守諾言把土地獻上，我們再與齊國斷交也不遲。」

楚懷王已經對張儀的話深信不疑，怒斥道：「請你閉上嘴巴，不要再說廢話了，等著看我去接收大片土地吧！」隨後下令與齊國斷交。

張儀回到秦國後，假裝從車上跌下摔傷，三個月不上朝。楚懷王聽說，擔心張儀認為自己與齊國斷交的誠意不夠，於是派使者去齊國辱罵齊王。齊王大怒，當即與秦國和好。這時張儀才開始上朝，他見到楚國使者，故作驚訝地問：「你為何還不去接受割地？從某處到某處，有6里多。」使者憤怒地回國報告給楚懷王，楚懷王勃然大怒，想發兵攻打秦國。

西元前312年，楚懷王派大將屈丐出兵秦國，定要活捉張儀，將他帶回楚國千刀萬剮，以洩心頭之恨。然而齊國出於對楚背信棄義的報復，派兵相助秦國，使楚軍腹背受敵。楚國大敗而歸，10萬大軍只剩下2萬餘人。而且在這次戰爭中，秦國攻佔了楚國漢中6百餘里土地，楚國上下慌恐不已。韓、魏兩國更是乘人之危，在這時派兵侵佔了楚國與本國接壤的城池。楚懷王聞訊後急得像熱鍋上的螞蟻，無奈之下，便派屈原出使齊國，向齊王請罪，意圖重修舊好；另一方面，又派陳軫去秦國割地求和。

聽完使者陳軫的議和請求，秦惠文王答道：「用不著你們再割兩座城池了，我看就用我國商於之地換取貴國黔中之地吧，不知道楚王肯是不肯呢？要是楚王答應交換，我秦國就立即罷兵。」陳軫回去把這話轉告給了楚懷王，楚懷王這時已經不在乎割地讓城，他最恨的就是張儀，欲殺之而後快。於是他派使者去慷慨地答覆秦惠文王：「用不著交換，只要秦王能把張儀交給我處置，我情願奉送黔中之地！」

當時秦惠文王身邊的大臣有許多都很妒忌張儀的才能，於是紛紛在秦惠文王面前說：「用一個人就換取幾百里土地，何樂而不為呢？」

秦惠文王厲聲說道：「張儀對秦國有大功，我怎能把忠臣交給敵人，你們是想陷我於不仁不義之地嗎？居心何其歹毒！」

可是張儀聽後卻對秦惠文王說：「我一個人能換取黔中幾百里地，這是多大的面子啊！就憑這點我就甘願身入險地，為國捐軀。」

秦惠文王決意不肯讓張儀離去。張儀又懇求說：「大王不必擔心，此去也未必是禍，說不定還有好的轉機，我主意已定，就請大王放心吧。」秦惠文王素知張儀謀略超凡，才能出眾，定有化險為夷的本事，於是只好答應，讓他去了楚國。

到了楚國，張儀先暗中拜會了楚懷王寵臣靳（靳ㄐㄧㄣˋ）尚，又送給了他許多見面禮，然後再去求見楚懷王。楚懷王見到張儀後非常生氣，怒火中燒，馬上讓人把張儀關押起來，擇日殺了祭祀太廟。靳尚聽後立即向楚懷王的寵妾鄭袖告知此事，並對鄭袖說：「大王這樣做實屬下策啊！秦王如果知道楚王殺了張儀，必定不會善罷甘休，不如對張儀棄之不顧。我聽聞秦王將不惜用重金美女來搭救張儀，如果真是這樣，那對你將是大大不利啊！」

鄭袖聽後覺得如果秦王真進獻美女來楚，她的寵妾地位只怕不保，於是決定勸楚懷王釋放張儀。鄭袖面見楚懷王後含淚痛訴道：「大王萬萬不可殺張儀啊！以妾之見，此舉定會召來禍端，秦王若是動怒，必定引兵來犯，到時候楚國就危險了！只有釋放了張儀才可相安無事。以妾之愚見，秦國是當今強國，不如我們還是和秦國搞好關係，善待張儀才是！」

正當楚懷王舉棋不定之時，靳尚又求見說：「張儀是秦國相國，是秦國的功臣，秦王非常看重他，如果大王善待張儀並感化他，那麼張儀必定會讓秦王跟我國和好，楚國的存亡就在此一舉啊！」楚懷王這下終於改變了主意，和顏悅色地說：「好吧，我一向很相信你們，這次我就依你們的意見，立即釋放張儀，並設宴款待他，給他壓壓驚。」張儀臨走的時候，楚懷王還送給他許多金銀珠寶。

屈原（屈原，戰國末期楚國貴族，忠心侍奉楚懷王而屢遭排擠，因為受讒而被楚懷王放逐，最終投入汨羅江，飲恨而死。他開創了「楚辭」，代表作《離騷》開創了我國古代浪漫主義詩歌的先河）聽到這個消息，對楚懷王說：「大王您難道忘了當年張儀是怎麼欺騙您的嗎？現在您放了他，後患無窮啊！」聽到屈原的話，楚懷王後悔莫及，馬上派人去追殺張儀，但是一切已經太遲了，張儀早已跑回秦國。

蘇秦合縱

蘇秦出生在洛陽一個普通的百姓家庭，但他從小就伶俐善辯，勤奮好學。長大以後，他想依靠自己的智慧來光耀門楣，於是就去東方的齊國向鬼谷子學習權謀之術，張儀是他的同學。

過了幾年，蘇秦辭別了老師，遊走於各國之間，想要投靠明君施展才華，結果諸侯沒有一個願意採納他的意見。窮困潦倒的他回到了家鄉，蘇秦的兄嫂們譏笑他說：「我們周人的風俗就是治理產業，從事工商，你如今丟下老本行去憑嘴皮子賺錢，不是活該倒楣嗎？」蘇秦無話可說，從此閉門不出，把自己的藏書又翻了一遍，認真研究了一本叫做《陰符》（陰符：本意是我國古代情報傳遞中的重要技術手段，傳說三千年前由姜子牙發明。後來指姜子牙為此而編寫的一本兵書的名字，自唐宋之後泛指兵書）的書。他閉門不出，埋頭苦讀，常常讀書到深夜，睏了的時候，他就用冷水沖醒自己。到後來冷水也不管用了，於是他想出了另一個方法，準備一把錐子，一打瞌睡，就用錐子往自己的大腿上刺。這樣，猛然間感到疼痛，使自己清醒了，再堅持讀書。這樣苦讀了一年，蘇秦的學識大有長進，他重新開始遊說各國。

首先，蘇秦來到秦國，向秦王提出吞併天下的策略，秦王不聽。於是蘇秦離開秦國，到達燕國，向燕文公說：「燕國之所以沒有兵患，是因為南面有趙國這個屏障。秦國要攻打燕國，需要遠涉千里，而趙國則只需百里之內。不擔憂百里之患，反而顧慮千里之外，還有比這更荒謬的事情嗎？所以燕國首先要和趙國修好，兩國同仇敵愾，這樣燕國就可以高枕無憂了。」燕文公贊同蘇秦的建議，賜給他許多車馬錢財，讓他前往趙國締結盟約。

身負重任的蘇秦來到趙國後，向趙肅侯說道：「當今之世，崤山以東的國家以趙國最強，因此秦國把趙國當作心腹之患。但是秦國卻始終沒有派兵進犯趙國，是擔心韓、魏兩國在背後圖謀。所以秦國要攻打趙國，首先會除去韓、魏兩國，韓、魏兩國沒有高山大川作為屏障，勢必不能單獨抵抗秦國。秦國一旦出兵，韓、魏兩國就會俯首稱臣。秦國除去兩個後顧之憂，必定會立即對趙國用兵，到時候趙國就有亡國之禍。如今天下形勢以秦國最為強大，但是其他各國的國土總和是秦國的5倍，兵力總和是秦國的10倍，如果六國團結一致，不僅能夠免遭秦國侵犯，甚至可以向西攻破秦國。為了保全趙國，大王應當聯合韓、魏、齊、楚、燕五國，結成盟國，共同抵抗秦國。各國派出大將、相國進行會盟，互相交換人質，結成同盟並共同盟誓：『如果秦國攻打某一國，其他五國都要派出精兵，或者進行牽制，或者進行救援。如果哪一國不遵守盟約，其他五國就一起討伐它！』以這樣一個強大的同盟去對付秦國，秦國必定不敢出兵函谷關，前去侵犯各國了。大王意下如何？」趙肅侯聽了蘇秦合縱抗秦的策略，大為欣喜，將他奉為上賓，大行封賞，然後讓他去其他各國締結盟約。

於是蘇秦先後遊說韓、魏、齊、楚四國，四國國君都採納了蘇秦的建議。於是六國結盟，蘇秦成為主持六國聯盟的縱約長，兼任六國的國相。他回趙國覆命時，車馬隨從之多，可與君王相比。

蘇秦帶著這些車馬隨從經過家鄉時，風光無限。昔日嘲笑他的兄嫂都謙卑地跪在地上伺候他用飯。蘇秦笑著問：「嫂子，您如今怎麼如此謙卑？」

「現在您地位尊貴，錢財眾多啊！」他的嫂子恭敬地回答。

蘇秦說：「同樣是我，富貴時，親戚就敬畏我；貧賤時，他們就輕視我。親戚尚且如此，何況那些不相干的人呢！假如我當時聽了嫂嫂的話，現在怎麼可能擁有這六國的相印呢？」

後來，蘇秦與燕王的母親有染，事情敗露後，燕王並沒有怪罪他。為了報答燕王，他自願去齊國擔任間諜，暗中幫助燕國。到了齊國，齊宣王任命蘇秦為客卿。宣王死後，齊湣（湣ㄇㄧㄣˇ）王繼位。蘇秦故意勸說齊湣王厚葬宣王來表明自己的孝心，他還讓齊湣王大興土木，以此來顯示齊國的富庶，齊國很多大臣反對他，甚至還派人刺殺他。蘇秦受了重傷後逃跑了，湣王大怒，發誓一定要捉拿刺殺他的兇手。蘇秦臨死前對湣王說：「大王，我死了之後，把我五馬分屍，對大家說我是燕國的間諜，這樣兇手就會自己出現了。」齊王按照他說的做了，那個兇手果然自己出來邀功了。

燕昭王求賢

燕昭王的父親燕王噲（噲，ㄎㄨㄞˋ）聽信讒言，效仿古代堯舜禪讓，沒把王位傳給自己的兒子，卻讓生性殘忍的相國子之為王。子之稱王之後，立即除掉了朝中所有與太子親近的人，換成了自己的親信，而燕王噲對此不聞不問，一心只想做一個臣子。太子平為了保命只好逃到山中避難，結果燕國大亂，齊國趁虛而入，子之被殺，燕王噲也自殺而死，因為燕王噲死的時候是子之在位，所以他死後連個謚（謚，ㄕˋ，謚號，在我國古代，有地位的人死後，朝廷會給他一個稱號，作為對他生平行為的評價。帝王的謚號由禮官議論後給出，臣子的謚號則由朝廷賜予）號都沒有。

燕國的百姓痛恨子之的殘暴，以為齊國發兵是出於好心為燕國平亂，時間長了，他們才發現，齊國是想藉機滅掉燕國。百姓不忍自己的家園被侵略，奮起反抗，同時四處尋找逃跑的太子，後來他們擁立逃亡的太子為王，即燕昭王。齊國因為遭到燕國軍民的強烈反抗，只好撤兵回國。而燕國雖然沒有亡國，但這次動盪讓全國上下都深受打擊，變成了戰國七雄中最弱小的國家。

燕昭王在國難之際登上了王位，痛心於父親噲的昏庸亂國，立志要重振國勢，一雪前恥。他憑弔死者，探訪貧孤，與百姓同甘共苦。燕昭王屈尊降貴，大力招攬人才，可是一時無從下手。有人提醒燕昭王，老臣郭隗（隗ㄨㄟˇ）很有見識，不如去找他商量一下。

燕昭王登門拜訪，對郭隗說：「齊國趁我們國家內亂侵略我們，這個恥辱我是忘不了的。但是現在燕國國力弱小，還不能報這個仇。要是有個賢人來幫助我報仇雪恥，我甘願伺候他。您能不能推薦這樣的人才呢？」

郭隗說：「大王您若是想招納天下賢士，應該首先重用國內的賢士，給予他們禮遇優待。您父親留給別人的印象實在太差了，所以您必須拿出誠意，建立一個禮賢下士、積極健康的形象，這樣才能打消天下賢士的疑慮。天下百姓都知道您禮賢下士，真正的賢人自然會不遠千里來投奔燕國。」燕昭王有些疑問：「你說的道理我明白，請你說一說我該怎樣做才能顯得真誠吧。」於是，郭隗給燕昭王講了一個「千金買骨」的故事。

古時候有位國君特別喜愛千里馬，他派使者四處尋找千里馬，只要找到好馬，就以千金重價買下。可是三年過去了，他連一匹千里馬也沒有買到。自己真誠熱愛千里馬，而且不惜重金，但三年過了居然沒有買到一匹好馬，這讓國君很是困惱。

一天有個人自告奮勇帶了千金外出買馬，三個月之後，他只帶回了一具馬骨向國君交差，並且花費了五百金。國君很生氣，想責罰這個沒有一點頭腦的使者。這位使者卻不慌不忙地說了一番道理：「我花五百金買來一副馬骨，為的是讓天下人都知道您真心愛馬，誠心尋馬。連死馬都肯用重金購買，何況是活馬呢！以後不用派人到處去尋找千里馬，不久自然會有千里馬主動被奉上。」果然，不到一年時間，國君得到了真正的千里馬。

郭隗繼而向燕昭王說道：「現在大王您若真心求賢，不妨也採取『千金買骨』的辦法。可以先從我郭隗開始，把我當成個賢人來對待。天下的真正賢人見到我這樣不入流的人物都受到厚遇，他們還肯不來投奔您嗎？」燕昭王非常贊成郭隗的主張，便尊郭隗為師，給他修建了豪華住宅，提供優厚的生活待遇。此外，燕昭王為賢人能士築起「黃金台」。燕昭王為了表示自己的誠心，還每天拿著掃帚親自清掃台上的灰塵。

這樣一來，燕昭王求賢若渴的美名傳遍各國，各國賢士也紛紛來投。趙國來了劇辛，洛陽來了蘇代，齊國來了鄒衍，衛國來了屈庸，都是很傑出的人物，其中最為出色的當數樂（樂ㄩㄝˋ）毅。

有了這些傑出人才的竭忠輔佐，20多年後，燕國變得十分強盛，人民富裕，兵精糧足。於是燕昭王派樂毅為將軍，出兵攻齊，連戰連勝。攻破齊國都城臨淄（淄ㄗ）之後，齊湣王狼狽而逃，藏身於民間。燕兵把齊國的寶物重器都搬運到燕國，燒毀了齊王的宮殿和宗廟。燕昭王終於一雪前恥，而燕國也進入了全盛時代。

雞鳴狗盜之徒

田嬰是齊威王的小兒子，被齊王封於薛地。田嬰有40多個兒子，其中有一個是地位卑賤的小妾所生，名叫田文。田文富有謀略，建議父親田嬰廣散錢財，蓄養心腹之士，他曾問他的父親：「兒子的兒子叫什麼？」「叫孫子。」

「那孫子的孫子呢？」田嬰回答道：「叫玄孫。」

田文又問：「玄孫的子孫叫什麼？」

「這我就不知道了。」

田文說：「您擔任齊國宰相，已歷經三代君王，可是齊國的領土沒有增加，您自己卻積蓄了萬金的財富，但是門下也沒有一位賢能之士。俗話說，將軍的門庭必出將軍，宰相的門庭也必有宰相。現在您的姬妾可以肆意踐踏綾羅綢緞，國內的賢士卻穿不上粗布短衣；您的僕人吃飯時經常剩下飯食肉羹，而賢士卻連糠菜也吃不飽。在這樣的情況下您還一味地積攢財富，想要留給那些連稱呼都叫不上來的人，卻絲毫不考慮自己的國家在諸侯中逐漸失勢的情況。我私下裡覺得這件事情是很奇怪的。」

田嬰聽了這番話，大為嘉賞，於是把自己的家事都交給田文打理，還讓他接待各國的來客。在田文的主持下，田家賓客來來往往，從不斷絕，而田文的名聲也逐漸傳播到諸侯國中。許多賓客都在田嬰的面前極力稱讚田文，建議由田文做繼承人。田嬰死後，田文果然接班做了薛公，號為孟嘗君。

孟嘗君四處招攬收留人才，不管是誰，不管其才能如何，只要人來了，就幫他解決生活上的顧慮，為他提供食宿。這樣，孟嘗君門下收養的食客多達幾千人，都各自認為孟嘗君親近自己。

孟嘗君不但能夠禮賢下士，而且能夠虛心接受意見。只要提出的意見正確，即使是別有用心，他也全部採納。

一次，孟嘗君出使楚國，楚王送他一張象牙床。孟嘗君讓登徒直將象牙床護送回國，但是登徒直害怕損壞象牙床而遭到處置，所以不願意接下這個差事。他找到孟嘗君的賓客公孫戌，請求他幫助自己免去這個差事，以一把祖傳寶劍作為報酬。公孫戌答應下來，然後面見孟嘗君，勸他不要接受楚王的象牙床，孟嘗君聽從了他的建議。後來，孟嘗君得知公孫戌的動機，但是並沒有責怪公孫戌，反而令人在門上貼出佈告：「不管是什麼人，只要能宏揚我田文的名聲，勸止我田文的過失，即使他私下接受了別人的饋贈，也沒關係。」因此，孟嘗君的美名更是傳遍天下。

西元前299年，齊湣王派孟嘗君再次出使秦國，素聞孟嘗君賢能的秦昭王想讓孟嘗君留下來擔任秦國相國。秦昭王手下人勸諫說：「孟嘗君確實非常賢能，但是他出身齊國王族，如果讓他擔任秦國相國，他肯定會先考慮齊國然後才輪到秦國，這樣的話，那麼秦國就危險了。」秦昭王覺得這番話有理，便打消了任用孟嘗君的念頭。秦昭王將孟嘗君軟禁起來，打算找個藉口將他殺掉，以免縱虎為患。

孟嘗君知道秦昭王已有謀害之意，便尋找脫身之計，派手下賓客向秦昭王最寵幸的妃子求救。這個妃子表示願意施以援手，不過她有個條件，就是想要孟嘗君的白狐裘作為報酬。孟嘗君是有一件白狐裘，價值千金、天下無雙，但是這件白狐裘在入秦時已經獻給了秦昭王，身邊再也沒有其他的白狐裘了。

孟嘗君非常憂慮，聚集門下食客商量對策。孟嘗君將所有同行而來的賓客問了個遍，也沒有人能說出好辦法。這時候，坐在末座的一個人自稱能夠偽裝成狗進行偷盜，他向孟嘗君說：「我可以拿到白狐裘。」等到夜深，這個賓客偽裝成狗，潛入秦宮貯存寶物的地方，將白狐裘偷了出來。孟嘗君將白狐裘獻給那位妃子後，妃子立即向秦昭王求情，結果秦昭王將孟嘗君一行人釋放。

孟嘗君得以逃出牢籠，立即向關外馳騁而去。夜半時分，孟嘗君一行人來到函谷關。正在此時，秦昭王開始後悔答應放走孟嘗君，於是派人去孟嘗君的住舍一探情況，發現孟嘗君早已離開，秦昭王當即命人追趕。

來到函谷關的孟嘗君，想出去而不得，因為當時函谷關的法令規定，只有在雞鳴天亮之後才能放人出關。孟嘗君擔心秦兵會追來，心急如焚，就在這時，孟嘗君賓客中一個會學雞叫的人挺身而出，學了幾聲雞叫。聽到雞叫的守關將士誤以為天快亮，於是開關放行，孟嘗君一行人這才逃出了秦國。待他們出關後，秦兵果然追到函谷關，見孟嘗君等人早已出關而去，只好空手而回。

當初，孟嘗君把這兩個人安排在賓客中的時候，其他賓客無不感到羞恥，覺得臉上無光，等孟嘗君在秦國遭到劫難，最後靠這兩人脫離險境，自此以後，賓客們都佩服孟嘗君廣招賓客而不分人等的做法。

樂毅伐齊

樂（樂ㄩㄝˋ）毅是魏國名將樂羊（樂羊：中山國人，戰國時魏國魏文侯時期的大將，是樂毅的祖先）的後代，魏昭王給了他非常豐厚的封賞，但是沒有給他兵權，而是讓他做了一個外交官。即使沒有做將軍，樂毅的鋒芒也吸引了很多人的目光，這其中就包括正在廣招賢士的燕昭王。

一次，魏昭王派樂毅出使燕國。燕昭王為了打敗齊國，一雪前恥，到處招攬人才，於是很想把樂毅留在燕國。但是，樂毅的身分是魏國的使臣，如果就這樣把他留下來，可能會引起一場外交紛爭。於是燕王修書向魏昭王說明情況。魏昭王得到信後，回覆說願意讓樂毅留在燕國。

樂毅很快成了燕國的副國相。燕昭王得到樂毅後十分高興，連忙向樂毅請教國事。而樂毅對燕昭王的問話全都採用了逃避的策略。這讓燕昭王很不痛快。最終樂毅在燕國沉寂下來了，每天和朋友釣釣魚，喝喝酒，日子過得不亦樂乎。這些消息很快傳到了魏昭王的耳朵裡，魏昭王笑著說：「還好我們沒用他！祖上是名將，子孫可未必啊！」

這樣過了一段時間，燕昭王對樂毅由滿懷希望變成了失望，最後已經對他絕望了。正當燕昭王決定給他一塊封地，讓樂毅回去養老的時候，樂毅在一個深夜穿著盔甲來到了燕昭王的宮殿。原來，樂毅之所以表現得放蕩不羈，一是為了麻痹大國的神經，二是等待一個適合攻打齊國的機會，如今這個機會來了。齊湣王在滅掉宋國後十分驕傲，連續向南侵犯楚國，向西攻打趙、魏、韓國，想吞併東西二周，自立為天子，引起諸國的不滿。

燕昭王與樂毅商量伐齊大計，樂毅認為僅憑燕國一己之力還不足以戰勝齊國，應當聯合其他諸侯國共同討伐齊國。於是派出使者前往各國，各國苦於齊王的驕橫暴虐，爭相贊成參加燕國的攻齊戰爭。

於是燕昭王徵調全國兵力，以樂毅為上將軍。秦國尉斯離率軍隊前來助陣，韓、趙、魏聯軍也前來會合，聯合大軍由樂毅統一指揮。齊湣王聞聯合大軍前來進犯，下令調集全國兵力進行抵抗，雙方在濟水西岸大戰。樂毅臨陣指揮，率領五國聯軍向齊軍發起猛攻。齊湣王大敗，率殘軍逃回齊國都城臨淄。

首戰取得勝利之後，樂毅撤去秦國和韓國的軍隊，令魏軍分兵兩路進攻宋國舊地，令趙軍去收復河間，自己則親率燕軍，從北面長驅直搗齊國都城臨淄。劇辛勸說道：「齊國強大，燕國弱小。首戰取得勝利，是因為有其他國家的幫忙。我們應當及時攻佔齊國邊境城池，以擴充燕國的領土，這才是長久之策。現在大軍遇城不攻，一味深入，這樣既無損於齊國又無益於燕國，只會結下怨恨，以後必定會後悔。」

樂毅回答說：「齊王自登位以來，對內欺壓百姓，對外結怨諸侯。他不肯聽從臣子的建議，罷黜賢良人士，親近諂諛小人，國內早已民怨沸騰。現在齊國軍隊已經潰不成軍，如果此時我們乘勝追擊，齊國百姓必然反叛。如果不抓住時機，等到齊王痛改前非，體貼臣下而撫恤百姓，那時候我們再想攻下齊國就希望渺茫了。」劇辛聽了，對樂毅的遠見卓識佩服不已。

樂毅下令全軍深入齊國，齊國果然大亂。齊湣王自知不能抵擋燕軍，便倉皇而逃。樂毅率領的燕軍沒有遇到多大的阻礙，就佔領了齊國的都城臨淄。燕軍大肆搜刮寶物錢財，大量運回燕國。燕昭王得知消息後，大為欣喜，親自到濟水上游犒勞將士。燕昭王得以一雪前恥，樂毅功不可沒，於是燕昭王將他封為昌國君，留在齊國指揮燕軍繼續攻佔其他的城市。

燕軍乘勝對齊國其他城市發起攻擊，齊軍望風披靡。樂毅整肅軍紀，禁止搶掠，每攻佔一座城池，都會尋訪齊國的隱士高人，以禮相待。樂毅還下令減輕齊國百姓的賦稅，廢除苛刻的法令，恢復齊國舊有的良好傳統，這些舉動都得到齊國百姓的擁戴。另外，樂毅還親自祭祀齊桓公、管仲等先賢，表彰齊國的賢良人才。經過這些收買人心的舉動，齊國人接受燕國爵位的有一百多人。6個月之內，燕軍攻下齊國70餘座城，都設立郡縣治理。

齊國大小城池都被燕軍佔領，只剩下莒（莒ㄐㄩˇ）和即墨兩座城邑，其餘全部併入燕國的版圖，燕國前所未有的強盛起來。樂毅認為單靠武力，能夠破城但不能降服民心，民心不服，就是全部佔領了齊國，也無法鞏固。所以他對莒城、即墨採取了圍而不攻的方針，對已攻佔的地區則實行減賦稅，廢苛政，尊重當地風俗習慣，保護齊國的固有文化，優待地方名流等收服人心的政策，欲從根本上瓦解齊國。

但是計畫趕不上變化，燕昭王竟然在這個時候過世了，燕惠王即位。燕惠王還是太子的時候，就與樂毅有矛盾，因此對樂毅不是很信任。齊國的田單知道這種情況後，使用反間計，離間他們君臣。結果燕惠王中計，撤換了樂毅，最後燕國軍隊也被田單趕出了齊國。

樂毅接到了命令之後，知道新君不信任自己，回燕國恐怕凶多吉少，便回到了故鄉趙國。燕軍大敗之後，燕國國君十分後悔，同時也害怕樂毅投奔趙國對自己不利，就派人向樂毅道歉。樂毅寫下了著名的《報燕惠王書》，表明自己不會效忠昏君的態度。不過樂毅在燕國的名譽得到了恢復，他也沒有報復燕惠王，從此樂毅就在燕趙兩國之間自由穿行來往，得到了兩國人民的愛戴和尊敬。

田單復齊

西元前284年，齊國被燕將樂毅連下城池70餘座，只剩下莒和即墨兩城。隨後這兩座城池也被燕軍重兵包圍，齊國危在旦夕。

齊湣王四處奔逃，最後被人殺死。齊湣王的兒子法章在莒被擁立為王，即齊襄王。襄王帶領著百姓拚死抵抗燕軍的進攻，堅守著莒城。樂毅圍攻兩城，一年之內未能攻克，便想要攻心破城，於是下令解除圍攻，退至城外9里處修築營壘，形成相持局面。

莒城被燕軍的右軍和前軍包圍，而即墨則處於燕軍的左軍和後軍的包圍之中。即墨地處富庶的膠東地區，是齊國較大城邑，物資充裕，人口較多，具有一定防禦條件。即墨被圍不久，即墨大夫出戰身亡，有人便推舉田單為守將領導軍民抵禦燕軍。

田單是齊國的遠房親戚，最初他只是一個管理集市的小官，沒有名聲。當初燕軍攻打齊國的安平之時，田單正在城中。田單雖然不甘心做亡國奴，但是他沒有職權，只能帶著族人一路往東逃亡。在逃跑的過程中，田單發現，車子的木車軸露在外面很容易損壞車子，也影響趕路的速度。他就讓族人把車軸過長的部分鋸掉，再用鐵箍包住。很多人因為車子受損被燕軍抓住，而田單一家因為改良了車子而順利逃到了即墨。

安平之戰，田單一家得以保全，足見田單智謀過人，所以眾人就擁立田單為守將。田單成為守將後，與城中軍民同甘共苦，並且把自己的家中老小也全都編入隊伍，日夜守城。就這樣，兩軍相持了5年。

西元前279年，燕昭王去世，燕惠王即位。燕惠王還是太子的時候，就與樂毅有矛盾，所以對樂毅是用而不信。田單知道這一情況之後，使出一計離間燕惠王和樂毅，他派人到燕國散佈謠言說：「現在齊王已經死了，齊國只剩下兩座城池。而樂毅與燕王不和，怕自己回去被殺，所以他想在齊國稱王。因為齊國的百姓還沒有歸順，所以他就放緩了進攻即墨的速度。如果現在換成另一名大將，即墨就徹底完了。」燕惠王本來就疑心樂毅，現在又聽到傳言，對樂毅更加不放心了，於是令騎（騎ㄐㄧˋ）劫代替樂毅成為大將，並把樂毅召回燕國。樂毅知道自己不見容於燕惠王，恐怕遭到陷害，於是投奔去了趙國。樂毅離開後，燕軍將士都感到非常氣憤，軍心發生動搖。

樂毅在任的時候，做了許多籠絡齊國民心的舉動，比如尋訪齊國賢士、減輕賦稅、廢除苛刻的法令、祭祀齊國先賢等，使得齊國軍民對燕軍的仇恨大為減輕。田單成功使用反間計之後，接下來做的就是毀掉樂毅為燕軍在齊國樹立的恩信，使齊國軍民同仇敵愾。

田單命人散佈消息，說：「齊國軍民最擔心的就是燕軍割掉俘虜的鼻子，然後讓他們作為先導，那即墨城就必破無疑了。」燕軍聽說後，信以為真，將抓到的俘虜全部割去鼻子。即墨的守城將士看到投降燕軍的人都被割去鼻子，憤慨不已，於是拋掉了投降的念頭，決心死守即墨。

之後，田單又使出一計，散佈消息說：「齊國軍民最擔心的就是燕軍挖掘城外的墳墓，這樣齊國軍民的士氣就會受到嚴重打擊，那即墨城就危險了。」燕軍再次中計，將城外的墳墓全部掘毀，然後焚燒死屍。齊國軍民在城上看見燕軍將自己先輩的墳墓掘毀，都痛哭流涕，請求出城與燕軍決一死戰。

田單知道這時候將士可以死戰，於是修築城防，犒勞將士，準備出城收復失地。田單命令城中百姓募集一千鎰（鎰ㄧˋ，鎰，古代重量單位，20兩為1鎰，另一說24兩為1鎰）金銀，讓即墨城的富豪送給燕軍大將，說：「我們馬上就投降。請不要搶劫掠奪我們的家族！」燕國將軍大喜，立刻應允。於是，燕軍的戒備更加鬆懈。

田單覺得時機已到，他派人從城裡搜集了一千多頭牛，又找人給牛披上大紅綢子，上面畫上五顏六色的蛟龍，又在牛角上綁上了鋒利的尖刀，最後在牛尾巴上拴上了一束沾滿油脂的蘆葦。

到了晚上，田單命令士兵在城牆上鑿了幾十個大洞，然後點燃了牛尾巴上的蘆葦，把牛趁著夜色放了出去，然後安排5千士兵跟在牛群後面。牛被點燃的蘆葦燒得疼痛難忍，瘋狂地往前衝去。

燕軍聽到外面一陣喧嘩，出了營帳就發現一大群怪物衝著他們飛奔而來。凡是碰到這些怪物的人非死即傷；狂奔的牛群在前邊開路，五千精兵跟在後邊見燕軍就殺；那些不能上陣殺敵的老弱婦孺，也都拿著銅盆敲打助威。燕軍驚慌失措，四處逃竄。齊軍乘勝追擊，一直追到黃河邊上，路上經過的70多座城池全部回歸齊國。隨後，田單把齊襄王從莒城迎回了齊國的都城臨淄。

齊襄王為了獎勵田單復國的壯舉，封他為平安君。

睚眥必報：范雎

范雎（雎 ㄐㄩ）是魏國人，他想用自己的才學幫助魏國成為一個大國，但是因為家境貧寒，沒有人引薦，只好投奔魏國的中大夫須賈，希望有朝一日能夠出人頭地。

一天，魏王派須賈到齊國拜見齊襄王，范雎隨行。到了齊國，齊襄王先把須賈狠狠地數落了一番，因為魏國曾經與燕國一起攻打齊國，須賈唯唯諾諾不敢回話。站在一旁的范雎挺身而出，極力替主人解圍。

不過結果卻是出乎范雎的意料，須賈並沒有因此而感激他，反倒是齊襄王看上了他這個能言善辯的人才。齊襄王很想把他留在齊國，就派人送來了黃金十斤以及牛和酒。須賈身為正使，備受冷落，而隨從卻得到如此待遇，這讓須賈心裡很不是滋味。

回到魏國後，須賈越想越生氣，就把范雎在齊國受到齊襄王優待的事情告訴了丞相魏齊。魏齊認定范雎通敵賣國，就派人把他打得遍體鱗傷，肋骨都折斷了好幾根。范雎只好假裝死去，直挺挺躺在血泊中一動不動。僕人向魏齊報告時，他喝酒正喝得盡興，就揮揮手叫人把范雎用席子裹起來扔進茅廁裡。這還不夠，他還讓家中的賓客輪番向席子上撒尿侮辱范雎。

等到天色暗下來，范雎悄悄睜開眼睛張望，見只有一名卒吏在看守，便對他說：「我肯定活不了了，希望你能把我送到家裡，改天一定讓家人用重金感謝您！」卒吏見他可憐，又貪圖錢財，就把他送回了家裡。他的好友鄭安平幫忙把他藏了起來，還替他改名叫張祿。

後來鄭安平聽說秦國的使者王稽來到魏國，就把范雎推薦給了他。幾天後，王稽完成使命後偷偷地把范雎帶回了秦國。

不過，秦昭王對這些所謂的「名士」並沒有好感，認為他們都是憑著一張嘴混飯吃的，所以范雎一直沒有機會與秦昭王討論國事。范雎見自己不受重視，便寫了一篇針砭（砭ㄅㄧㄢ）時弊的文章上呈秦昭王，這才引起了秦昭王的重視。

秦昭王召他進宮面談。范雎來到宮門口，看到秦昭王從對面過來，絲毫沒有躲避的意思。旁邊的宦官急忙上前：「大王來了怎麼不迴避？」

范雎故意加大了嗓門：「秦國哪裡有大王，只有太后和穰（穰ㄖㄤˊ）侯！」

原來當時的朝政都是太后和她的弟弟穰侯把持。雖然是諷刺了秦昭王，但是也說到了秦昭王的痛處，於是秦昭王就把他領進密室偷偷地商談國事。范雎著重分析連橫策略已經過時，遠攻齊國尤其大錯特錯，指出秦國的外交方針應該是遠交近攻。他對秦昭王說：「王不如遠交而近攻，得到一寸土地則王之寸也，得到一尺土地亦王之尺也。」秦昭王採納了他的政策，拜范雎為相。因為范雎的輔佐，秦國在外交上，由近及遠，慢慢向東方推進；在內政上，則把穰侯趕出了朝廷，讓他回鄉養老，太后也被禁止干涉朝政。這些措施讓秦國變得日益強大，君主的話也越來越有分量。范雎還為秦昭王使出反間計，使秦國在長平之戰中大獲全勝。秦昭王在范雎的輔佐下，勢力越來越強大，因此對范雎也十分信任。

范雎做了秦的相國，還被秦昭王封為應侯，仍然自稱張祿。魏國聽說秦國遠交近攻的方針，準備攻打韓、魏兩國，急忙商議對策。第一步就是派人去賄賂秦國的決策人張祿，請求停止對魏國採取軍事行動，這位使者正是當年迫害范雎的須賈。

須賈來到秦國，應侯范雎身穿破衣去見他。須賈驚奇地說：「范叔你還是很好啊！」然後留下范雎吃飯，又拿出一件絲棉袍送給他。范雎便為須賈駕車前去丞相府，到了丞相府，范雎說：「我先去通報一聲。」可是他進去了很久也沒有出來，須賈感到奇怪，便問丞相府的守門人，守門人回答說：「沒有什麼范叔，剛才進去的就是丞相張先生。」須賈大驚失色，知道自己落入圈套，只好用膝蓋匍匐跪行進去謝罪。

應侯坐在上面，怒斥他說：「你之所以還能不死，是我念你贈送絲袍還有一絲照顧故人的舊情！」於是大設酒宴，招待各國賓客，令須賈坐在堂下，放一盤黑豆、碎草之類的餵馬飼料讓他吃，然後命令他回國告訴魏王：「快快砍下魏齊的頭送來，不然，我就殺盡魏都大梁城的人！」須賈回國，把這番話告訴魏齊，魏齊只好逃奔趙國，藏匿在平原君趙勝家裡。秦昭王知道范雎曾經受過魏齊的侮辱，發誓要為他報仇，就設計把平原君騙到秦國扣了下來，要求趙國用魏齊的首級來換，走投無路的魏齊只好自殺了。

雖然范雎睚眥（睚眥：發怒時瞪著眼睛的樣子。）必報，但是別人的恩情他也沒有忘記過。他向秦昭王推薦了曾經救過他的鄭安平和王稽。但是這兩個人能力有限，很給范雎丟臉。鄭安平領兵打仗，竟然兵敗後向敵軍投降，范雎為此感到內疚。秦昭王為了保護范雎，頒佈命令：「不許任何人提鄭安平的事情，否則按照叛國罪論處。」

范雎為秦國立了大功後選擇功成身退，是秦國難得的得享善終的丞相。

長平之戰

西元前262年，秦昭王聽從范雎「遠交近攻」的策略，首先對韓國發動大規模進攻。韓國的野王（今河南沁陽）被秦將武安君白起攻佔，上黨郡與外界通道也被切斷，而韓國國內也正遭受著秦軍的攻擊，很難分出精力來顧及這個邊遠的小地方。於是上黨郡守馮亭與部下商議，上黨被破是必定的，與其投降秦國，不如投降趙國。如果趙國接受上黨，那麼秦國必定會攻打趙國，這樣韓、趙兩國就會聯合起來對抗秦國。於是，馮亭派遣使者帶著上黨的地圖來到了趙國。

趙孝成王聽說不費一兵一卒就能白白得到17座城池，不聽大臣的勸諫，非常開心地接受了。趙孝成王接受上黨之後，果然惹惱了秦國，秦昭王派左庶長王齕（ㄏㄜˊ）率兵攻打上黨，上黨被攻破。趙孝成王令老將廉頗率軍駐守長平，接應上黨逃來的百姓。王齕於是攻打趙國，趙軍遭遇幾次敗仗，損失數員大將。

吃了幾次敗仗之後，廉頗根據敵強我弱的形勢，採取了堅守不出的策略，不管秦軍怎麼挑戰，趙國就是不出兵，兩軍在長平對壘。趙孝成王以為廉頗因吃了敗仗而變得膽怯，不敢出戰，多次斥責他。

後來秦國國相范睢收買了趙國的權臣，散佈流言說：「秦國最害怕的就是趙奢的兒子趙括了，廉頗那個老傢伙不足掛齒，他現在不敢出戰，就快投降了！」趙孝成王對於廉頗不出戰的做法本來就頗有微詞，聽了這樣煽風點火的話之後，準備讓趙括代替廉頗。藺相如勸阻說：「大王不要因為趙括的名聲就用他，那都是夸夸其談，他只知道誦讀他父親留下的兵書，但不知道靈活應變。」但是趙孝成王不聽，仍然堅持讓趙括代替廉頗成為大將。

受家庭環境的影響，趙括自小就學習兵法，喜好談論兵事，認為天下沒有人能比得上自己。趙括曾經多次和父親趙奢談論兵事，就連父親都沒有勝過自己，然而卻沒有得到父親的稱讚。趙括的母親便問趙奢其中緣故，趙奢說：「行軍打仗是關係到生死存亡的大事，然而趙括對此卻談笑隨意，把戰爭看得太簡單了，這顯得太輕率了。如果趙王不讓他帶兵打仗還好，否則，讓趙國遭受巨大損失的人則一定是趙括。」

趙括即將赴命時，趙括的母親勸說趙孝成王：「趙括不能擔任將領。」趙孝成王問其原因，趙括的母親回答說：「當年我侍奉他父親的時候，那時候他父親是將領。他父親得到的俸祿和賞賜都分給部下，所以他能得到部下死力相助。這些部下一旦受命，連自己家裡的事情都不會過問就欣然領命。而趙括則與他的父親完全相反，他趾高氣揚而自私自利，所以請大王撤回任命。」趙孝成王再次不聽。

秦國知道趙括代替廉頗成為大將之後，便任命武安君白起（白起，戰國時期秦國名將，他指揮了許多重大戰役。先是大破楚軍，攻入楚國國都，楚國從此一蹶不振；在伊闕之戰中，殲滅韓魏24萬聯軍，徹底掃平秦軍東進之路；然後長平一戰一舉殲滅趙軍45萬人，是我國歷史上最早、規模最大的包圍殲敵戰。白起一生70餘戰，從來沒有敗績，是「戰國四將」之一）為上將軍，改任王齕為副將。這一切都是悄悄進行的，因為白起這個名字太有震懾力了，為了防止趙軍有所防備，秦昭王下令：「把此次戰役的指揮者是白起這事洩露出去的，殺無赦！」

趙括到了軍中，將廉頗制定的軍制和調度全部做了更改，而且調換軍官，然後下令出擊秦軍。白起假裝戰敗，引誘趙軍追擊。趙軍一路追到秦軍營壘，此時秦軍一掃之前疲態，強悍防守，趙軍無法擊破。白起預先佈署好的兩支騎兵開始出動，一支騎兵共2萬5千人切斷趙軍的退路，另一支騎兵5千人則切斷趙軍的糧道。然後白起派遣一支精銳輕騎兵前往襲擊趙軍，獲得勝利，戰鬥失利的趙軍只好修築營壘等待救兵。

秦昭王聽說趙軍的糧道被切斷，立即親自徵調士兵前往長平，阻斷趙國的救兵。趙軍缺乏糧食，向齊國發出求救，齊王沒有應允。周子勸諫齊王：「對於齊國來說，趙國就是抵擋秦國的一道屏障，就像牙齒外面的嘴唇，唇亡則齒寒。如果趙國滅亡，災禍不久便會降臨到齊國。所以援救趙國，應該像救火一樣，刻不容緩。何況援救趙國能夠彰顯道義，抵抗秦軍可以顯示威名。如果因為愛惜糧食而錯過此事，那就是決策上的大錯。」齊王不聽。

就這樣，趙軍被秦軍圍困，斷糧46天，軍中甚至出現了自相殘殺來獲取食物的行為。趙括技窮，便下令向秦軍發起衝擊，企圖突圍而出，但是都被秦軍擊退。於是趙括親自帶兵突圍，最終被射死在戰場上，40萬趙軍見主將已死，毫無戰意，便向秦軍投降。白起說：「這些趙國士兵反覆無常，不全部殺掉，恐怕日後會成為禍患！」於是把趙國的俘虜全部活埋，只留下了兩百多個年紀小的遣回趙國。

長平一戰，秦軍先後殺死了趙國45萬人，趙國上下悲痛不已。後來還是平原君求救於楚國和魏國，趙國才免除了亡國的危險。

毛遂自薦

長平之戰，秦軍擊破趙軍主力，然後長驅直入，兵臨趙國都城邯鄲。趙國傾盡全力死守邯鄲，並且派平原君趙勝向魏國和楚國緊急求援。

平原君趙勝，是趙武靈王的兒子，趙惠文王的弟弟，加上為人禮賢好士，因而在趙國有很高的威望，與齊國的孟嘗君、楚國的春申君、魏國的信陵君合稱「戰國四公子」。此次國難當頭，平原君被趙孝成王派往楚國簽訂「合縱」抗秦的盟約。

平原君打算，如果能以和平的方式與楚國締結盟約當然最好不過，如果和平的方式行不通，就是用「歃血」的方式也要和楚國締結盟約。於是在自己的眾多門客中，挑選20個文武兼備、有勇有謀的人與自己一同前往楚國。平原君挑來挑去，只挑出來19個人，其他的人都不足以選取，人數沒辦法湊齊。

這時候，一個叫毛遂的人向平原君推薦自己，他說：「我聽說先生奉命前往楚國締結盟約，約定與門下食客20人前往，現在還差一個。我願意湊足20個人，一起到楚國去。」平原君上下打量了他一番，毫無印象，就問：「先生來這裡已經多久了？」

毛遂回答說：「已經3年了！」

平原君說道：「我聽說如果是賢士，就好像尖利的錐子放在布袋裡一樣，馬上就會露出錐尖來。而先生在我這裡已經3年了，卻沒有任何人向我稱讚你，我也沒有聽到你的一言一策，大概是因為先生你沒有才能的緣故。先生不適合一同前去，還是留下來吧。」

毛遂不卑不亢地說：「錐子得到在袋子中的機會才能露出鋒芒啊，如果我早就在袋子中，現在恐怕整個錐子都露出來了，不只是錐尖了！」看到毛遂非常自信的樣子，平原君同意了他的請求。同行的另外19人都嘲笑毛遂自不量力，只是沒有說出來。

到了楚國，平原君與楚王談判，反覆說明「合縱」抗秦的利害關係，從早上一直談到中午，但楚王仍然是猶豫不決。站在底下的毛遂急了，他手拿著劍從石階上走到平原君身邊，對平原君說：「合縱抗秦對兩國都有利，不合縱則兩國都會受損，兩句話就能解決。可是從早上一直談到中午還沒有決斷，這是為什麼？」楚王問平原君：「這人是幹什麼的？」平原君回答說是自己的門客，楚王對毛遂說：「我在跟你的主人說話，你來幹什麼？快下去！」

毛遂攥緊劍柄，逼近楚王說：「大王敢這樣呵斥我，只不過是仗著楚國的軍隊多罷了。可是現在我跟大王之間的距離不到10步，您的性命已握在我手裡，軍隊再多，此刻也幫不了您的忙。況且，我聽說商湯以70里的地方統一天下，周文王以百里的土地使諸侯稱臣，難道是因為他們人多勢眾嗎？完全是因為他們能夠憑藉著已有的條件而奮發圖強。如今，楚國有方圓5千里的土地，上百萬披堅執銳的士兵，這是成就霸王的資本。憑藉這樣的條件，楚國應當橫行天下才對。而一個小小的白起，率領區區幾萬人前來攻打楚國，一戰而拿下鄢（鄢ㄧㄢ）、郢（郢ㄧㄥˇ），二戰而燒掉夷陵，三戰已將楚國宗廟夷平，侮辱楚王祖先。這是百世難解的仇怨，連趙國都替你感到羞愧，而大王卻不以為難堪。現在提倡聯合抗秦，實在是為了楚國，而不只是為趙國啊！我的主人就在我面前，你還呵斥什麼！」

面對毛遂的威逼，楚王連聲答應說：「是啊，是啊！我願意把整個國家奉獻給合縱抗秦的聯盟。」毛遂問：「決定合縱了嗎？」「決定了。」毛遂對楚王身邊的人說：「去拿雞、狗、馬的血來。」毛遂捧著盛血的銅盤，說：「請楚王首先歃血為盟，其次是我的主人，再次就是我。」

就這樣，趙國和楚國在殿堂上訂立了合縱抗秦的盟約。之後，楚王派春申君帶兵前往趙國，以解邯鄲之圍。不久，魏國的信陵君也盜取兵符，率軍前來救援。趙國在楚國和魏國的幫助下擊退秦軍，邯鄲獲救。這是歷史上第一次也是唯一一次「戰國四公子」中的三位出現在同一個歷史事件中。

平原君回到趙國後，感慨地說：「以前我鑑別人才，多則幾千，少則幾百，自認為沒有出現失誤，但是卻在毛先生這裡失誤了。毛先生一到楚國，就使趙國重於九鼎，那三寸不爛之舌，強似百萬大軍。我再也不敢妄稱能夠識別天下的人才了。」然後把毛遂作為上等賓客對待。

名將李牧

李牧從小就表現出了過人的天賦，在打仗遊戲中，李牧站的那一邊總能取得最終的勝利。鄉親們覺得李牧才華過人，等到他弱冠之後，一致將他推薦為賢士。但是因為長相的問題，李牧一開始並沒有得到趙王的重視。最初，趙王將李牧安排在宮廷衛隊裡任職，成為了一位小隊長。然而就是在這裡，李牧展現了傑出的領導才能，他帶領的隊伍每次參加比賽總能夠取勝。

幾年之後，趙王發現了李牧的軍事才華，讓他駐守雁門關，抵擋匈奴的襲擊。根據當時的實際情況，李牧可以自行任用軍官，而城市的稅收也都直接送到李牧的軍營，當作軍餉。李牧改變了朝中設立的官職，他讓這些官員管理各自的領地，唯一的要求就是不能讓匈奴人搶走任何財物和百姓。

即使沒有戰事的時候，李牧也每天都會宰殺幾頭牛來犒勞將士，然後指揮部隊進行射箭和騎馬的訓練。為了防備匈奴的侵襲，李牧命人謹慎地把守烽火台，並派出偵察人員打探敵情。李牧只命令將士謹慎防備，從不與匈奴交戰，他下令說：「如果有匈奴兵侵犯邊境進行掠奪，我軍必須收拾人馬和牲畜退入堡壘中堅守不出。如果有誰膽敢出擊匈奴的，一律處斬！」

因此，匈奴兵每次入境侵犯，都不會遇到抵抗，但是因為李牧撤退及時，所以也沒有搶掠到什麼。這樣過了好幾年，因為李牧的不交戰策略，雙方都沒有什麼損失，匈奴人也因此全都認為李牧膽小怯戰。不但匈奴人這樣認為，就連雁門關的軍民也覺得自己的將帥膽小怯戰，他們紛紛向趙王投訴。

趙王派了一個又一個使臣去斥責李牧，每次李牧都虛心接受意見，但是下次匈奴人進犯，他還是我行我素。「好一個虛心接受，堅決不改！本王撤了你！」趙王惱怒地下令，派了另一個將軍取代了李牧。

李牧被罷免後，沒有生氣也沒有辯解，而是安心地回家休養了。但是雁門關的百姓卻開心不起來了。因為新來的將軍非常勇猛，匈奴人一來就馬上出兵，可惜的是每次都大敗而歸。匈奴兵倒是也消滅了幾個，但是自己的損失也很大，被掠走了很多財物和人民。一年下來，雁門關從一個富裕的地方變成了一個窮得叮噹響的貧困之地。

這個時候，趙王又想起來李牧，接連下了幾道詔書派李牧去雁門關，李牧都推說自己身體不適，不能再出戰了。又一次雁門關被大掠的消息傳來後，趙王親自來到了李牧家裡，請求李牧再次出山。李牧說：「大王如果還想任命我為雁門太守，我就還按我以前的辦，您要是不同意，我是無論如何也不會回去的。」趙王同意了。

匈奴人知道李牧雖然膽小，但是他在雁門關的時候，匈奴從來沒有佔到過任何便宜，聽說李牧回來了，他們就改去侵略其他地區了。那一年草原大旱，匈奴精兵傾巢而出，分三路去各國搶掠食物和人民，但是雁門關在這位膽小將軍的領導下卻無戰事，落得個清靜。

守邊軍士每天得到賞賜卻不被派去抗擊匈奴，所以都希望與匈奴人打一仗。於是李牧挑選了5萬精兵、一千多輛戰車和兩萬匹戰馬浩浩蕩蕩地來到了匈奴的腹地，這時候匈奴守城的都是些老弱殘兵，這些老弱殘兵一見趙人大軍入侵，立即通報最近的一支匈奴軍隊，讓他們派10萬人馬回援。

先回來的是一支騎兵，趙軍遇到這支騎兵馬上就落荒而逃。匈奴人這才知道原來是趙國的膽小將軍來了，他們嬉笑著等待大隊人馬的到來，準備殺掉這5萬趙軍。

可是，當匈奴的10萬兵馬趕到，5萬趙軍卻失去了蹤跡。匈奴人正納悶的時候，一支鐵甲戰車和鐵甲戰馬組成的隊伍從三面氣勢洶洶地包圍了他們。匈奴人連忙逃向那個唯一的缺口，但是這個缺口是個陷阱，一到這裡，他們就被埋伏在這裡的趙軍一舉殲滅了。這一戰，李牧多設奇陣，大破敵兵，斬殺匈奴10多萬人馬。然後乘勝滅掉了代地以北的胡族襜襤（襜ㄔㄢ襤ㄌㄢˊ），攻破東胡，使林胡部族歸降，完全清除了北方的憂患。匈奴單于領殘兵逃奔而去，此後十多年不敢再接近趙國邊境。

西元前234年，秦國大將桓齮（桓ㄏㄨㄢˊ齮）率軍征伐趙國，斬殺趙國大將，斬首10萬。次年，桓齮乘勝進攻上黨，並繞到趙國後方。趙國形勢危急，趙王調回在雁門關的李牧，任命他為大將，指揮趙軍抵抗秦軍。在李牧的指揮下，趙軍大敗秦軍，趙王因此封李牧為武安君。

趙奢、藺相如、廉頗去世後，李牧成了趙國唯一的頂樑柱。在李牧的保衛下，趙國多次擊退來自他國的侵犯。西元前229年，趙國出現大面積饑荒，國力非常衰弱。秦王嬴政派遣大將王翦率領10萬大軍圍攻邯鄲。李牧領兵頑強抵抗秦軍，秦軍難以得勝。於是，秦國派人用重金收買趙王的寵臣郭開，讓他在趙王面前詆毀李牧，說他企圖興兵反叛趙國。趙王中計，派人取代李牧。為了社稷和百姓設想，李牧沒有接受命令，於是趙王暗中設下圈套捕殺李牧。

李牧死後3個月，邯鄲就被秦軍攻破，趙王被俘，趙國就此滅亡。

春申君當斷不斷

「戰國四公子」之一的春申君原名叫做黃歇，是楚國的大臣，以寬厚愛人、禮賢下士聞名於世。黃歇曾經出使秦國，說服秦昭王從楚國退兵。後來，黃歇又幫助在秦國做人質的楚國太子回國繼承王位，即楚考烈王。黃歇因功被任命為楚國令尹，封為春申君。

楚考烈王沒有兒子，春申君為此感到十分擔憂。他四處尋找生育能力強的婦女獻給楚王，但是始終沒能如願，這些婦女也沒有為楚王生下一個兒子。有一個叫李園的人想把自己的妹妹獻給楚王，聽說楚王不能生育，於是他想出了一條詭計。

李園先是找到楚王最信任的春申君，請求成為門下一位食客。不久之後，李園請假回趙國探親，故意在家拖延了幾天才回來。春申君問他超出期限的原因，李園回答說：「因為齊王派使者來我家提親，想娶我的妹妹。我陪那位使者喝酒，所以才耽誤了期限。」春申君心想，李園的妹妹肯定是一個美人，便問：「已經下聘禮訂婚了嗎？」李園回答說沒有，於是春申君要求見一見李園的妹妹。李園心裡暗暗高興，計畫的第一步已經完成了。

不久李園帶著妹妹來見他，春申君一看，非常喜歡，就把她留在了身邊，納為小妾，不過這件事沒有告訴任何人。

過了一段時間，李園的妹妹就懷孕了。一天，李園讓她對春申君說：「楚王對您的恩寵隆盛無比，即使是他的親兄弟也比不了。只可惜楚王一直沒有兒子，萬一哪一天楚王去世了，楚王的某一個兄弟則會被擁立成新的國君，您恐怕就不能這樣受尊敬了！不但如此，因為您深受楚王寵信，擔任相國20多年，肯定對楚王的兄弟多有得罪，一旦他們有誰登上王位，您就要大禍臨頭了。」

聽了這一番話，春申君也擔心起來，變得愁眉不展。李園的妹妹馬上又說：「能得到您的寵愛臣妾是多麼幸運啊，現在我懷有身孕，可是並沒有別人知道。為了您，我願意委屈我自己。只要您把我獻給楚王，萬一我能生下一個兒子，到時候整個楚國都是您的了！」春申君覺得她說得很有道理，就把她獻給了楚王。後來她果然生了一個兒子，被立為太子，而她自己則成為王后，李園也因此受到器重。

但是李園一直很擔心春申君會洩露秘密，所以養了很多死士想要殺死他。春申君的一個門客朱英知道了這件事。在楚考烈王病重的時候，朱英對春申君說：「世上有未預料到而來的洪福，也有未預料到而來的災禍。現在您處於生死變化不定的環境之中，為喜怒無常的君王效力，身邊怎麼能沒有您尚未預料卻忽然來到的幫手呢？」

春申君說：「什麼叫做『未預料到而來的洪福』呢？」

朱英答道：「您擔任楚國的相國20多年了，雖然名義上是相國，實際上卻已經相當於國君了。如今楚王病重，隨時都會死去，一旦病故，您即可輔助幼主，從而掌握國家大權，待幼主成年後再還政給他，或者乾脆就面南而坐，自稱為王。這便是所謂的『未預料到而來的洪福』了。」

春申君又問：「那麼什麼是『未預料到而來的災禍』呢？」

朱英說：「李園不治理國事，卻是您的仇敵；不管理軍務統率軍隊，卻長期以來豢養一些死士。如此，楚王一去世，李園必定搶先進入宮廷奪權，殺您滅口。這即是所謂的『未預料到而來的災禍』。」

春申君再問道：「這樣說來，『尚未預料卻忽然來到的幫手』又是怎麼回事呢？」

朱英回答：「您將我安置在郎中的職位上，待楚王去世，李園搶先入宮時，我替您殺了他除掉後患。這就是所謂的『尚未預料卻忽然來到的幫手』。」

但春申君此時已完全被李園兄妹所蒙蔽，他不相信一向謙恭軟弱的李園會謀殺自己，說：「您就不必過問這些事了。李園是個軟弱無能的人，況且我又對他很好，哪至於發展到這個地步呀！」朱英見春申君執迷不悟，擔心惹禍上身，第二天就離開了楚國。

楚考烈王病死的那天，李園果然安排了殺手藏在宮裡，趁著春申君去弔喪的時候把他殺掉。然後李園又派人抄斬春申君全家，春申君的頭顱也被割下拋棄在野外。後來李園的妹妹和春申君的兒子被立為楚王。

王翦請田：為消君愁

白起死後，秦王惆悵秦國再無名將的時候，王翦出現了。王翦出生在一個武將世家，不過他的祖先中並沒有特別出色的將軍。年少時，伴隨他成長的就是《孫子兵法》以及父輩用木頭為他製作的刀槍劍戟等玩具。其中他最喜歡的就是一把20多斤重的木製大刀，年僅8歲的他已經可以把這把刀在空中掄圓了。王翦擔任大將後，先破趙國，然後又和兒子王賁（賁ㄅㄣ）接連滅掉了魏國和燕國。

西元前226年，秦王將目標瞄準了楚國。秦國的將領李信年輕氣盛，曾帶著幾千士兵把燕太子丹追擊到衍水，最後打敗燕軍活捉太子丹。秦王認為李信有膽略，所以非常看好他，想讓他擔任大將軍，指揮大軍征伐楚國。

秦王問李信：「我想要攻下楚國，按照你的估計，大概需要多少兵力能夠做到？」年輕的李信豪邁地回答說：「以我看來，只要20萬大軍就能攻取楚國，生擒楚王。」秦王嘉許他的豪言壯語，然後又以同樣的問題詢問老將王翦，王翦平靜地回答說：「要攻下楚國，沒有60萬大軍，不能辦到。」秦王笑著說：「看來將軍是老了，為什麼會這麼膽怯呢！李將軍真是果斷勇敢，他的話是對的。」於是秦王派遣李信及蒙恬率領20萬大軍南下攻打楚國。王翦因為自己的意見不被採納，便告病還鄉，回到家鄉頻陽養老。

李信與蒙恬帶領著20萬秦軍南下攻楚，李信領一支軍隊攻打楚國的平輿，蒙恬領一支軍隊攻打楚國的寢丘。兩軍進展都非常順利，大敗楚國軍隊。接著，李信又猛攻楚國的鄢、郢兩城，都很輕鬆地攻破了，然後率領部隊向西前進，想要與蒙恬在城父會師。李信憑著一股豪氣一路猛進，根本沒有考慮事情為什麼會進展得如此順利。然而就在李信向西進軍的時候，楚國大將項燕率領楚軍偷偷尾隨秦軍，連著三天三夜不停息。李信的軍隊被拖得疲憊不堪，遭到慘敗，兩座軍營被攻下，7名都尉被殺死，李信則帶著殘軍逃了回去。

秦王嬴政聽到李信慘敗的消息後，雷霆大怒，後悔當初輕信李信，而沒有聽從老將王翦的意見。為了表示歉意，秦王親自乘快車奔往頻陽。見到王翦後，秦王道歉說：「我之前沒有採納將軍的計策，誤用李信為將，致使秦軍蒙受巨大的恥辱。現在楚軍一天天向西逼近，將軍雖然抱病在身，但是忍心棄我不顧嗎？」

王翦說：「我現在年老多病，不能再領兵打仗了，希望大王另擇良將。」

秦王知道這是老將軍因為當初的意見沒有被採納而發出的怨言，於是一再用謙卑的言辭請求王翦領兵出戰。王翦說：「如果大王非要讓我擔任大將，那麼就必須按照我的要求，讓我率領60萬大軍。」秦王允諾說：「一切聽從將軍的安排。」

於是王翦率領著60萬大軍進攻楚國，秦王親自送行至灞上。臨行前，王翦對秦王說：「如果這次出征凱旋的話，請大王賜給我一塊肥美的土地，現在我的封地太偏僻了，也太小了。同時，我的府庫也捉襟見肘，還希望大王加以充實。還有我的兒子們希望您能給他們封個大一點的官。要是大王都照辦了，我攻打楚國就沒有後顧之憂了。」

秦王回答說：「將軍出征吧，不用擔心會遭受貧窮。」

王翦說：「擔任大王的將領，即使立了戰功，終究也是不會得到封侯之賞的，所以趁著大王重用我的時候，只好多求一些良田美宅，為子孫置辦一些產業。」秦王大笑，一口應允。

大軍浩浩蕩蕩地向楚國進發，來到武關，王翦先後派出五批使者向秦王討要良田美宅。部將不能理解，便對王翦說：「將軍您從來不是貪婪之人，怎麼現在討要封賞這麼急促，是不是太過分了！」

王翦笑著說：「你這個看法不對。大王暴戾而又不信任人，現在把全國的兵力都委託給我，心中定有疑慮。現在我多多地討要封賞，是為了表明我沒有別的意圖，這樣秦王才會打消疑慮，放心讓我領軍攻打楚國。」

王翦率領大軍進入楚國境內，楚國傾盡全國之兵來抵禦秦軍。王翦修築堅固的營壘，堅守不肯出兵。楚軍多次在陣前挑戰，王翦始終不肯出戰。王翦讓士兵們天天休息洗浴，供給上等飯食犒勞他們，與士兵一同飲食。過了一段時間之後，王翦打聽士兵以什麼來娛樂，有人回答說是投擲石頭的比賽，看誰投得遠。王翦知道士兵可以出戰了，於是下令出擊楚軍。

楚軍多次挑戰，但是秦軍只是堅守不出，所以引兵向東。王翦趁機發兵追擊楚軍，大敗楚軍。追至蘄（蕲）南，斬殺楚國大將項燕，楚軍潰敗。秦軍乘勝追擊，佔領楚國多個城邑，一年之內，俘虜楚王，滅掉楚國。

西元前221年，秦國兼併了所有的諸侯國，統一了天下。除了韓國之外，其他五個諸侯國均被王翦和王賁父子所滅，王翦因功被封為武成侯。

千古一帝：秦王嬴政

秦王嬴政兼併六國，統一天下，認為自己的德行和功績已經超過了三皇五帝，所以改稱號為「皇帝」。秦王嬴政為了強化君權，規定：皇帝自稱為「朕」，皇帝下達的命令成為「制」和「詔」，文字中不得提及皇帝名字，要注意避諱。秦王政成了中國歷史上第一位皇帝，自稱「始皇帝」，並頒佈制書說：「朕為始皇帝，後繼者沿用稱呼，稱為二世皇帝、三世皇帝，以至萬世，無盡無窮地傳下去。」

丞相王綰（綰ㄨㄢˇ）向秦始皇說：「原來燕、齊、楚三國的土地距離都城咸陽太過遙遠了，不如在那裡設置王侯，以便鎮撫當地百姓。所以請求立諸位皇子為王侯。」秦始皇將王綰的建議下達給諸位大臣商議，廷尉李斯建議說：「周文王、周武王分封諸多同姓子弟為王侯，但是他們的後代逐漸疏遠，以致後來像仇敵一樣相互攻擊，周天子不能制止。現在仰仗陛下神靈，四海一統。不如將全國劃分為郡和縣，讓各位皇子和有功之臣加以鎮撫，這樣便於中央進行控制。讓天下人一心，才是保障國家安定的策略，分封諸侯是不適宜的。」秦始皇聽到李斯的建議，也認為天下百姓受盡戰爭之苦，都是因為有諸侯王存在。於是聽從李斯的建議，將全國劃分為36個郡，每郡又設置若干縣，郡縣的長官由中央直接任命，隨時調換。

秦始皇又下令收繳全國民間所藏有的兵器，運送到咸陽，熔毀後鑄成大鐘和鐘架，以及12個銅人，放置在宮庭中。然後並統一文字、貨幣、法制和度量衡，並將各地富豪共12萬戶遷徙到咸陽置於監控之下。

設立郡縣制、統一文字、改良貨幣等改革措施加強了中央集權，有利於古代經濟的進一步發展，以及對中國疆域的初步奠定等方面起了重要作用。為了保障國家的長治久安，秦始皇採取了一系列舉動，如修建長城、焚書坑儒、制訂嚴律刑法等等。

秦始皇每年徵調40多萬民夫修築長城，在當時男人辛苦勞作尚不能果腹，女人日夜紡織都無法蔽體的情況下，徵調如此之多的民力去從事非生產性勞動，造成的結果只能是放眼盡白骨的慘劇。秦始皇還大興土木，大肆修建宮殿和皇陵，他用刑徒72萬人為他穿鑿驪山來建造阿房宮和皇陵。另外，秦始皇還花費大量人力物力幫他尋求長生不老之術。

而最讓後世詬病的就是焚書坑儒，這極大地殘害了我國文化。丞相李斯為了迎合秦始皇，曾上書說：「過去諸侯國紛爭，用利益招徠天下賢士。現在天下已定，法令統一出自朝廷，百姓理家就要致力於耕田

做工，讀書人就要學習法令規章。然而現在的儒生不從事現在的事務，只一味地效法古代，他們厚古薄今，蠱惑民眾。總是以為自己比別人高明，對當前的政治形勢指指點點。老百姓在他們的鼓動下也跟著起鬨，這對國家的統治沒有一點好處。只有禁止這些，國家才能上下安定。所以我建議，除了記載秦國歷史的史書，其他史書全部燒毀。另外，凡是私下藏有諸子百家典籍的人，一律將書籍送至官府處置。如果有誰私下談論諸子百家的人，一律處死，知情不報的人處以同罪。」秦始皇採納了建議，於是除了有關秦國歷史、醫藥、占卜和種植的書，其餘的書統統被燒毀。

書本典籍可是儒生們的命根子，聽到這一消息，他們都很悲憤，但是因為害怕懲罰，不敢公開反抗，只能私下裡聚在一起詛咒秦始皇。侯生、盧生相互譏諷、評議始皇帝的暴戾，並因此逃亡而去。秦始皇勃然大怒，說：「朕燒毀沒有用的書籍，又大量的招納人才，希望能夠藉由他們來求得天下太平，但是這幫人竟然不幹正事，還在背地裡說朕的壞話，不給他們點顏色看看，他們就爬到朕頭上去了！」於是下令搜捕對自己不滿的儒生。各地官員為了表示自己的忠心，對儒生們嚴刑拷打，逼他們互相檢舉揭發，有460多個人受到了牽連。秦始皇派人在咸陽城外挖了一個大坑，把他們全部活埋以此來警示天下。

秦始皇的長子扶蘇勸諫說：「那些儒生們全誦讀並效法孔子的言論。現在皇上用重法懲處他們，我擔心天下會因此不安定。」秦始皇大為惱火，派扶蘇赴上郡去監督蒙恬的軍隊。

秦始皇為了炫耀皇帝至高無上的威權，多次到東方、北方、南方各地巡視，四處奔走，勞民傷財。西元前210年，被稱為「千古一帝」的秦始皇病死於第五次東巡途中，年僅50歲。

沙丘之謀：趙高計殺扶蘇

西元前210年，秦始皇去東南部巡遊，丞相李斯和宦官趙高隨行，很受秦始皇寵愛的小兒子胡亥吵著一起去，秦始皇答應讓他隨行。

回咸陽的路上，秦始皇病倒。因為秦始皇非常忌諱別人談論「死」，所以群臣中沒有人敢提及關於死的事情。後來秦始皇的病勢加重，於是他命令中車府令、兼掌符璽事務的趙高寫詔書給長子扶蘇，說：「把軍隊交給蒙恬將軍，趕快到咸陽去主持葬禮。」詔書寫好後並沒有交給使者送出去，而是一直被截在趙高手裡。行至沙丘（今河北廣宗縣）之時，秦始皇病逝。丞相李斯因為皇帝在都城外病逝，擔心各位皇子及天下發生什麼變故，於是就秘不發喪。然後把秦始皇的屍體停放在能調節冷暖的涼車中，由秦始皇生前最寵信的宦官陪乘左右。每天的飲食和奏章處理都和平時一樣，但是均由宦官代為處理。為了掩蓋屍體的腐臭，他們還專門命人去買了很多的魚蝦裝在車上，這樣人們就不能分辨出魚腥和屍臭了。所以秦始皇駕崩之事，只有胡亥、趙高及受寵幸的宦官五六個人知道。

趙高一出生就被閹割送至宮廷，秦始皇聽說趙高有出色的辦事能力，而且精通秦國的律法，於是提拔他為中車府令，並讓小兒子胡亥跟他學習審理案件。因為趙高善於逢迎，深得胡亥的寵信。這時候，趙高就勸說胡亥，讓他密謀偽造詔書，迫令扶蘇自殺，然後自立為太子，等回到咸陽安葬秦始皇之後，就可以繼承皇位。胡亥對權力極為貪婪，當即就同意了趙高的計策。趙高知道，要想促成此事，必須還要得到另外一個人的幫助，那就是丞相李斯。

趙高找到李斯，說：「皇上現在已經駕崩，他賜給扶蘇的詔書及符璽都在胡亥那裡。定立太子一事，只要你我一句話就可以了。那麼這種情況下，我們應該怎麼辦呢？」李斯聽後，驚慌失措，說：「皇上已經立扶蘇為太子，聽從詔命，是為人臣子的本分，怎麼能夠大逆不道地議論這種事情呢？」

趙高又說：「如果我們什麼也不做的話，那麼一定是扶蘇即位當皇帝。如果這樣的話，恐怕丞相一職就要另改人選。你不妨想想，論才能、謀略、功勞、人緣以及獲得扶蘇的信任，你與蒙恬相比如何？」李斯聽了，立即皺起眉頭，回答說：「這五點，我都比不上蒙恬將軍。」趙高見李斯有所鬆動，繼續說：「既然如此，一旦長子扶蘇即位，就必定會任用蒙恬擔任丞相。那麼你就不能如願帶著通侯的印綬回到故鄉了，這是很明顯的事。胡亥為人寬仁忠厚，可以立為太子。只要我們幫他當上皇帝，丞相之位還會另有他屬嗎？希望你慎重地考慮一下，再做出決定。」

李斯認為趙高的話有理，便決定和他一起謀劃，偽造秦始皇的遺詔，立胡亥為太子。然後又偽造了一份詔書給扶蘇和大將軍蒙恬：「公子扶蘇駐守邊疆十幾年，不但沒有立下任何戰功，還多次上書誹謗父皇，對擔任監軍一事多有怨言，如此不忠不孝之人，賜劍自行了斷！將軍蒙恬輔佐公子不力，而且參與扶蘇的陰謀，一併賜劍自殺！」

扶蘇接到偽造的詔書，悲痛欲絕，準備刎頸自殺。蒙恬將軍認為事有蹊蹺，對扶蘇說：「陛下在外地巡遊，並沒有確立太子。他讓我率領30萬大軍鎮守邊疆，又讓您擔任監軍，將天下重任交給了我們，現在又怎麼會突然讓我們自殺呢，其中可能有陰謀。不如我們先上書陛下，確認一下事情的真偽，如果是真的，再死也不遲啊！」

扶蘇聽到蒙恬的話，心裡猶豫不決，但是使者一直在旁邊催促他們自殺，所以扶蘇對蒙恬說：「父親賜兒子死，還哪裡需要再請示核查呢！」於是拔劍自殺。蒙恬拒絕自殺，被囚禁起來，最終也沒能逃脫趙高的魔爪。

聽說扶蘇自殺的消息，李斯和趙高鬆了一口氣，於是就帶著臭烘烘的隊伍回到了咸陽。到了咸陽之後，他們公佈了秦始皇的死訊，然後根據偽造的詔書，太子胡亥繼承皇位。

陳勝起義：天下興兵

西元前210年，秦始皇病死。在趙高和李斯的陰謀幫助下，秦始皇的小兒子胡亥非法即位，是為秦二世。秦二世昏庸殘暴，在他的暴戾統治下，老百姓愈加不堪承受沉重的徭役賦稅和苛刻厲毒的刑法。廣大民眾身處水深火熱之中，在死亡邊緣苦苦掙扎。

秦二世元年7月（西元前209年），朝廷徵發淮河流域的9百名貧苦農民去駐守漁陽，正屯紮在蘄（蘄ㄑㄧˊ）縣大澤鄉。當時陳勝、吳廣都被編入謫戍（謫戍ㄓㄜˊ ㄕㄨˋ：古時官吏因罪降職，流放戍守邊疆。）的隊伍，並擔任駐守隊伍的隊長。

陳勝少年胸懷大志，早年的時候在陽城為地主耕地，有一天，他幹活累了，就招呼大夥在一旁休息，他笑著對這些夥計們說：「如果有一天我們當中誰發達了，一定不要忘記今天一起幹活的老夥計啊！」大家紛紛擺手說：「發達？還是算了吧。我們只不過是幫人耕地的，什麼時候能輪到我們富貴呢？真是做白日夢啊！」陳勝拍了拍身上的土，站起來說：「燕子和麻雀，怎麼會瞭解鴻鵠的志向呢！」

這支被徵往漁陽的隊伍剛好碰到天下大雨，道路不通，被阻隔在大澤鄉，不能如期趕到漁陽戍地。按照當時的法律規定，延誤限期是要被殺頭的。不想坐以待斃的陳勝、吳廣聚在一起商量，得到的結果是：逃跑是死，不逃也是死，發動起義還是死。毫無生路的他們決定放手一搏。

陳勝說：「天下的老百姓對秦朝的殘暴統治深惡痛絕。而且我聽說秦二世是秦始皇的小兒子，不應該被立為國君，該被立為國君的人是長子扶蘇。扶蘇因多次勸諫的緣故，被秦始皇派在邊外帶兵。現在有的人聽說他無罪，二世卻把他殺了。百姓們大多聽說他很賢明，卻不知他已經死了。項燕是楚國大將，多次立下戰功，愛憐士兵，楚國人都很愛戴他。有的人認為他死了，有的人認為他逃走了。現在如果我們這些人冒充公子扶蘇和大將項燕的隊伍，替天下人先向秦朝發難，應當有很多回應的人。」吳廣認為陳勝言之有理，兩人一拍即合，決定造反。

於是陳勝先在這9百人的隊伍中建立威信。他和吳廣密謀，在帛上用紅筆寫了「陳勝王」三個字，然後把帛放在別人捕到的魚腹中。有的士卒將魚買來烹食，剖開魚肚，發現寫有「陳勝王」的帛，大家都覺得非常奇怪。然後陳勝又暗地裡令吳廣隱伏在駐地旁邊的神廟中，等天黑以後用篝火裝作鬼火，作狐狸嗥叫的淒厲聲音叫道：「大楚興，陳勝王。」士兵們夜裡都很驚慌恐懼。第二天，士兵們到處談論，互相以眼神示意陳勝。

吳廣向來愛護士卒，士卒們也多願聽從吳廣的差遣。一天趁押送戍卒的兩名軍官喝醉了，吳廣故意多次說想要逃跑來激怒軍官，目的是讓軍官責辱他，用來激起那些士卒的情緒。兩名軍官果然正中下懷，用鞭子抽打吳廣。不解氣的軍官拔劍要殺吳廣，吳廣跳起來，奪過劍殺死軍官。陳勝幫助他，一同殺死了兩名軍官。這時，陳勝、吳廣召集士卒：「你們諸位碰到了大雨，都已經耽誤了期限，誤期就要被殺頭。即使僅能免於斬刑，但是因守邊而死的人有十分之六七。況且壯士不死倒也罷了，死就要幹出大事業，王侯將相難道是天生的貴種嗎？」士卒情緒達到頂點，加上之前的怪異事情，都說：「願意聽從你的號令。」於是一支冒充公子扶蘇、項燕的隊伍，在輿論上順天應人的隊伍建立起來了。

這支以「伐無道，誅暴秦」為口號的農民起義軍迅速崛起，很快就佔領大澤鄉並攻下蘄縣，接著又勢如破竹攻佔了五六個縣城。起義軍所到之處，貧苦農民紛紛回應，部隊發展異常迅速。在攻佔陳縣時，已擁有步兵數萬，騎兵千餘，戰車六七百輛。

陳勝率領義軍進入陳縣後，魏國的賢士張耳（張耳曾是信陵君的座上客，後來陳勝起義後加入起義軍，楚漢相爭時被項羽封為常山王，後歸漢，封為趙王）、陳餘前往求見。陳勝對他們二人的賢名素有耳聞，立即予以召見。

因為近來有擁立陳勝為王的議論，陳勝就此事詢問二人，二人回答說：「秦王朝殘暴無道，禍害百姓。為了解救身處水深火熱的百姓，您才起兵反抗暴秦。如果您現在自立為王，天下人就會認為您起兵反抗暴秦只是為了一己之私，這不是明智的做法。不如派人去扶植六國國君的後裔，為自己培植黨羽，共同對付暴秦。秦王朝的敵人多了，兵力就勢必分散，而您培植了自己的黨羽，兵力勢必增大。這樣一來，暴秦必定會被剷除。到時候您就可以以盟主身分號令諸侯，完成帝王大業。而您現在只佔領了一個陳縣就自立為王，勢必會成為秦王朝集中精力對付的目標。」陳勝沒有聽從這一意見，即自立為楚王，號稱「張楚」。

果然，這支起義軍受到了秦王朝的重點打擊，加上陳勝自身思想的變化，很快就被秦王朝鎮壓下去。儘管陳勝領導的這支起義軍最終沒有奪取政權，陳勝自己也被殺死，但是這支起義軍好比星星之火，引燃了全國。後起的項羽和劉邦，在3年之後，率領起義軍攻破咸陽，推翻了暴秦。

巨鹿之戰：項羽漸出頭面

當陳勝在大澤鄉起義之時，項梁和侄子項羽正在吳中避難。項羽少年時，跟從叔父學習讀書寫字，沒有學成就放棄不學了，然後又學習劍術，同樣也是半途而廢。項梁非常生氣，責備項羽不爭氣，項羽說：「讀書寫字，只要會寫自己的名字就行了。劍術再好也只能敵對一個人，要學就學能夠敵對萬人的本領。」於是項梁就教項羽兵法。

起初，項羽非常高興，但是在粗懂兵法大意之後就不肯再繼續學下去。長成之後，項羽身長八尺，力能扛鼎，才能和器度都超過常人。

陳勝首先向秦王朝發難，會稽郡守殷通想要發兵回應陳勝，命令項梁和桓楚指揮兵馬。項梁指使項羽斬殺殷通，奪得郡守印綬，郡守衛兵暴亂，被項羽斬殺一百幾十個，於是郡內官吏懾服。項梁隨即徵集郡內丁壯，得精兵8千人，回應起義。項梁擔任郡守，年僅24歲的項羽為副將。

項梁率領八千江東子弟反抗暴秦，隊伍逐漸壯大。陳勝犧牲後，項梁召集各部將領商議大計，其中包括劉邦。年逾70的謀士范增（范增，是項羽主要謀士，被項羽尊為「亞父」，曾多次勸說項羽及早除掉劉邦，但是均未被採納。後來陳平用計離間項羽和范增的關係，范增因此被項羽猜忌，於是告老辭官，歸鄉途中病發而死）前往勸說項梁：「秦國兼併六國，楚國最無辜。楚懷王被騙入秦國，楚人現在還很懷念他。所以楚南公說：『楚國即便是只剩下三戶人家，滅亡秦國的也必定是楚國。』不如擁立楚王的後代為王，這樣可以得到民心。」項梁聽從建議，找到楚懷王的孫子，立為楚王，同樣號稱「楚懷王」。

此後，項梁領導的楚軍聲勢更為浩大，先在東阿擊敗秦將章邯，又在定陶大敗秦軍，項梁開始變得驕傲自大。宋義規勸說：「驕兵必敗，現在士兵已經有些懈怠了，而秦兵卻日益增多，我替您擔心啊！」項梁不聽，將宋義派去出使齊國。宋義在途中遇到齊國使者，便對他說：「我料定項梁必定會遭到失敗，你慢點去可以免遭一死，否則就有喪命的危險。」果然，楚軍在定陶敗於章邯，項梁戰死。

項梁死後，章邯認為楚軍不再構成威脅，於是北上攻打趙國。邯鄲被破，張耳與趙王歇逃入巨鹿城，秦軍以重兵圍困巨鹿，趙王向楚軍發出救援。這時候，齊國的使者已經到達楚地，對楚懷王說：「宋義料定項梁必敗，沒過幾天就應驗了。還沒有開戰就能預料到結果，可以說是懂得兵法了。」於是楚懷王召來宋義商議，對他非常賞識，任命他為上將軍，項羽為次將，范增為末將，領兵去援救趙國。

援軍到達安陽後，宋義傳令按兵不動，這樣一直等了46天。項羽忍不住責問宋義：「趙軍形勢危急，應當火速救援。楚軍與趙軍內外夾擊，秦軍必敗無疑，為什麼要停止不前呢？」

宋義回答說：「現在救援，不如先讓秦軍和趙軍相鬥。秦軍即使戰勝趙軍，也會疲憊，那時候我們就可以趁機發起攻擊；如果不能戰勝，我們就更能輕易擊破秦軍。披堅執銳，衝鋒陷陣，我不如你；但是運籌帷幄，制定策略，你不如我。還是再等等吧！」並在軍中下令，有不服從指揮者，一律處斬。

項羽私下召集將士，說：「我們本來是要合力攻打秦國的，現在卻長久停止不前。現在遭遇荒年，軍中沒有存糧，應當迅速趕往趙國，取用趙國的糧食，與趙軍合力破秦。秦國強大，新建立的趙國必敗無疑，趙國被攻佔，只會增強秦軍的實力，到時候又哪裡會有可乘之機。況且我軍剛剛吃了敗仗，需要有一仗來重振軍心。」項羽與眾將士謀定好，第二天來到宋義的帳中，斬下宋義的首級，然後向軍中發佈號令說：「宋義想要反楚，楚王密令我殺了他！」軍中將領都畏懼項羽，沒有人敢反抗，一致擁立項羽為代理上將軍。

項羽殺了宋義之後，威震楚國，被楚王任命為上將軍。取得指揮權後，項羽當即派遣英布（英布因為年輕時受過黥（黥）刑（即臉上被刺字，然後用墨炭塗黑），所以又被稱作黥布。最初跟隨項羽，是項羽最為依仗的大將，被封為九江王。後來叛楚歸漢，與韓信、彭越並稱漢初三大名將，最後被告謀反被殺）領兵兩萬前往救援巨鹿。楚軍加入後，戰事立即出現好轉。楚軍首先截斷秦軍的糧道，然後項羽率領全軍渡過黃河。渡過黃河後，項羽命令將士鑿沉船隻，砸壞炊具，燒毀營帳，只攜帶3天的口糧前往攻擊秦軍，以示必死之心。

楚軍一到達巨鹿，就迅速包圍秦軍，與秦軍經過9次交鋒，終於大敗秦軍，秦將章邯被迫領兵退卻。其實在項羽到來之前，就有許多支諸侯軍前來救援，但是大家都處於觀望，不敢輕易出戰。等到項羽擊敗秦軍，章邯敗走之後，他們才敢出來追擊秦軍。

項羽率領楚軍與秦軍交戰，楚軍士兵兇悍善戰，無不以一當十，各諸侯軍將領無不看得心驚膽戰。等到擊敗秦軍後，項羽召見前來救援的各路諸侯軍將領。這些將領進入項羽營帳的時候，沒有一個不是跪著用膝蓋前行的，誰都不敢仰視項羽。從此以後，項羽成了各路諸侯的上將軍，是各路反秦起義軍的首領。

巨鹿之戰，項羽率領5萬楚軍擊敗秦將章邯、王離所率領的40餘萬秦軍主力。項羽膽氣干雲，破釜沉舟，斬殺20萬秦軍，使秦軍遭受重創，而章邯率領的另外20萬大軍不久也被迫向項羽投降。

指鹿為馬：趙高掌權

趙高因為善於逢迎，深得胡亥的寵信，等到陰謀幫助胡亥奪得皇位之後，得到的恩榮更是無比。他仰仗著秦二世的恩寵，專權蠻橫，向許多曾經得罪過他的人進行報復。趙高為了防止他們在秦二世面前揭發自己，就想出一條詭計，他對秦二世說：「為什麼天子是天下最尊貴的人呢？這是因為大臣們只能聽見他的命令，卻看不到他的面容。陛下您現在還很年輕，很多事情處理起來沒有什麼經驗，萬一出了什麼差錯，就會把自己的短處暴露給大臣們。那樣就不能向天下人顯示您的明智了，這樣您的威信也會大大降低啊！所以陛下不如就深處禁宮之中，等著大臣們把公事寫成奏章呈上來之後，您跟近臣商量之後再頒佈命令，這樣就萬無一失了。」秦二世很高興地接受了趙高的建議，從那以後他就不在朝堂上接見大臣了，一直待在宮裡面，這樣做的結果是宮裡所有的事務都被趙高一手掌握了。

丞相李斯對此大為不滿，趙高知道後，就設計陷害李斯，結果李斯蒙冤受罪，被處以腰斬。

丞相李斯死後，秦二世任命趙高擔任丞相，於是趙高大權獨攬，朝中事務，不分巨細，全部由趙高一人決斷。

趙高獨自操縱秦朝大權，擔心朝中大臣心有不服，於是想透過一件事情去試探他們。一天，趙高趁著大臣們向胡亥朝賀的時候，牽來了一頭鹿，他指著這頭鹿說：「這匹馬是我進獻給陛下您的。」

胡亥一聽有東西要獻給自己，非常高興，就跑到跟前來看，然後他笑著對趙高說：「丞相是在開玩笑嗎？這明明是一頭鹿啊，怎麼能說是一匹馬呢？」

趙高堅持說這是一匹馬，還讓大臣們來斷定。那些正直的大臣都說這是一頭鹿，而平時害怕趙高的人都附和著說這是一匹馬，有的則默然不語。其實這一切都是趙高的陰謀，他是在為自己稱帝做準備，他想看清楚到底哪些人是不分青紅皂白聽他的話的，哪些是不聽話需要對付的。那些說是鹿的大臣，後來都被趙高陷害致死。此後朝中大臣對趙高畏懼不已，再也沒有人敢談論他的過失。

胡亥聽到竟然有這麼多人說這是馬，開始懷疑自己受到了鬼怪的迷惑，連鹿和馬都分不清，就決定到上林苑去

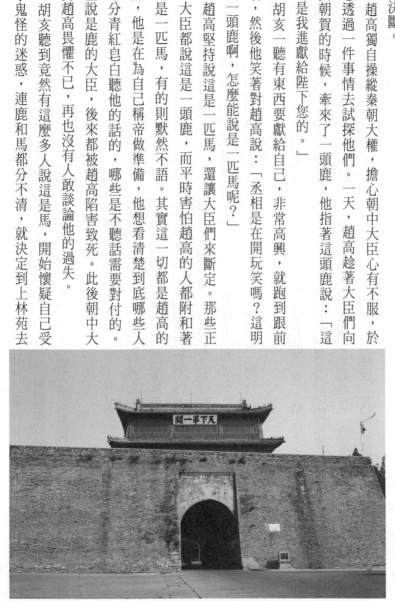

養病。到了上林苑，秦二世整天只知道四處打獵遊玩。有一天，一個無辜的行人誤闖上林苑，秦二世親手把他射死。趙高趁機對秦二世說：「即使您貴為天子，無緣無故殺死沒有罪的人，上天也是不允許的。恐怕上天會降下禍患，您還是快到遠離皇宮的地方去消災祈福吧。」秦二世一聽，急忙打點行裝離開了皇宮，到望夷宮居住。

趙高加緊謀劃篡位之事，他與女婿閻樂商議廢掉秦二世，改立秦二世的侄子子嬰為皇帝。他們裡應外合，將秦二世身邊的衛士全部殺死，只留下一名貼身宦官。等到閻樂找到秦二世的時候，秦二世對身邊唯一的宦官說：「你為什麼不早告訴我，以至於事情發展到這個地步。」宦官說：「我不敢說，所以才保住了性命，否則哪能活到今天？」秦二世於是向閻樂請求見到丞相，知道不能如願，說：「我希望當一個郡王。」還是沒有得到准許。秦二世又說：「那麼我希望做一個萬戶侯。」同樣沒有得到准許。秦二世又說：「那麼我就帶著自己的妻子兒女去做平民百姓。」依然沒有得到准許，於是秦二世自殺。秦二世死後，趙高當即立子嬰為秦王，成為自己手中的傀儡。

趙高讓子嬰齋戒，到宗廟參拜祖先，然後接受國君的印璽。齋戒5天後，子嬰與他的兩個兒子商量說：「趙高在望夷宮殺死了二世皇帝，因為擔心遭到群臣的報復，所以才假裝擁立我為王。趙高曾和楚軍約定，殺盡秦朝宗室之後，就可得到關中王的地位。他現在讓我去參拜宗廟，是想趁機殺我。如果我託病不去，趙高必定親自前來請我。到時候，我們就可將他殺掉。」於是預先佈署好死士。

趙高先後派了好幾批人來請子嬰，子嬰只是託病不肯前往，趙高果然親自來請子嬰。等到趙高放鬆戒備之時，子嬰即令預先設伏的死士將趙高刺死，然後誅殺趙高三族。

蕭何月下追韓信：韓信拜將

韓信原本只是一個普通的老百姓，家裡很窮，沒有人選他做官，他自己也不會做買賣賺錢，無奈之下只好到別人家混吃混喝，時間長了，家鄉的人都很看不起他。

有一次一個屠戶想要當眾羞辱他，就挑釁（釁ㄒㄧㄣˋ）地說：「你雖然個子高大，還喜歡佩帶刀劍，但你就是一個膽小鬼！你如果不怕死就拿劍來刺我啊！要是怕死，你就從我的褲襠地下爬過去！怎麼樣，要不要來比試一下，膽小鬼！」說完，那個人就叉開兩腿，雙臂抱在胸前，傲慢地大笑著。

韓信沒有說話，嘴唇有些顫抖，睜大眼睛瞪了那個人好久，手也握緊了自己的佩劍。周圍看熱鬧的人看到這種情況都起鬨似地喊道：「衝啊！跟他拚命！」周圍的人紛紛往前擠，想要第一個知道這場比試的結果。不料，韓信握劍的手慢慢鬆開了，慢慢地俯身在地，從那個年輕人的胯下慢慢爬了過去。周圍一下子變得死寂，人們都驚訝地張大了嘴巴，說不出話來。從那以後，人們更看不起韓信了，因為他不僅是個遊手好閒的傢伙，還是一個膽小鬼。

不過，還是有善良的人幫助他。有一次，韓信在河邊釣魚，有位洗衣服的老大娘看見他餓得臉色發白，就拿出自己的飯給他吃，一連幾十天都這樣。韓信非常感激，對老大娘說：「將來我發達了一定會重重報答您的！」

「你一個堂堂男子漢，連自己都養不活，還說這樣的大話！我是看你可憐，並不是為了你的報答！你還是好好想想怎麼生活下去才是正事！」韓信聽後，非常慚愧。

項梁的起義軍渡過淮河北上之時，韓信便前去投靠，被項梁接納，但是卻沒有得到重用，一直默默無聞。項梁戰死後，韓信又跟從項羽，被任命為郎中。韓信多次向項羽獻策，請求重用，但是同樣沒有結果。深感前途無望，於是韓信叛逃項羽，進入劉邦帳下。

在劉邦的帳下，韓信最初也只是擔任一個底層官吏，才華一直不為人所知，於是就決定和其他士卒一同逃亡。丞相蕭何（蕭何，曾擔任秦國沛縣的獄吏，後輔佐劉邦起義。劉邦稱王後，一直擔任相國。在楚漢相爭中，蕭何留守關中，鞏固漢軍後方，並為前方不斷提供士兵和糧餉，在劉邦統一天下的過程中產生了重要作用，是「漢初三傑」之一）曾經與韓信有過幾次交談，對韓信的才華非常讚賞，此時聽說韓信已經逃離，便親自快馬加鞭連夜去追趕韓信。有人報告劉邦，說蕭何已經逃跑了，劉邦聽後大驚失色，因為蕭何一直被他視為左膀右臂。

幾天之後，蕭何回來拜見劉邦。劉邦又怒又喜，責備蕭何先前為什麼要逃跑，蕭何便將事情的緣由告訴劉邦。劉邦聽後，說：「那麼多將領逃跑，你都沒有去追趕，為什麼會親自去追趕一個籍籍無名的韓信，分明就是在撒謊。」

蕭何回答說：「那些逃跑的將領哪裡都能找得到，可是像韓信這樣的人才，普天之下恐怕也難找出第二個來。如果大王您只安分地在一方稱王，那麼您也許用不上韓信；如果您要爭奪天下，韓信這種人才是必不可少的。」

劉邦素來敬重蕭何的意見，聽他如此推崇韓信，立刻對韓信產生興趣，說：「看在你的面子上，我就讓他做將軍吧。」蕭何說：「如果您要用韓信，就必須重用，否則他終究還是要離開的。」

「那麼就讓他做大將軍吧。」

「如此再好不過了。」議定之後，劉邦想立即召見韓信，授予他大將軍一職。蕭何認為這樣太過草率，任命大將軍就跟呼喝小孩子一樣，如果要留住韓信，就應當表現出誠意和敬意。劉邦接受蕭何的意見，設置拜將台，選擇良辰吉日，並舉行隆重的拜將儀式。

到了拜將那天，諸位將領都欣喜不已，他們都認為自己能夠得到大將軍的職務。但是等到正式任命大將軍的時候，竟然是籍籍無名的韓信當上了全軍的統帥，所有人都驚訝不已。拜將儀式結束後，劉邦對韓信說：「丞相多次向我稱讚並舉薦你，你有什麼好的計策來開導我呢？」

韓信隨即給劉邦分析天下形勢，說：「大王您在爭奪天下時，遇到的對手只能是項羽。我認為，您在很多方面都不如項羽，但是有兩點可以幫助您戰勝項羽，那就是注重人才和收服民心。項羽把秦朝降將章邯、司馬欣、董翳三人封為王，用來監視您。當年項羽坑殺秦軍降卒20多萬，只有這三人倖免，所以秦地百姓對他們恨之入骨。而您當初進入關中之時，秋毫無犯，與百姓約法三章，深得民心。如果您起兵向東，三秦之地只要您一聲號令就能平定。」劉邦聽後大喜，認為得到韓信實在太晚了。他對韓信言聽計從，準備向東出擊。

劉邦聽從韓信的計策，明修棧道，暗渡陳倉。先燒毀出關的棧道，表示沒有東出之心，用以麻痹秦地三王章邯、司馬欣、董翳。然後又派遣樊噲率軍一萬餘大張聲勢地搶修棧道，吸引秦地三王的注意，劉邦則親率大軍潛出故道，翻越秦嶺，直接襲擊陳倉。章邯倉促回援，被漢軍擊敗。在韓信的謀劃下，劉邦迅速平定三秦之地，成功邁出了爭奪天下的第一步。

楚漢相爭

項羽率領各路諸侯軍攻佔咸陽之後，將已經投降的秦王子嬰殺死，一把火焚燒秦國的宮殿，包括尚未建成的阿房宮，熊熊的大火燒了三個月都沒有熄滅。隨即對咸陽施行屠城，並洗劫城中金銀財寶，使得秦地百姓對他恨之入骨。

滅掉秦朝之後，項羽以盟主的身分，劃分天下的土地，對各路諸侯以及部將進行封賞。項羽自立為西楚霸王，管轄原來楚國和魏國的土地，定都彭城。項羽和范增都懷疑劉邦有爭奪天下的野心，便將他封在偏遠的巴蜀之地，稱為漢王。這片土地道路艱險，是秦朝流放犯人的地方，不過這片土地也屬於關中，所以項羽的這個做法仍然沒有違背當初的約定：誰先進入函谷關，平定關中，就可以在關中稱王。劉邦接受封地時，大為震怒，想要攻打項羽，在蕭何的勸阻下才忍辱去了封地。另外，項羽還小心地防備著劉邦，將關中分割成三個部分，以秦朝降將章邯、司馬欣、董翳為王，用以監視和箝制劉邦。

西元前*206*年，劉邦拜韓信為大將軍，聽從韓信「明修棧道，暗渡陳倉」的計策，一鼓平定三秦地區，楚漢戰爭正式開展。項羽得知劉邦行動後，派大軍阻止劉邦東進，張良便寫信給項羽說：

「如果按照約定，將漢王應得的封職還給漢王，漢王也一定會兌現承諾，停止與楚軍作戰。」而此時，其他諸侯也因為獲得的封賞不公平，紛紛起來反叛項羽。齊國的田榮和梁地的彭越（彭越，強盜出身，後幫助劉邦征戰天下，功勞卓著，被封為梁王，後來因被告謀反遭到誅殺）聯合趙國，同時起兵攻打楚國。所以項羽無暇顧及劉邦，揮軍北上攻打齊國。

項羽率領楚軍進入齊地後，迅速擊敗齊王田榮。在齊地，楚軍延續了自己殘暴的作風，放火燒了齊國的城市，強搶齊國人的子女，齊國的百姓於是紛紛聚集起來反叛項羽。田榮的弟弟田橫（田橫，原為齊國貴族，起義爆發後，與兄田儋（儋ㄉㄢ）、田榮加入起義軍，兄弟三人相繼佔據齊地為王。劉邦統一天下後，田橫不肯稱臣，率5百門客逃往海島。劉邦多次派人招撫，田橫被迫前往漢廷，在途中自殺。5百門客得到田橫死訊，也全部自殺）聚集這些殘兵敗將，得到數萬人，重新與楚軍作戰。項羽只能繼續留在齊地作戰，幾次交戰，始終沒能擊敗齊軍。

此時，劉邦趁項羽率軍攻打齊國，楚國出現空虛的機會，率軍東進，攻打楚國都城彭城。項羽已經聽說劉邦率軍東進，但是已經在齊國作戰，於是就想在平定齊國之後再去攻打劉邦。劉邦一路上召集諸侯，得到軍隊共56萬人，一同討伐楚國。很快，劉邦就率領這諸侯聯軍攻佔了空虛的彭城。

項羽得知自己的後方被劉邦攻佔，怒不可遏，當即命令手下將領率領一部分軍隊繼續攻打齊國，自己則親率3萬精兵南下攻打漢軍。楚軍到達彭城附近，安營紮寨，在一個清晨向漢軍發起攻擊。楚軍將士個個驍勇善戰，以一當十，只用了半天時間，就將56萬漢軍擊潰，死傷無數。漢軍不敵，倉皇退走，楚軍則緊隨在後，10多萬漢軍全部被趕入睢（睢ㄙㄨㄟ）水，致使河水都阻塞得流不動了。

劉邦陷入楚軍的包圍之中，形勢非常危急，然而就在此時，恰好颳起大風，風勢非常大，飛沙走石。楚軍被吹得陣腳大亂，劉邦才得以逃出生天。項羽一路追殺，劉邦逃到家鄉沛縣，只找到自己的兒子和女兒。劉邦坐車逃命，覺得情況緊急，就把兒女推下車，讓馬車跑得更快。每次滕公都會跳下車去，把兩個孩子抱上馬車。反覆了好幾次後，滕公說：「即使拋棄了兩個孩子，馬車也不會跑得更快，但是您怎麼能拋棄這兩個孩子呢？」劉邦對此非常惱怒，多次想殺掉滕公。劉邦倉促逃難，沒有帶上全部家眷，因此劉邦的父親和妻子呂雉落入楚軍手中，被項羽安置在軍中作為人質。

劉邦集合了一大批殘兵敗將，準備與項羽決一死戰，可是那些曾經和他聯盟的諸侯現在又投降了項羽，劉邦只好跟項羽求和，希望只保留一小部分土地給自己。但是范增卻堅決反對，他說：「這次再不消滅劉邦，以後就真的沒機會了。」

聽說項羽不同意求和是因為范增反對之後，劉邦使用了反間計逼走了范增，而自己則逃回去重新積聚力量，幾年的楚漢角逐由此展開。

韓信背水一戰

韓信被拜為大將軍之後，向劉邦提出策略，自請一支軍隊開闢北方戰場，使漢軍對楚軍形成包圍之勢。劉邦採納了這一策略，派給韓信3萬人馬，令其北上開闢勢力範圍。

韓信首先進攻魏國，魏王豹部署重兵對抗韓信。韓信巧用疑兵之計，只在一個月之內就俘獲魏王豹，平定了整個魏國。之後，韓信向劉邦請求增援，向北進攻趙國和代國。劉邦准許他的請求，並派張耳前往軍中擔任輔將。很快，韓信就攻破代國，並俘獲代國的相國夏說。在擊破魏國和代國之後，劉邦就將韓信的精銳部隊調去抵抗楚軍。

韓信和張耳率領著剩下的幾萬人馬，取道井陘（陘：ㄒㄧㄥˊ），攻擊趙國。趙王歇和成安君陳餘聽說漢軍來襲，在井陘口聚集兵力，嚴陣以待，號稱20萬大軍。

廣武君李左車向成安君獻計說：「聽說漢將韓信渡過西河，俘虜魏王豹，生擒夏說，近來又在閼與鏖戰（鏖：ㄠˊ；鏖戰：苦戰不休。）喋血。現在又以張耳作為輔將，計議攻下趙國，這是乘勝利的銳氣離開本國遠征，其鋒芒銳不可當。可是，我聽說千里運送糧餉，士兵們就會因糧食不繼而面帶饑色；臨時砍柴割草燒火做飯，軍隊就不能經常吃飽。眼下井陘這條道路，兩輛戰車不能並行，騎兵不能排成行列，漢軍行進的隊伍綿延數百里，運糧食的隊伍勢必遠遠地落到後邊。希望您撥給我三萬人馬，我率領這支人馬從隱蔽小路攔截他們的輜重；而您則深挖戰壕，高築營壘，堅壁清野，不與交戰。這種情勢下，漢軍向前不得戰鬥，向後無法退還。此時我出奇兵截斷他們的後路，使他們在荒野什麼東西也搶掠不到，用不了10天，韓信和張耳的人頭就可送到將軍帳下。希望您仔細考慮我的計策。否則，我們一定會被韓信和張耳俘虜。」

成安君是一個信奉儒家學說的刻板書生，經常宣稱正義的軍隊不用陰謀詭計，對李左車說：「我聽說兵書上講，兵力十倍於敵人，就可以包圍它，超過敵人一倍就可以交戰。現在韓信的軍隊號稱數萬，實際上不過數千。竟然跋涉千里來襲擊我們，想必已經到了極限。若如你所說，採取迴避不出擊的計策，等到漢軍強大的後續部隊趕來支援，那時我們又怎麼對付呢？而其他諸侯們也會認為我膽小，就會輕易地來攻打我們。」於是沒有採納廣武君的計謀。

韓信派人暗中打探，瞭解到成安君沒有採納廣武君的計謀，韓信大喜，於是領兵前進。在離井陘口還有30里的地方，停下安營紮寨。待半夜時，傳令進軍。韓信挑選了兩千名輕裝騎兵，每人手持一面紅旗，從隱蔽小道上山，在山上隱蔽著觀察趙國的軍隊。韓信告誡說：「交戰時，趙軍見我軍敗逃，一定會傾巢出動前來追趕我軍，這時候你們火速衝進趙軍的營壘，拔掉趙軍的旗幟，豎起漢軍的紅旗。」又讓副將傳達開飯的命令，說：「今天擊敗趙軍後正式會餐。」將領們都不相信，只佯裝允諾。

韓信對手下軍官說：「趙軍已先佔據了有利地形，趁地利堅壁清野。他們不看到我們大將的旗幟是不會攻擊我軍先頭部隊的，是怕我們遇到險阻的地方退回去。」於是韓信派出萬人作為先頭部隊出發，背靠河岸排兵佈陣。趙軍遠遠望見，大笑不止。

天剛矇矇亮，韓信豎起大將的旗幟，擂鼓行軍，出井陘口。見到漢軍大將旗幟，趙軍果然打開營壘攻擊漢軍，激戰持續很長時間。這時，韓信和張耳假裝拋旗棄鼓，逃回河邊的陣地。河邊陣地的部隊打開營門放他們進去，然後再和趙軍激戰。趙軍果然傾巢出動，爭奪漢軍的旗鼓、追逐韓信和張耳。韓信和張耳已進入河邊陣地，全軍殊死奮戰，趙軍一時無法取勝。此時韓信預先派出去的兩千輕騎兵，趁趙軍傾巢出動的時候，火速衝進趙軍空虛的營壘，把趙軍的旗幟全部拔掉，豎立起漢軍的兩千面紅旗。此時的趙軍既不能取勝，又不能俘獲韓信等人，想要退回營壘，見營壘插滿了漢軍的紅旗，大為震驚，以為漢軍已經全部俘獲了趙王的將領，於是軍隊大亂，紛紛落荒而逃，即使有趙將誅殺逃兵，也不能制止頹勢。於是漢軍前後夾擊，徹底摧垮了趙軍，俘虜了大批人馬，並在泜（泜）水岸邊生擒了趙王歇。

在慶功宴的時候，將領們問韓信：「兵法上說，列陣可以背靠山，前面可以臨水澤，現在您讓我們背靠水排陣，還說打敗趙軍再飽飽地吃一頓，我們當時不相信，然而我們確確實實取勝了，這是一種什麼策略呢？」

韓信笑著回答說：「這也是兵法上有的，只是你們沒有注意到罷了。兵法上不是說『陷之死地而後生，置之亡地而後存』嗎？如果是有退路的地方，士兵都逃散了，怎麼能讓他們拚命呢！」眾將自嘆不如。

垓下之圍：項羽烏江自盡

西元前*202*年，楚軍與漢軍在廣武對峙。楚軍的糧食將要吃盡，而楚國積聚的糧草被彭越燒毀，後備供應不繼，而韓信又在齊地擊敗楚將龍且後南下進軍，項羽因此感到十分憂慮。項羽以送回劉邦的父親和妻子為條件，與劉邦協定條約。於是楚漢雙方進行了歷史上著名的「鴻溝和議」，以戰國時魏惠王開鑿的運河鴻溝為界，鴻溝以西歸劉邦，鴻溝以東歸項羽。

項羽送回人質，然後領兵東歸，劉邦也想向西回到關中。此時張良和陳平建議劉邦撕毀鴻溝和議，趁楚軍疲憊時從背後發動襲擊，他們勸說劉邦：「現在的天下，大半已經落入漢王您手中，各路諸侯爭相歸附，而項羽則兵少糧盡，眾叛親離，這是滅亡楚國的大好時機。如果放走楚軍而不予追擊的話，這等於縱虎為患啊！」劉邦聽從了他們的建議，撕毀條約，向楚軍發動偷襲。

劉邦調遣各軍：齊王韓信率軍從齊地南下，梁王彭越率軍數萬從梁地西進，漢將劉賈率軍合同九江王英布合計*10*萬從淮北北上，劉邦則親率大軍*20*萬東進。漢軍五路大軍，合計近*60*萬之眾，以韓信為聯軍統帥，對楚軍形成合圍之勢，項羽被迫率領*10*萬楚軍撤至垓（ㄍㄞ）下。

漢軍對項羽形成十面埋伏，為了突圍而出，項羽多次對韓信本部發起攻擊，但是始終不能取勝，便退到營壘中固守陣地。為了瓦解楚軍防守，漢軍在一個晚上唱起了楚歌。項羽聽到楚歌四起，大為吃驚，說：「漢軍已經佔領楚國全境了嗎，為什麼漢軍中會有這麼多的楚人？」便連夜起身，喚來虞姬，在大營內喝酒。席間，項羽慷慨悲歌：

力拔山兮氣蓋世，時不利兮騅（ㄓㄨㄟ）不逝，
騅不逝兮可奈何，虞兮虞兮奈若何！

虞姬與項羽反覆吟唱，互相應和，最後虞姬拔劍自刎，讓項羽毫無牽掛地去突圍。在場的所有人都熱淚盈眶。

項羽騎著烏騅馬趁著夜色突圍，部下有*8*百餘壯士跟隨。天色矇矇亮的時候，漢軍才有所發覺，於是命令騎將灌嬰率*5*千名騎兵追擊。項羽渡過淮河，身邊只剩下一百多人，後來又迷路，陷進沼澤之中，因此被漢軍起兵追上。

項羽來到東城，身邊只有*28*個騎兵。面對追來的*5*千騎兵，項羽料定無法脫身，於是對身邊

的騎兵說：「我從起兵到現在，已經8年，身經70餘戰，從來沒有敗績，從而稱霸天下。但是今天終於被困此地，這是上天要亡我，不是我用兵的過錯！今日必定戰死，願和你們並肩作戰，痛快地打這最後一仗。」於是他將身邊的28位壯士分成4隊，向四方衝殺，約定在三個地方會合，「看我為你們斬殺一員敵將」，一聲暴喝便奔向漢軍。漢軍的陣形被衝散，項羽隨即斬殺一員漢將。有一位漢軍將領追擊項羽，項羽回過頭來瞪著雙眼呵叱他，結果那位漢將受到驚嚇，退避數里。項羽與他的騎兵們會合，漢軍不知道項羽所在，於是兵分三路，重新將他們包圍。項羽隨即向漢軍衝殺，斬殺一百多人，重新聚集騎兵，得到26人。

項羽帶領這26人，來到烏江邊上。烏江的亭長早就在那裡等著他了，亭長跪拜說：「請項王渡江東去，江東雖然狹小，土地方圓千里，民眾數十萬，卻也足以當作稱王的資本。現在江邊只有我一條小船，漢軍追來也無法渡江，請您馬上上船！」

項羽笑著說：「這是天要亡我，為何還要渡江！我當年領著八千子弟渡江西征，如今無一生還，縱然江東父老憐愛我擁立我為王，但是我有什麼臉面回去見他們？」說完，他撫摸著烏騅馬，對亭長說：「這匹烏騅馬隨我征戰多年，日行千里，我不忍心殺了牠，就送給您，把牠帶回江東，好生照顧吧！」

追兵此時也來到了烏江口，項羽讓他的部下全都下馬步行，與漢軍短兵交戰。項羽勇猛無比，身體十多處受到創傷，但是越戰越勇，親手斬殺漢軍士兵幾百人。在陣中，項羽看見了漢軍一名將領，名叫馬童，於是對他說：「這不是我的老朋友嗎？我聽說，漢王以千金、一萬戶封邑來懸賞我項羽的人頭，現在我就把這個好處便宜了你吧！」說完就舉起寶劍刎頸自殺了，一代英雄就此悲壯而死。

蕭規曹隨

劉邦率軍征討英布，被流矢射中，在班師途中，病勢加重。劉邦不願治病，說：「我以一個平民百姓的身分，手提三尺劍奪得天下，這不是天命嗎！生死在天，即使扁鵲復生又有什麼用？」呂后問劉邦身後事：「陛下百年之後，如果蕭相國也去世，誰可以接替他擔任相國？」劉邦回答說：「曹參可以。」

蕭何病重之時，漢惠帝親自前往探望病情，交談中，漢惠帝問：「相國您百年之後，誰可以接替您呢？」蕭何說：「最瞭解臣子的人，莫過於君父，陛下您認為誰最合適呢？」「曹參接替您出任相國，怎麼樣？」蕭何叩頭說：「陛下已經找到合適的人選了，這樣我死了也就沒有什麼遺憾了。」

劉邦平定天下後，把曹參封為齊國丞相。齊國有70多個城邑，曹參擔任齊國丞相後，想要治理卻又無從下手，於是召來當地的老者和學者，詢問安撫百姓的方法。這些人眾說紛紜，曹參不知如何決斷。之後，一位叫蓋公的人，精通黃老學說（黃老學說，戰國時期的哲學流派，尊崇黃帝和老子為創始人。它改造老子的道家思想，並採用陰陽、儒、墨、法等諸家觀點，形成一家之言，特點是「無為而治」），他對曹參說，治理國家貴在清靜無為，讓百姓自行安定。曹參採取他的辦法，以清靜無為的辦法治理齊國，在位9年，齊國安定，齊地百姓都稱讚曹參的賢能。

曹參收到蕭何的死訊之後，立即對自己的門客說：「快去準備行裝吧，我馬上就要去京城做相國了。」果然，沒過多久，朝廷的使臣就來到曹參的官邸，召他進京。曹參擔任相國之後，一律沿用蕭何當年制定的法令和律例，不做任何改動。曹參罷黜那些急功好利、言談刻薄的官員，挑選那些敦厚樸素、不善言辭的長者擔任丞相的屬官，幫助自己打理政事。自己則不問政務，只顧著日夜飲酒享樂。

士大夫官員以及他的賓客見他不理政務，都好心勸他不要因為喝酒而耽誤了國事。曹參知道來意之後，就轉移話題，勸他們喝酒。他們想在喝酒間隙出言相勸，曹參又是勸他們喝酒，直到喝醉，他們都沒有開口說話的機會。

相國的府邸與一名官吏的房舍相鄰，這名官吏的家中整天有人飲酒歌唱，高聲喊叫。曹參的屬官很頭疼這件事情，但也無可奈何。一天這些屬官在後園中遊玩，隔壁又傳來了飲酒作樂，高聲喊叫的聲音，他們希望曹參能以相國的身分加以制止。沒想到的是，曹參不但沒有制止，反而讓人擺下宴席，與他們一同飲酒，並且也大聲呼喊，與隔壁的官吏相互應和。

有一些官員因為疏忽大意犯了一些小錯誤，曹參也只是當作沒看見，於是相國府中終日清閒無事。這種情況一直持續了很長一段時間。

這位新任相國的作風讓漢惠帝感到疑惑，自從上任以來，一天到晚只知道飲酒作樂，從來沒有過問政事。漢惠帝覺得這是相國瞧自己年輕，所以輕視自己。曹參的兒子曹窋（窋ㄓㄨˊ）正好在朝中任職，漢惠帝向他埋怨曹參不理政事，說：「哪天你回家了，要私下裡不著痕跡，假裝隨意地問問你的父親。『高祖剛死不久，現在的皇上又年輕。您身為丞相，應當盡力輔佐。想您這樣只知終日飲酒，怎麼能夠治理好天下呢？』你就用這話詢問你的父親，但是不要說是我讓你問的。」曹窋按照皇帝的意思，回到家裡就把這事情跟父親曹參說了。曹參聽完兒子的話，頓時大怒，將曹窋鞭笞兩百下，並大罵說：「天下大事是你小子應該談論的嗎，給我趕緊回宮去侍候皇上。」

曹窋（窋ㄓㄨˊ）遭了父親的打罵後，垂頭喪氣的回到宮中，並向漢惠帝大訴委屈。惠帝聽後愈加莫名其妙，於是第二天散朝後，留下曹參，責備他說：「你為什麼要鞭笞曹窋，他說的那些話都是我讓他問您的，希望您能親理朝政，助我治理國家。」

曹參脫去官帽，叩頭謝罪，然後說：「陛下認為您和高祖比起來，誰更英明神武？」漢惠帝回答說：「我怎麼敢奢望跟先帝相提並論呢？當然是高祖皇帝更為英明神武。」曹參又問：「那麼陛下再想想，論德行和才幹，我和蕭何相國相比，誰更賢能呢？」漢惠帝笑著回答說：「以朕看來，比起蕭何相國，您好像要遜色一點。」

曹參接過漢惠帝的話說：「陛下說的話非常正確。既然陛下不如高祖皇帝賢明，而我的才德又比不上蕭何相國，他們平定天下，陸續制定了許多法令和規章，而且都卓有成效。如今陛下只當垂衣拱手，我等臣子各盡其職，遵守已有的法令而不做更改，這樣不是很好嗎？」漢惠帝想了想，對曹參說：「朕已經明白了，相國不必再說了。」

曹參在朝廷擔任相國，前後3年，極力主張清靜無為，遵照蕭何制定好的法令治理國家，與民生息，使得社會逐漸趨於穩定。百姓編了一首歌謠以稱頌曹參這種治理國家的方式：「蕭何定法律，明白又整齊；曹參接任後，遵守不偏離。施政貴清靜，百姓心歡喜。」蕭何制定法令，曹參遵守而不做更改，史稱「蕭規曹隨」。

漢文帝治國

劉邦死後，漢惠帝繼位。這個漢惠帝就是劉邦逃亡中屢次被扔下車的那個男孩，他的母親是呂后。

呂后是一個心狠手辣的人，而漢惠帝又生性懦弱，所以朝中大權漸漸地集中到呂氏家族的手裡。漢惠帝死後，呂后更加瘋狂地分封呂氏家族，想要讓呂氏稱霸天下。跟隨劉邦打天下的大臣們覺得接受不了，他們不忍心看到自己辛辛苦苦打下來的江山就這樣拱手交到別人手裡，所以高祖的老臣陳平和周勃聯合起來誅滅了呂氏的勢力。

消滅了諸呂之後，眾大臣想選擇一位能幹的皇子來繼承王位，可是找來找去也沒有發現合適的人選，原來呂后為了鞏固自己的政權，已經殺掉了劉邦的好幾個兒子，越是出色的、能幹的，越先遭到殺害。

大臣們議論紛紛的時候，不知道誰提了一句：「你們覺得代王怎麼樣？」大家這才想起遠在大漠的代地（今內蒙古、山西和河北的交界處）還有一位皇子。這就是劉恒。

劉恒是劉邦的第四個兒子，他的母親薄姬出身不好，原來是項羽所封的魏國的一名宮女。劉邦建立漢朝後，選了很多宮女進宮，薄姬就是其中的一個。後來薄姬做了劉邦的姬妾，生下了劉恒。劉恒一出生，薄姬就遭到了劉邦的冷落。

不過，薄姬本身很喜歡道家那種「清靜無為」的思想，對後宮爭寵的鬥爭並不熱衷，失寵之後，她就每天看書來打發時光。受到母親的影響，劉恒從小就很謹慎，從不惹是生非，大臣們都很喜歡他。他7歲的時候，幾十位大臣保舉他做代王，薄姬就跟著兒子到代地去生活了。

代地跟其他皇子的封地相比算是偏遠地區了，不過劉恒因禍得福，躲過了呂氏的迫害，同時他那種不爭名逐利的態度也讓呂后沒有把他列入「黑名單」。

大臣們覺得劉恒可能沒有其他幾位皇子出眾，但是他寬厚仁慈，在當地的口碑也很好。很快，朝中大臣就派出使者去請劉恒到都城繼位。

不過劉恒心裡有些害怕，不知道這些大臣們葫蘆裡賣的什麼藥，就戰戰兢兢地帶著自己手下的文官和武將出發了。到了都城，劉恒看到丞相們都站在城門外迎接自己，覺得他們是真心擁立自己，稍稍鬆了一口氣，就加快速度來到他們面前。一見面，周勃就說：「代王，請借一步說話！」

「不知道您要說的是公事還是私事？」代王警惕地問道。

「是公事！」「既然是公事，那就不需要借一步說話，公事就是天下人的事，理應讓大家都知道，你就在這裡說吧！」周勃怔了一下，說道：「是這樣的，傳國玉璽在我這裡，我想讓你來保管它！」在場的人都知道這是讓劉恒繼承皇位。

劉恒心想，接受了這傳國玉璽，肯定會成為眾矢之的；不接受吧，以後肯定沒有機會再拿到了。思考了一下，他推託說：「你說的這事情不是小事，我才疏學淺，恐怕難當大任。您還是另選賢明吧！」大臣們一致說代王就是最合適的人選。最後劉恒謙虛地接過了玉璽，說道：「既然你們沒有找到最合適的人選，那我就暫時代為保管！等有了更合適的人，我就交給他！」

劉恒即位之後，馬上宣佈大赦天下，全國百姓可以舉行宴會，慶祝五天。

漢文帝在位的時候，有一年天上出現了兩次日蝕現象。那時候的人們都比較迷信，漢文帝趕緊召集群臣商議：「上天生養萬民，又選了皇帝作為自己的代表。如果君王缺乏仁義，做事不公平，上天就會用異常的天象來警告他。現在連續兩次出現這種現象，一定是我哪些地方沒有做好，上天在譴責我，你們趕緊回去想想，我做錯了什麼事情，請及時告訴我。」

沒過多久，漢文帝就下令各地官員整頓分內的事情，一定要減少徭役，不要干擾老百姓正常的生產和生活。除了這些，他還減少了軍隊的開支，因為邊境上匈奴時時進犯，不能撤出邊防的守軍，所以他就撤銷了宮廷的衛隊。

文帝十分節儉，他在位的二十多年裡，宮殿、行宮、車駕甚至衣服都沒有增加。只有一次，他忽然很想建一座露台，就找來工匠們準備開工。動土之前，工匠們把建造露宅所需要的錢數告訴了文帝，文帝聽了皺了皺眉頭說：「算了吧，你們回去吧！這個露台不能建，勞民傷財！」原來這座露台的預算是一百兩黃金，相當於十戶中等平民的家產。

文帝從來也不穿綾羅綢緞，總是穿粗布衣服。即使是他寵愛的妃子，也絕不允許穿著拖到地面的長裙。宮裡的幃帳上也沒有繡花的圖案。文帝用自己的行為告訴天下的百姓，提倡節儉是大漢的政策，皇帝都這樣做，你們還有什麼理由過奢侈的生活呢？

古時候，皇帝一即位就要考慮自己死之後的事情了，其中最重要的就是修建陵墓。這個方面漢文帝也不能免俗。為了不因為死人的東西勞民傷財，漢文帝下令不要修建高大的陵墓，隨葬品也不許使用金銀銅等貴重的金屬，只允許使用瓦器和陶瓷。

除了節儉，漢文帝還信奉「以德服人」的治國之策。有一次，南越王尉佗造反，自立為南越國武帝。漢文帝知道戰爭一旦開始，受苦的就是各地的老百姓，包括南越的少數民族。於是他決定要用仁義來感化他們。漢文帝把尉佗的兄弟請到國都，並沒有因為尉佗造反懲罰他們，反而拿出好吃好喝的招待他們，還賜給他們很多寶物。尉佗聽說這件事後，十分感動，就自己取消了帝號，表示願意服從漢文帝的領導。大臣中如果有人收受賄賂，漢文帝知道後也不會懲罰，還會拿出更多的錢來獎賞他，讓他自己內心愧疚，主動悔改。

漢文帝勤儉節約，用仁義教化百姓，無論做什麼都從百姓的利益出發。幾年之後，漢朝一掃秦末那種政治混亂，百姓生活貧困的落後局面，百姓都生活富足，有禮有節，中華民族又煥發出了勃勃生機。

張釋之秉公執法

張釋之年輕的時候和他的哥哥張仲一起生活。張仲家境較為富裕，於是資助弟弟做了一個小官，張釋之侍奉漢文帝10年都默默無名，沒有得到升遷。張釋之害怕繼續浪費哥哥的錢財最終讓哥哥破產，就想辭官回家，做點小買賣。不過袁盎知道張釋之確實是個有才之人，不想讓他這樣離去，就去請求漢文帝讓張釋之做個謁者（職官名，在國君左右掌傳達之事）。

有一次，漢文帝出行，張釋之隨行。來到虎圈後，漢文帝詢問書冊上記錄的禽獸的情況，一連十幾個問題，上林尉全都回答不出來。而上林尉手下一個小官對答如流，漢文帝非常欣賞：「做官吏不是應該這樣嗎？」於是就想任命那個手下做上林尉。

張釋之上前勸諫：「陛下認為絳侯周勃是怎樣的人呢？」「是令人尊敬的長者啊！」「東陽侯張相如是怎樣的人呢？」「也是個讓人尊敬的長者。」「您把這兩個人都稱為令人尊敬的長者，可是這兩個人議事的時候都不善言談，做官難道就是憑一張嘴嗎？人們爭相夸夸其談，沒有一點用處，陛下還記得秦末時候官吏們爭著作表面文章的後果嗎？」漢文帝聽了這些話，慚愧地說：「你說得對！」

有一次，太子和梁王一起乘車進宮拜見皇上，到了宮門外的司馬門沒有下車。張釋之馬上追上去攔住了太子和梁王，不讓他們進入大殿，還對他們說：「在司馬門不下車是對皇上的大不敬。」漢文帝很快知道了這件事，有些懊惱地說：「怪我沒有教導好自己的兒子們。」然後派使臣帶著赦免太子和梁王的詔書過來交給張釋之，兩位皇子這才得以進入宮中。

西元前177年，張釋之升任廷尉，成為協助皇帝處理司法事務的最高審判官。張釋之認為廷尉應當公正執法，否則天下都會有法不依而輕重失當，手無寸鐵的百姓便會失去倚仗。張釋之執法嚴明，即使是與皇帝發生抵觸時，也要力爭維護法律的公正。

一次，漢文帝的車輦行至中渭橋時，突然從橋下竄出一個人，皇帝的御馬受驚。文帝大怒，將這個冒犯聖駕的人交給張釋之治罪。經審訊表明，此人躲在橋下，原本就是為了躲避皇上的車駕，因為急於回家，誤以為車馬已經過去，所以才衝出來，不想驚嚇了御馬。張釋之判定，這個人只不過是一時失誤，頂多違反了「清道令」，判以罰金後釋放。

這件事情發生不久之後，又有一件事情使得漢文帝大為惱怒。有一個竊賊將漢高祖廟中的玉環盜走，漢文帝怒不可遏，下令全國通緝這個膽大包天的竊賊，很快竊賊就被抓獲了。漢文帝諭令讓張釋之嚴加懲治。依據當時法律，盜竊宗廟的珍寶、服飾、器物等當判以「斬首棄市」，張釋之便以此刑判決。

漢文帝知道這個判決之後，大為震怒，責問張釋之：「這個盜賊如此無法無天，竟然偷到皇家祖廟裡，將祭獻高祖的玉環盜走。判以『斬首棄市』，無法消弭他的滔天大罪，應當滅其全族。盜賊高祖聖物，情節何其惡劣，可是你卻像平常對待案子一樣，只是按照法律上的規定去判決。這樣處置，怎麼能夠維護先帝高祖的尊嚴呢，而且也違背了我尊奉祖先的心意。」

張釋之見漢文帝大發雷霆，脫下官帽叩頭謝罪，口裡卻依然據理力爭地辯駁說：「根據法律規定，將竊賊判處『斬首棄市』就是最重的懲罰了。到底是判斬首棄市罪還是判滅族罪，應該按照罪行情節的輕重來定。如果現在對盜竊宗廟中聖物的人判以滅族，那麼以後如果有個大膽狂徒去盜竊宗廟皇陵，那陛下又將怎麼判決呢？」

漢文帝聽完張釋之的話，思之再三，並與太后仔細斟酌，最終認為張釋之據情據理，並接受了張釋之的正確意見。

由於張釋之執法公正嚴明，一切判決都依照法律並嚴格執行，既不以個人的好惡來論罪，也不受環境的左右。所以，在張釋之擔任廷尉的期間，許多冤假錯案得以避免，甚至有「張釋之為廷尉，天下無冤民」的說法，張釋之也因此得到了百姓的稱頌。

張釋之為人正直，執法嚴明，而且恭謹謙虛，為世人敬重。

一次，一個姓王的老者，擅長老莊學術，是一個有德有才但隱居不願做官的人。這位老者被召入朝廷，三公九卿全都站在朝堂之中，這位老者突然發話：「我的襪子鬆開了。」然後對著張釋之說：「幫我穿好襪子！」張釋之聞言，沒有惱怒，而是跪下來給老者穿好襪子。這件事情過後，有的人就對這位姓王的老者說：「你不知道張廷尉掌管著刑法嗎，為什麼偏偏要侮辱他，讓他幫你穿襪子呢？」

姓王的老者回答：「我年紀大，而且身分卑微，我忖（忖ㄘㄨㄣˇ）度自己沒能力幫助張廷尉。張廷尉是當今天下名臣，我之所以故意侮辱張廷尉，讓他跪著給我穿襪子，是想體現他的品德，讓天下人對他更加敬重。」別人聽完老者的解釋，更覺老者是個賢士，而對張釋之則更加敬重。

細柳將軍周亞夫

周勃去世之後，他的長子繼承了爵位，這個長子娶了漢朝的公主，幾年之後，兩人之間產生了矛盾，剛好他還犯了殺人大罪，漢文帝一怒之下剝奪了周家的爵位和封地。過了一段時間，漢文帝感念周勃的功勞，挑選了以賢能著稱的周亞夫繼承了周家的爵位。

有一年，匈奴大規模進犯漢朝北部邊境，漢文帝急忙派遣將領去保衛邊關。不過這樣一來，京城就有些空虛，於是他又挑選了三路軍隊駐紮在長安附近的灞上、棘門和細柳守衛皇宮，其中守衛細柳的正是周亞夫。

漢文帝為了鼓舞士氣，親自到三路軍隊裡去慰問。他先到灞上，再到棘門。這兩處都不用通報，一見是皇帝的車馬來了，軍營都主動放行。駐守在那裡的將軍都親自出來迎接，漢文帝離開的時候，他們也帶領著手下的軍官送到了營寨門口，直到漢文帝的車駕消失在視線裡才回到自己的營帳。

漢文帝最後來到了細柳的軍營，只見營中的將士都穿著鎧（鎧ㄎㄞˇ）甲，手裡握著兵器嚴陣以待。漢文帝正準備進入兵營，軍門的守衛攔住了他們，說：「將軍有令，軍中只能聽從將軍的命令，可以不聽天子詔令。按照規定您不能這樣進入軍營。」漢文帝拿出皇帝的符節交給守衛，讓他去通報。周亞夫這才命令手下的士兵打開了軍營大門。剛打開大門，又有一位士兵上來告訴他們說：「我們將軍有規定，在軍營裡不允許車馬快速行駛。」

漢文帝只好拉緊韁繩緩緩前進。終於來到周亞夫的營帳前，漢文帝等到的不是受寵若驚的跪拜，僅僅是一個拱手的禮節。穿著盔甲拿著武器的周亞夫說：「穿戴盔甲的將士不能對您行跪拜的禮儀，請允許我用軍禮參見陛下！」

漢文帝為之動容，神色變得莊重肅穆，用手扶著車前的橫木，向將士們致意。犒勞完軍隊後，漢文帝走出軍營，群臣看到周亞夫對皇帝如此「不恭」，而漢文帝反而表現得謙恭，都表示非常驚訝，漢文帝感嘆說：「周亞夫才稱得上是一位真正的將軍啊！之前犒勞灞上和棘門的軍隊，就跟兒戲一樣，那些將軍很容易受到敵人的襲擊。至於周亞夫，誰敢冒犯他呢！」因為漢軍治軍嚴謹，戰事並未發生，隨後漢文帝任命周亞夫為中尉，負責京城的治安。

漢文帝去世後，漢景帝繼位。在景帝三年（西元前154年），因為漢景帝聽從晁錯（晁錯，在漢文帝時侍奉太子，有辯才，被稱為「智囊」。太子即位為漢景帝後，晁錯得到重用，曾多次上書景帝削除藩王勢力以加強中央集權，引起「七國之亂」。七國以「請誅晁錯，以清君側」為名，威逼景帝，景帝無奈，只得將晁錯腰斬，時年46歲）的建議進行削藩，引起了以吳、楚為首的「七國之亂」。關鍵深刻，漢景帝想起了漢文帝臨終前的叮囑：「如果國家出現危難，周亞夫是擔任統帥帶兵平難的不二人選。」於是當即任命周亞夫為太尉，統率36六位將軍及其部隊，前去平定吳、楚。

周亞夫建議先用梁國的軍隊拖住吳兵，然後截斷叛軍糧道，這樣就能一舉制伏吳、楚，漢景帝採納建議。梁國受到吳軍猛烈地攻擊，梁王多次向周亞夫求救，但都沒有得到同意。梁王上書漢景帝，景帝派使臣命令周亞夫救援梁國，周亞夫仍然沒有出兵救援。周亞夫派人截斷吳、楚軍隊的後路，阻斷他們的糧道，於是吳國軍隊改攻周亞夫的軍隊，周亞夫只是堅守營壘，不肯迎戰。

吳軍糧道斷絕，為了盡快解決戰鬥，吳軍多次擾亂周亞夫的軍營。一晚，周亞夫軍中突然出現混亂，內部互相攻擾，甚至鬧到了周亞夫的帳前。周亞夫不以為意，只是睡在床上，沒多久混亂就平息了。吳軍又揚言攻擊周亞夫的東南角，周亞夫則命令將士加強西北角的防禦，果然，吳軍派出精銳部隊攻擊西北角，因為漢軍早有防備而沒有得逞。

吳、楚兩國軍隊向前不得戰鬥，糧食又供給不上，軍中出現大量逃兵，於是吳王就下令退兵。周亞夫則率領精銳部隊追擊，大敗吳、楚軍隊，吳王逃跑，楚王自殺，用時不過一個多月。

周亞夫平叛有功，深得漢景帝的器重，5年後升為丞相。因為耿直的性格，周亞夫在朝中逐漸被孤立，最後與景帝發生不和。景帝七年（西元前150年），景帝要廢掉栗太子劉榮，周亞夫堅決反對，此舉不但沒有達到勸阻的目的，反而引起了景帝和太后的不滿。

竇太后曾經想讓景帝封皇后的哥哥王信為侯，但景帝很不樂意，就推脫要和大臣們商量。所有的大臣都想做個順水人情，紛紛表示支持。只有周亞夫說：「高祖在世的時候就說過，不姓劉不能封王，沒功勞不能封侯，現在封王信為侯，不合道理。」景帝於是就以此為藉口拒絕了竇太后。竇太后從那以後非常嫉恨周亞夫。

得罪了竇太后不久，他又惹惱了漢景帝。原因是匈奴將軍唯許盧等人歸順漢朝，景帝非常高興，想封他們為侯，鼓勵其他人也歸順漢朝，但周亞夫又站出來反對：「把這些背叛國家的人封侯，以後我們如何處罰那些不守節的大臣？」景帝聽了很不高興：「丞相的話迂腐不可用！」還是堅持把那五人都封了侯。周亞夫就託病辭職，景帝竟然批准了。

這事過去沒多久，他的兒子又闖禍了。兒子見周亞夫年老，就買了五百甲盾準備在他發喪時用，不過這些東西國家是禁止個人買賣的。周亞夫的兒子得罪了傭工，心有怨氣的傭工就告發他要謀反。景帝派人追查此事，還派人找周亞夫談話。周亞夫感到受了侮辱，就絕食抗議，五天後，吐血身亡。

汲黯剛直無阿

汲黯（汲黯）是漢武帝時期的名臣，曾被漢武帝稱為「社稷之臣」。汲黯為人耿直，不重視禮數，不能容忍別人的缺點和過失，經常當面指責別人。這一點，就連雄才大略的漢武帝也忌憚三分。

有一次，漢武帝就在朝堂上領教了汲黯的厲害。那天，漢武帝在朝堂上宣佈自己要對百姓施行仁義，汲黯聽了，馬上高聲說道：「其實陛下的內心充滿了不為人知的欲望，現在卻對外宣稱要施行仁義。您真的能像堯、舜那樣治理天下嗎？」一句話把漢武帝的臉都氣綠了，他沉默了好長時間，才宣佈退朝。當時很多大臣都為汲黯捏了一把冷汗。

下朝後，有大臣勸告汲黯，汲黯卻說：「天子設置了公卿大臣，不就是為了讓他們輔佐朝政嗎？難道只是想讓他們順從天子的意思嗎？我現在在這個位置上，就算我再愛惜自己的生命，也不能因此做損害朝廷的事啊！」

這件事情之後，漢武帝更加害怕他了。漢武帝曾經蹲在廁所裡接見過大將軍衛青，也經常衣冠不整地去見丞相公孫弘，但是一聽說是汲黯來了，漢武帝就會馬上站起來整理儀容，沒有準備好絕對不敢露面。有一次，皇上正坐在幃帳中休息，聽說汲黯來上奏，他來不及戴帽子，就把頭縮回幃帳中，讓人批准了汲黯的奏摺。

有一次，漢武帝派汲黯去瞭解東越人爭鬥的情況，汲黯沒到東越，走到一半就回來了，他對漢武帝說：「東越人本來就喜歡爭勇鬥狠，我覺得您因為這個勞煩使臣是不對的，就半路回來了！」

有一個地方發生火災，大火蔓延，燒了一千多戶，皇上又派他去瞭解情況。汲黯回來說：「只是普通人家失火，沒什麼大事！倒是那個地方很多貧苦百姓正遭受旱災和洪災，餓死了好多人，我覺得這件事更重要，就拿著您給我的權杖命令當地的官員開倉放糧。我沒有經過您的同意，請您懲罰我！」漢武帝覺得汲黯做得對，就沒有懲罰他。

汲黯經常直言進諫，說話不看場合，總是讓漢武帝下不了台，時間長了之後，漢武帝有些厭煩，就把他調到了離都城很遠的東海郡去做太守，讓他離自己遠遠的。汲黯總是把正事交給手下的人去做，他自己處理事情的時候，也總是保證大方向不錯，小細節不太追究。不過汲黯的身體不太好，經常躺在床上不出門，但是即便這樣，東海郡還是煥發出了勃勃生機，一提到汲黯，東海郡的人都豎起大拇指稱讚他。皇上知道之後又把汲黯召回了朝中，還封了一個大官給他。

汲黯對皇帝都毫不留情，更別說那些官員了。張湯出任廷尉後，掌管司法事務，而他在斷案時總是迎合漢武帝的心意去處理案件，以至於經常胡亂修改法律。張湯斷案不公，且心懷狡詐，但是因為他的巧智能夠駕馭他人，所以總能博得好名聲。

汲黯看不慣張湯狡詐的作風，曾在漢武帝面前責備他說：「你身為正卿，既不能發揚先帝的功業，也不能遏制百姓的邪惡欲望，就知道讓別人吃苦受罪完成你的事業，還把高祖定下的規定亂改一氣，你這樣的人，就該斷子絕孫！」汲黯時常和張湯爭辯，張湯辯論起來，總愛故意深究條文，苛求細節。汲黯則出言剛直嚴肅，志氣昂奮，不肯屈服，他怒不可遏地罵張湯說：「天下人都說絕不能讓刀筆之吏身居公卿之位，果真如此。如果依張湯之法行事，必令天下人恐懼得雙足併攏站立而不敢邁步，眼睛也不敢正視了！」除了張湯，汲黯還經常當眾責罵丞相公孫弘，公孫弘為此懷恨在心，多次找藉口想除掉汲黯。

淮南王劉安（劉安，漢高祖劉邦之孫，16歲時襲封為淮南王，西漢著名的思想家、文學家，曾招致賓客方術之士數千人，集體編寫了《鴻烈》（又稱《淮南鴻烈》或《淮南子》）。後來陰謀反叛，失敗被迫自殺）陰謀反叛的時候，對朝中大臣，唯獨畏懼汲黯，他說：「朝廷大臣中，只有汲黯敢於犯顏直諫，能夠盡到一個臣子的本分為忠義而死，很難用不正當的手段迷惑他。至於耍嘴皮子的丞相公孫弘之流，除掉他們，就如同搖落樹枝上的枯葉一樣簡單。」

汲黯火爆的性格讓大臣們都很害怕他，但是也阻礙了他的仕途。他官位已經很高的時候，張湯和公孫弘還是一般的小官，後來這兩人不斷升遷，很快就超過了他；後來汲黯手下的小官官位也趕上他了，汲黯很不滿，就在朝廷上責問皇上，說：「陛下用人就像堆柴草，後來的要堆在上面。（這就是「後來居上」的成語典故）」皇上雖然沒說話，但是覺得很沒面子。

後來汲黯又一次直言進諫的時候得罪了皇上，不久他就被免官。但是淮陽郡政治混亂，沒人願意去治理，這時候漢武帝想起了汲黯。汲黯拒絕了好幾次，最後皇上強迫他接受，他才走馬上任。過了不久，該地方就變得井井有條，而汲黯最後也在任上去世。

謙卑的衛青

衛青的父親姓鄭，是平陽侯家的一名小官。他與一個叫衛媼（媼ㄠˇ）的婢女私通生下了衛青。衛青還有一個同母異父的姐姐衛子夫。

衛媼自己沒有什麼錢，就把衛青送到他的父親那裡。但是在父親家沒有人把他當作親人看，總是像使喚奴僕一樣對他呼來喝去。衛青長大一點後，忍受不了這種折磨，就偷偷跑回母親那裡，成了平陽侯家的一個僕人，長大後他成了一名騎兵，負責保護平陽公主。

因為衛子夫被選入皇宮，並逐漸得到漢武帝的寵信，引起了陳皇后的嫉恨。陳皇后的母親長公主劉嫖（嫖ㄆㄧㄠˊ）為了報復，將衛青囚禁起來，意圖殺死他。衛青在好友的營救下，才算逃出生天。漢武帝得知這件事情之後，就召見衛青並授予官職，衛青由此逐漸得到重視。

西元前129年，匈奴興兵南下，掠奪百姓。漢武帝果斷任命衛青為車騎將軍，迎擊匈奴。衛青率軍直搗龍城，斬獲匈奴7百多人，是四支出征漢軍中唯一一支取得勝利的部隊。衛青的這次勝利意義重大，是自漢朝建國一來，第一次對匈奴作戰取得勝利。漢武帝大喜，賜封衛青為關內侯。

匈奴吃了敗仗之後，心裡非常不甘。匈奴右賢王集結重兵，再次捲土南下，先是殺死了遼西郡的太守，擄去百姓兩千多人，之後又入侵漁陽郡和雁門郡，在兩地大肆殺掠。漢武帝任命衛青率軍3萬從高闕出塞攻打匈奴，其他幾路漢軍配合打擊。匈奴右賢王認為漢軍路遙，不能迅速趕到，所以放鬆戒備，只是終日飲酒作樂。可是匈奴右賢王沒有想到，衛青率軍連夜趕到他的駐地，將他的大營團團圍住。右賢王驚慌失措，連忙帶著幾百名精兵衝出包圍圈向北逃跑了。漢軍雖然一路追趕，但還是讓右賢王逃跑了。此次戰爭，漢軍俘虜了1萬5千多名匈奴兵，還有各種牲畜近一百萬頭。衛青帶兵返回邊塞，漢武帝的使臣早已攜帶著大將軍的印信在那等候，於是衛青在軍中被封為大將軍。

等衛青回到朝中後，漢武帝又增加了他的封地，還想將他的三個兒子封為列侯。衛青堅決推辭說：「我有幸在軍中效力，仰仗陛下神威，獲得大勝。我已經獲得封賞，而我的兒子尚在襁褓之中，並沒有尺寸功勞，功勞來自全軍將士。如果陛下封賞沒有功勞的人，卻遺忘了有功之士，這樣就不能激勵將士奮力戰鬥。」漢武帝大為感嘆，說道：「我並沒有忘記有功的諸位將士。」於是將此次隨衛青出征的多位將軍加封為侯。

但是匈奴並沒有就此認輸，他們還是不斷地進犯中原。衛青又有好幾次出塞對抗匈奴。有一次，他帶領全軍攻打匈奴，殺掉了一萬多敵軍。他手下的兩位將軍蘇建和趙信各自率領部隊跟匈奴的部隊作戰，因為人少，這兩位將軍的形勢很危急。最後趙信沒有抵抗住匈奴的誘惑，投降了。蘇建的部隊也遭到滅頂之災，只有他一個人逃了回來。

右將軍蘇建在與匈奴作戰中全軍覆沒，只隻身逃回，按軍律應當斬首。衛青問長史、議郎等屬官：「蘇建應當如何處置？」議郎周霸說：「大將軍出兵以來，從未斬過一名偏將小校，如今蘇建棄軍逃回，正可斬蘇建的頭，來立大將軍軍威。」

衛青說：「我因是皇上的親戚而帶兵出塞，並不怕立不起軍法的威嚴，你勸說我殺人立威，就失掉了做臣子的本分。我的許可權雖可以斬殺大將，然而我把專殺大將的權力還給皇上，讓皇上來決定是否誅殺，來顯示我雖在境外，受皇上寵愛，卻不敢專權殺將，這不是更好嗎？」

眾屬官們聽後，都欽佩地說：「大將軍高見，屬下等萬萬不及。」於是衛青派人把蘇建押回長安，漢武帝憐惜其才，並未殺他，讓他出錢贖罪，而對衛青的處置大為滿意。

蘇建後來又跟隨衛青出塞攻打匈奴，或感衛青恩德，他勸衛青說：「大將軍的地位是至尊至重了，可是天下的賢士名人卻沒人誇讚傳揚您的威名。古時的名將都向朝廷推薦賢良才能之士，自己的名聲也傳遍四海，希望大將軍能學習古時名將的做法。」

衛青搖頭說：「你只知其一，不知其二。以前武安侯田蚡（ㄈㄣˊ）、魏其侯竇嬰各自招攬賓客，結成朋黨，以頌揚自己的名聲，皇上常常恨得咬牙切齒。親近賢士名人，進用賢良貶黜不肖，這都是皇上的權柄，我們做臣子的，只知道遵守國法，履行自己的職責而已。」衛青恃才不傲物，做人如此本分，深得漢武帝寵愛。

漢武帝為表彰衛青擊退匈奴有功，諭令群臣見到衛青都要行跪拜禮，以顯示大將軍的尊貴。群臣都不敢抗旨，見到衛青無不匍匐行禮，只有主爵都尉汲黯見到衛青，依然行平揖禮，有人好意勸汲黯：「對大將軍行跪拜禮是皇上的意思，您這樣做不怕皇上惱怒嗎？」

汲黯昂然道：「跪拜大將軍的多了，多我一個不多，少我一個不少。難道說大將軍有一個平禮相交的朋友，就不尊貴了嗎？」

衛青聽說後，非常高興，親自登門拜訪汲黯，謙虛地說：「久仰大人威名，一直沒有機會和大人結交，現在有幸承蒙大人看得起，請把我當作您的朋友吧。」汲黯見他態度誠懇，不以富貴驕人，便交了這個朋友。

衛青雖然出身於奴僕，但是善於騎馬射箭，勇力超過常人，而且有著出色的軍事才能，對待將士有恩，使人樂於效命，所以每次率兵出征都能立下戰功，故而深得漢武帝的寵信。更難能可貴的是，衛青雖然位極人臣，但是為人十分謙讓仁和，因此在朝中很有威望。

飛將軍李廣

李廣是西漢名將，經歷漢文帝、漢景帝和漢武帝三朝，作戰神勇，匈奴人都敬畏地稱他為「飛將軍」。

在漢文帝時期，匈奴大舉入寇，李廣從軍抗擊匈奴。他憑著一手超強的射箭本領，殺死眾多敵人，被擢升為皇帝身邊的侍衛。漢文帝對李廣的才華非常讚賞，曾慨嘆說：「可惜啊，你沒有碰上合適的時機！如果你生在高祖（劉邦）之時，封萬戶侯還不是一件很容易的事情嗎？」

漢景帝時期，李廣擔任上郡太守，曾率領1百名騎兵出行，遭遇數千匈奴騎兵。匈奴兵以為李廣的部隊是誘兵，立即張開架勢，嚴陣以待。漢軍騎兵看到眾多剽悍的匈奴騎兵，都心生害怕，想要立即逃回去。李廣制止他們說：「我們離大軍數十里遠，如果慌張逃回去，匈奴人必定追殺我們，這樣的話我們必定全軍覆沒。不如留在這裡，匈奴人則會認為我們是誘兵而不敢進攻。」

李廣命令騎兵在距匈奴兵兩里遠的地方停下，並解下馬鞍休息。手下騎兵不解，因為這樣連抵抗之力都沒有，李廣說：「敵人擔心我們會逃跑，我們解下馬鞍，向他們表示不逃跑，那麼他們就會堅信我們是誘兵而不敢輕舉妄動。」

果然，匈奴人不敢發起攻擊。一位匈奴將軍前來監視，李廣立即上馬奔上去將他射死，然後又返回原地，解下馬鞍，臥在地上休息。匈奴人對李廣的行為覺得非常奇怪，不敢貿然進攻，雙方就這樣持續到夜間。李廣這支隊伍是誘兵，匈奴人對此深信不疑，他們擔心遭遇伏兵，便撤兵而去。於是，李廣和他的騎兵安全地返回本部。

李廣和程不識都以治軍有方而聞名。李廣的治軍方式很隨意，選擇水草豐茂的地方駐紮軍隊，沒有固定的編制和陣形，人人自便，夜間也沒有巡邏的士兵，軍中的文書也十分簡單，因為會派出哨兵，所以從未遭到襲擊。而程不識的治軍方式完全相反，軍隊嚴謹，士兵不能隨意休息，一天忙到晚，但也從來沒有遇到危險。但是，匈奴人更忌憚李廣的部隊，漢軍將士也都願意跟隨李廣作戰，而苦於跟隨程不識。

漢武帝元光六年（西元前129年），李廣奉命出兵雁門關，不幸與匈奴的大部隊相遇，在寡不敵眾的情況下，李廣兵敗被俘。匈奴單于聽說活捉了李廣，激動地下令留下李廣的性命，他要見一見這位聞名邊塞的將軍。當時李廣負傷在身，不能騎馬，於是匈奴騎兵就把他放進一個大網兜裡邊，由兩匹馬架著前行。走了十多里地，李廣看到有一名匈奴少年騎著一匹好馬，計上心來，於是假裝昏死過去。那個匈奴少年過來檢查他的傷口，說時遲那時快，他縱身一躍，跳上了少年的馬背，搶走了弓箭，並把少年推下了馬。然後他策馬狂奔，幾百名匈奴兵在後邊追趕，李廣回身放箭，射退了追兵，然後脫身歸來。因為這次戰鬥損失慘重，李廣被削職為民。

第二年，匈奴集結兩萬騎兵入侵邊境，出於形勢，漢武帝重新啟用李廣，任命他為右北平太守。匈奴人聽說「飛將軍」李廣駐守右北平，都避開他，連續幾年不敢侵犯右北平。在此期間，李廣曾外出打獵，看到草叢中臥著一頭猛虎，他馬上拉弓射箭，但是老虎一動也沒動，李廣覺得奇怪，就打發隨從們下去檢查。他們這才發現那哪裡是一頭猛虎啊，分明是一塊大石頭。原來是李廣錯把它當成了老虎，用盡全身的力氣來射殺它，整個箭頭都已經射到石頭裡去了。

後來，漢武帝命令衛青和霍去病各率騎兵五萬，出擊匈奴。李廣多次請求出征，漢武帝認為他年事已高，沒有答應，又經過多次請求後，李廣終於被任命前將軍，隨軍出征。衛青出塞後，從俘虜口中探知匈奴單于的駐地，於是親自率精兵前往，令李廣由東路進軍。

李廣想與匈奴單于正面作戰，於是向衛青請命：「我本是前將軍，而大將軍卻改命我為東路軍。我從少年時就和匈奴作戰，現在終於有機會和單于正面交戰，所以我願意擔任前鋒，與單于決一死戰。」衛青曾暗中受漢武帝告誡：李廣

年事已高，運氣又不好，不宜正面與單于作戰。於是衛青沒有准許他的請求。

李廣因為沒有嚮導，在沙漠中迷路了，沒能趕上和單于作戰。衛青戰勝單于班師後，派人責問李廣迷路的情況，李廣說：「我從少年時就和匈奴作戰，到現在已經經歷70多次戰役。這次終於有機會和匈奴單于決一死戰，而大將軍卻將我調到東路，道路遠而且又迷路了，以致沒能趕上和匈奴單于作戰，難道這不是天意嗎！我已經60多歲了，不能再去面對那些刀筆小吏！」一說完便拔刀自刎了。

李廣為人清廉，經常將得到的賞賜分給部下，所以他雖然做了40多年的兩千石官，但是家中沒有餘財。他帶領軍隊，如果士卒們沒有全部喝上水，李廣就不會先喝；士卒們沒有全部吃過飯，李廣就不會先吃，因此深得士卒擁戴。李廣死後，全軍悲痛不已。百姓聽到李廣的死訊後，不論老少，不管是認識他還是不認識他的，都為他流淚致哀。

霍去病封狼居胥

霍去病是衛青的外甥，他的身世與舅舅衛青相似，也是一個私生子，不過他要比舅舅幸運多了，因為他剛滿周歲的時候，衛子夫已經成了皇后。他在大將軍衛青的培養下長大，從小就善於騎馬射箭，而且他還胸懷豪情壯志，總想到前線跟著舅舅殺敵立功，不想像其他的王孫公子那樣在長安城裡放縱聲色享受長輩的蔭庇。

霍去病17歲的時候，第一次跟隨衛青去和匈奴作戰。在漢南，霍去病旗開得勝。他帶領8百人甩開主力幾百里，孤軍深入去尋找戰機，斬獲匈奴兩千多人，還俘獲匈奴的相國，殺死單于的祖父，整個部隊都沒有比他更勇敢的人，回國後漢武帝非常讚賞地封他為「冠軍侯」。

西元前121年，漢武帝任命19歲的霍去病為驃騎將軍，令其率領1萬騎兵出塞北擊匈奴。霍去病率領1萬騎兵在6天之內，轉戰5個王國，越過焉支（焉支山，又稱燕支山、胭脂山，位於現甘肅境內，曾被匈奴佔據，山上有一種植物可以用作胭脂，東晉學者習鑿齒提到「（焉支山）山下有紅藍，北方人探取其花染緋黃，採取其上英鮮者作燕支，婦人將用為顏色」）出1千多里襲擊匈奴。此戰異常慘烈，漢軍損失7千多人，但是斬獲匈奴8千9百多人，並斬殺折蘭王和盧侯王，俘獲渾邪王的兒子及相國。

此戰勝利後，漢武帝想乘勝追擊，令霍去病為統帥再次出擊匈奴。霍去病又一次孤軍深入，取得大勝。這次他斬獲3萬多匈奴兵，俘虜了匈奴王5人，還有王母、王子、相國、將軍等120多人，降服匈奴渾邪王手下4萬多人。匈奴人只好逃到了更荒涼的地方。一向作戰勇猛的匈奴人也悲傷地感嘆：

「失我祁連山，使我六畜不蕃息；失我焉支山，使我嫁婦無顏色。」

這兩次戰爭，匈奴損失非常嚴重，讓匈奴單于大為震怒。單于下令召回渾邪王，準備處死。渾邪王害怕，便打算投降漢朝，派出使者向漢武帝乞降。漢武帝不知道渾邪王是真心還是假意，擔心他們是以詐降的手段偷襲邊塞，於是命令霍去病去受降。霍去病渡過黃河，與渾邪王的部隊遙遙相望。這時，渾邪王的將士開始改變主意，不願意向漢朝投降，紛紛逃走。霍去病知道後，立即騎馬闖進渾邪王的大營，將企圖逃跑的8千多匈奴兵斬殺，然後遣渾邪王單獨面見漢武帝，同時讓渾邪王的4萬部下全部渡過黃河。這件事情之後霍去病的地位更加尊貴了，和舅舅衛青的地位不相上下。漢武帝還專門下令說，在漢朝，驃騎將軍和大將軍的地位是相同的。

西元前119年，為了徹底消滅匈奴主力，漢武帝命大將軍衛青和驃騎將軍霍去病各領5萬騎兵攻打匈奴。霍去病作戰勇猛，敢於孤軍深入打擊匈奴，因此這次以霍去病正面攻擊匈奴單于。由於情報錯誤，霍去病沒能遭遇匈奴單于。霍去病率軍出塞兩千多里，遭遇匈奴左賢王。霍去病以摧枯拉朽之勢擊敗左賢王，擒獲匈奴王3人，以及將軍、相國等83人，在狼居胥山祭祀天神，姑衍山祭祀地神，又登上翰海（今俄羅斯貝加爾湖）旁邊的山峰眺望，共俘獲匈奴7萬多人。此戰，漢軍共消滅匈奴八、九萬人，匈奴遠遷漠北，沙漠以南的地區再也沒有匈奴的王庭。

論功行賞之時，漢武帝增設大司馬一職，由衛青、霍去病同時擔任，還規定霍去病的官級和俸祿與衛青一樣。從此以後，衛青的權勢日漸衰落，而霍去病日益尊貴。很多衛青以往的朋友和門客改投霍去病，馬上得到了官職。衛青並沒有把這些放在心上，霍去病對舅舅的尊敬也絲毫沒有改變。在李廣自殺之後，他的兒子李敢怨恨衛青，就打傷了衛青，霍去病知道之後，射殺了李敢為舅舅報了仇。

漢武帝曾經想賜給霍去病一座豪宅，但是霍去病馬上就拒絕了，說道：「匈奴未滅，何以家為？」意思就是說，消滅匈奴的大事還沒有做完，哪裡有心思去建造豪宅呢？聽了這句話，漢武帝很感動，也更加敬重這位年輕的將軍。

不過，天妒英才，霍去病24歲就去世了。漢武帝對他的死非常悲傷，調來了鐵甲軍，讓他們列成陣從長安一直排到霍去病的墓地，還把霍去病的墳墓修成祁連山的樣子，表彰他的軍功。

漢武帝對霍去病年幼的兒子也寄予厚望，親自找師傅教導他，去泰山封禪也帶著他。不過這個孩子壽命也很短，十歲左右就去世了。

蘇武牧羊

漢軍在對匈奴的多次作戰中，都取得重大勝利，使匈奴元氣大傷。趁匈奴單于新立之機，漢武帝打算出兵徹底消滅匈奴。匈奴單于害怕遭到漢軍的襲擊，向漢朝表示稱臣之意，說：「在大漢天子的面前，我就跟小孩子一樣，大漢天子是我的長輩。」然後又將扣留在匈奴的漢朝使者送回，並派使臣來漢朝進貢。

漢武帝對匈奴單于的做法表示滿意，便打消了出兵匈奴的念頭，派使臣蘇武去匈奴答謝，並送回先前扣留在漢朝的匈奴使臣。到達匈奴之後，匈奴出現內亂，原來投降匈奴的漢人謀劃劫持匈奴的母親返回漢朝，結果事情敗露。與蘇武一同出使的副手參與這件事情，蘇武因此受到牽涉。蘇武知道後，為了避免受辱，當即欲拔劍自刎，最後被眾人救下。

匈奴單于召集貴族商議如何處罰這些漢使，最後商定逼迫他們投降。蘇武從單于的手下得知此事後，誓死不肯投降，立即用佩刀刺進自己的身體。匈奴人大為吃驚，立即叫來醫生對蘇武進行救治，蘇武才得以脫離生命危險。

單于很佩服蘇武的氣節，等到蘇武的傷勢逐漸痊癒，便派人前來勸降。單于的手下先是用劍指著蘇武威脅他，但是蘇武絲毫不懼，於是單于的手下又說：「蘇先生，只要你歸順單于，單于答應賜封你為王，你就能得到數以萬計的隨從和滿山遍野的牲畜。否則，你就是暴屍荒野也沒有人會知道。」任他如何威逼利誘，蘇武都不為所動，他凜然說道：「以前南越國殺死漢使，結果南越國成了漢朝的九郡；大宛（宛）國王殺死漢使，他的人頭不久便懸在長安宮廷的北門上；朝鮮殺死漢使，立即招來亡國之禍。只有匈奴還沒有做過這種事情，恐怕匈奴的滅頂之災將從我這開始！」負責勸降的人沒有辦法，只得將事情報告單于。單于聽到後，更加佩服蘇武的氣節和忠心，也因此更想逼迫蘇武投降。

單于將蘇武囚禁在一個地窖中，不給蘇武提供飲食，企圖逼他就範。當時正好天下大雪，蘇武就用雪片和衣服上的氈毛當作食物一同吞下，這樣堅持了好幾天。匈奴人見蘇武在一連好幾天都不吃不喝的情況下還活著，大為驚訝，以為有神靈在庇護他。單于便將他放逐到荒無人煙的北海（今俄羅斯貝加爾湖）邊上，並將一群公羊交給他放牧，並說：「等到什麼時候公羊產下羊奶了，你就可以回到中原了。」

在荒無人煙的北海邊上，蘇武孤身一人，與他作伴的就是那根從漢朝帶來的使節。無論做什麼，就算是睡覺，蘇武都會拿著它，以致節杖上的毛纓全部脫落了。在北海邊上的生活非常艱苦，因為沒有食物供給，蘇武就挖掘野鼠的洞穴，用裡面的草籽充饑。

單于想要招降蘇武的心還沒有死，他派來投降匈奴的李陵（李陵，是李廣的孫子，曾率軍與匈奴作戰，因為敵我兵力懸殊，兵敗被俘後投降匈奴。漢武帝得知後，將李陵三族全部誅殺，致使李陵徹底與漢朝斷絕關係）來北海邊上勸降蘇武。李陵與蘇武有很深的交情，他一連勸說好幾天，但是蘇武始終不改忠心，他對李陵說：「我很久之前就抱定了必死的決心，你一定要勸我投降，那麼我只有死在你面前！」

李陵見蘇武一片赤誠，不覺淚流滿面，感嘆說：「你真是一個義士啊！」後來，李陵又來到北海邊上，並帶來了漢武帝去世的消息。蘇武得知後，痛哭不已，數月之內，每天早上和晚上都會面對著南方嚎啕大哭。

西元前85年，匈奴單于去世，匈奴發生內亂，分成了三個國家。新即位的單于害怕受到漢朝的襲擊，於是向漢朝求和。漢昭帝派使者前往匈奴，要求單于放回蘇武，但是匈奴人卻謊稱蘇武已經去世，於是這件事情就此作罷。

後來，漢昭帝又派出一批使臣來到匈奴。當年隨蘇武一同來到匈奴的常惠也一直被扣留在匈奴，他知道漢使來了，便買通匈奴人，私下見到漢朝使臣，把蘇武在北海邊上牧羊的事情告訴了他們。常惠知道匈奴還會抵賴，便教漢使責問單于：「匈奴既然想同漢朝和好，就不應該存心欺瞞漢朝。漢朝的天子在上林苑射獵，射下一隻大雁，大雁的腳上繫著一塊綢緞，上面寫著蘇武等

人在北海邊上放羊。你怎麼說他死了？」單于聽後，大吃一驚，然後道歉說：「蘇武確實還活著，我們這就放他回去。」

於是，蘇武等一行9人一同回到漢朝。回到長安的那天，長安的百姓全都出來迎接他們。蘇武剛出使匈奴的時候是40歲，在匈奴受了19年的折磨後，鬚髮全白。長安的百姓看到鬚髮蒼白的蘇武，以及他手裡那跟光禿的使節，無不感動落淚。

霍光輔政

霍光是霍去病同父異母的弟弟，從小被安排在霍去病的帳下任職。霍去病死後，霍光開始侍奉漢武帝，負責保衛皇上的安全。霍光出入皇宮20多年，一直小心謹慎地侍奉漢武帝，從來沒有出現過失，深得漢武帝的信任。

西元前87年，漢武帝病逝，霍光被任命為大司馬、大將軍，受命輔佐只有8歲的漢昭帝。霍光輔佐幼主，國家政令都由霍光一人決斷，他熟悉當時事務，減少賦稅和勞役，使百姓得以休養生息，國家漸漸恢復漢文帝和漢景帝時期安定繁榮的局面。

霍光手握朝政大權，引起了許多大臣的嫉恨。霍光與上官桀（上官桀，昭帝即位時為輔政大臣，被封為安陽侯；孫女是漢昭帝的皇后。後來因為與霍光爭權，想要謀殺霍光和廢掉昭帝改立燕王，事情敗露後全族被誅）本是親家，霍光的女兒嫁給了上官桀的兒子，並生下一個女孩。上官桀想將這個6歲的孫女嫁給漢昭帝做皇后，霍光因為女孩太小而沒有同意。上官桀便透過漢昭帝的姐姐蓋長公主的幫助，讓孫女當上了皇后。為了報答蓋長公主，上官桀想幫助蓋長公主的內寵取得封侯地位，但是遭到霍光嚴厲拒絕，霍光由此得罪蓋長公主。

上官桀自漢武帝時期就位列九卿，地位高於霍光，等到孫女成為皇后之後，越加不服霍光，想要取而代之。燕王劉旦自認為是漢昭帝的兄長，本應由自己來繼承皇位，因此對漢昭帝心懷怨恨。御史大夫桑弘羊創立鹽、鐵、酒類專賣制度，為國家創造大量財富，他認為有功於國家，想為自己的子弟謀求官職，但是都遭到霍光的拒絕，因此也怨恨霍光。所以，蓋長公主、上官桀、燕王劉旦和桑弘羊串通一氣，想要除掉霍光。

一天，趁霍光休假不在朝中，上官桀用偽造的燕王劉旦的奏章，上書漢昭帝，稱霍光有不軌之心。因為霍光在廣明檢閱羽林軍的時候，排場跟皇帝出遊一樣；另外，霍光擅自在羽林軍中挑選校尉召入自己的府中。這些不利於朝廷的舉動，足夠說明霍光居心叵測。

漢昭帝收到這份奏章，粗略的看了一遍就將它放在一邊。

第二天早上霍光上朝，聽說此事，驚恐不已，一直在殿外來回踱步，不敢進入。漢昭帝見霍光不在，便問：「大將軍在什麼地方？」上官桀回答說：「因為燕王控告大將軍，大將軍害怕而不敢進殿。」漢昭帝於是將霍光召進殿內。漢昭帝對在殿內叩頭請罪的霍光說：「大將軍請把帽子戴上，朕知道那道奏章上說的事情都是假的，大將軍並沒有罪。」霍光問：「陛下是如何知道的？」漢昭帝說：「大將軍去廣明檢閱羽林軍，是最近才發生的事，而且將羽林軍的校尉調入大將軍府，前後不出*10*天。在這麼短的時間內，路隔遙遠的燕王怎麼可能知道這些事情！況且，如果大將軍要謀反的話，根本用不著選調羽林軍校尉。」聽了這一番話，所有在朝官員全都震驚不已，因為此時的漢昭帝只有14歲。漢昭帝隨後又怒斥道：「大將軍是國家忠臣，受先帝的遺命來輔佐朕。如果還有誰膽敢污蔑大將軍，朕一定嚴懲不貸。」從此以後，上官桀等人再也不敢誣陷霍光。

西元前77年，年僅22歲的漢昭帝病逝。因為沒有子嗣，於是奉皇太后詔，由昌邑王劉賀繼位。劉賀為人狂妄放縱，在自己的封國裡肆無忌憚，縱情享樂毫無節制，甚至在漢武帝服喪期間也出巡遊玩。當上皇帝之後，劉賀更是荒淫沒有節制，而且把原來封國的官吏全部召入朝廷進行破格提拔。

霍光對新皇帝的荒唐行為感到十分憂慮，於是萌生了廢掉劉賀，擁立新君的念頭。霍光與大臣商量此事，計議已定，便派田延年將事情通知給丞相楊敞。楊敞聽說後驚恐不已，嚇得汗流浹背，口不能言，只能唯唯諾諾。楊敞的夫人趁空隙對楊敞說：「大將軍既然已經確定了這件事情，你就應當趕緊答應，表示擁護大將軍的決定。如果你猶豫不決，恐怕會有殺身之禍。」於是楊敞擁護霍光的謀劃。

霍光在未央宮召集所有朝中大臣，對他們說：「昌邑王荒淫無度，這樣必定會危害國家，我們應該怎麼辦呢？」群臣聽得膽戰心驚，一個個都不敢說話。田延年走到群臣面前，手按劍柄說道：「先帝托孤給大將軍，讓大將軍決斷國家大事，是因為信任大將軍忠義賢能，可以保全劉氏江山。現在朝廷被一群奸佞搞得烏煙瘴氣，社稷岌岌可危。社稷的存亡就在於今日的決斷，誰要反對，我就斬下他的首級。」群臣回應。

於是，霍光率領群臣面見皇太后，告知事情的原委，得到皇太后的支持。西元前74年，英明的中興之主漢宣帝在霍光等人的擁護下，繼承皇位。

監獄裡走出來的皇帝：漢宣帝劉病已

漢武帝的兒子劉據因「巫蠱之禍」不得不起兵造反，漢武帝一怒之下殺掉了太子劉據和他的家眷，但是有一個孩子幸運地活了下來，這個孩子就是漢武帝的曾孫劉病已。

劉據一個兒子叫做劉進，劉進的母親姓史，所以歷史上也把劉進稱為「史皇孫」。後來這個「史皇孫」和涿郡的一名女子結婚生下了劉病已，這個孩子被大家尊稱為「皇曾孫」。「皇曾孫」出生後沒有幾個月，就發生了「巫蠱之禍」，劉據和他的三個兒子一個女兒以及所有的妻妾都被漢武帝下令殺掉，最後只剩下了皇曾孫一人，不過這個皇曾孫也因為「連坐」被關進了監獄中。後來漢武帝生病，有人就對漢武帝說長安的監獄中隱隱有天子之氣，恐怕是這個原因才使得漢武帝久病不癒。漢武帝非常惱怒，於是下令，監獄裡的人，無論罪行輕重，格殺勿論。

管理監獄的官員丙吉拚死攔住了這些使者，對他們說：「皇曾孫在這裡，無辜的人被殺尚且違背天意，何況是血脈相連的曾孫子呢？」雙方相持不下，一直到天亮的時候，使者依然不能進入監獄行刑，無奈之下，只好回宮覆命，並且希望漢武帝能夠免去丙吉的職務。聽完整件事情的來龍去脈，漢武帝說：「這是天命啊，由他去吧。」

過了幾年漢武帝查清了事實，知道太子劉據是被人陷害被逼造反之後後悔不已，下詔由掖庭撫養劉病已，並且把他登記到皇族家譜中。

但是擔任掖庭令（掖庭：即永巷，漢武帝太初元年改稱「掖庭」。宮中宮女居住的地方，由掖廷令管理）的張賀曾經是劉據的賓客，備受禮遇，張賀感念太子的恩情，又覺得皇曾孫身世可憐，於是對這個少年盡心盡力，不僅讓他吃飽穿暖，還教他讀書寫字。劉病已也不負眾望，成長為一個有上進心，學識過人的優秀青年。

看著劉病已如此優秀，張賀就想把自己的孫女嫁給他，不過張賀的弟弟勸阻了他：「劉病已是廢太子的後代，如今還能活著被國家養著已經是天大的好事了，你還指望他取得什麼功名呢？以後不要再提嫁女之事了！」

但是看著劉病已日益長大，張賀還是想幫助他建立一個家庭，於是他就對掖庭的一個小吏許廣漢說道：「皇曾孫擁有皇族血統，將來最差也是一個關內侯（關內侯不是正規確切的侯爵，而只是表明受封者的侯爵資格），把你的女兒嫁給他你也不虧。」許廣漢便應允了這門親事。這個女孩便是後來的許皇后。

劉病已成家之後，不再是一個孤苦無依的人，他憑藉著許廣漢兄弟和祖母的娘家史家的支持，四處遊學，學識和膽氣都得到了提高。也是因為這段在民間的生活，他對下層社會的醜惡和官吏的好壞十分瞭解，也很理解老百姓的疾苦。

與此同時，漢昭帝劉弗陵因病去世，但是劉弗陵沒有子嗣，就選定了家族中的劉賀做了皇帝。這個劉賀不學無術，僅僅做了27天皇帝，就幹了上千件荒唐的事情，所以漢武帝的託孤重臣霍光與太后商量之後廢掉了這個皇帝。正當大家為確定皇位繼承人議論紛紛的時候，當年那個管理監獄的官員丙吉上書給霍光，推薦皇曾孫劉病已作為皇位繼承人。經過考察後，霍光認為這個皇曾孫很有學識且品行端正，於是這個當年被關進監獄的孩子幸運地繼承了皇位，這就是漢宣帝，許氏理所應當地被冊封為皇后。

不過這引起了一個人的不滿，就是霍光的妻子。原來霍光的妻子一心想讓自己的小女兒成為皇后，於是霍光的妻子和宮中一名女醫官勾結，毒害了剛剛生下孩子的許皇后。迫於霍家的勢力，漢宣帝下令不追查此事。第二年，霍家的小女兒順利地成為皇后。

漢宣帝清楚地知道霍氏家族的勢力龐大，所以在霍光在世的時候，一直言聽計從，百依百順。但是西元前68年，霍光病逝，漢宣帝開始親政，從那時候開始，他逐漸的剝奪了霍家人的權力，這讓霍家人十分害怕，最後鋌而走險，企圖發動政變。計畫敗露後，霍氏家族遭到滅頂之災，霍皇后被廢。

漢宣帝長期生活在民間，深知民間疾苦，甚至為了讓百姓們更容易避諱自己的名字，把名字改成了「劉詢」，因為「病」和「已」這兩個字太常用了。漢宣帝在位時期，勤儉治國，進一步確立了儒家思想的地位。他對大臣要求特別嚴格，親政之後，整個國家政治清明，經濟繁榮。漢宣帝不僅消滅了腐敗的霍氏家族，也誅殺了一些地位很高的貪污的官員。此外宣帝還在未央宮設置講堂，召集當時有名的儒生講述四書五經，他做這些的目的就是為了鞏固皇權、統一思想。對於周邊的少數民族，漢宣帝採取了「軟硬兼施」的政策，在他統治時期，匈奴單于入朝稱臣，宣帝完成了漢武帝未竟的功業。歷朝的史書都對宣帝大為讚賞，認為他的統治是：「孝宣之治，信賞必罰，文治武功，可謂中興。」史學家把漢宣帝和前任漢昭帝劉弗陵的統治並稱為「昭宣中興」。

品格高尚的丙吉

漢宣帝劉詢能夠最終登上大位，丙吉的功勞最大。為什麼這麼說呢？

丙吉從小就學習法律條令，曾經擔任過魯國的獄吏，因為工作出色，被提拔到朝廷任廷尉右監（廷尉右監：廷尉，官名，秦朝初期開始設置的官位。秦漢時期，廷尉是最高司法官員。廷尉監有正監和左右二監，東漢的時候右監被撤銷）。但是不久，丙吉就因為朝廷中錯綜複雜的關係受到牽連，官職被罷免並且被貶出京，到外地去擔任州從事。

但是過了幾年，丙吉接到調令，讓他回長安任職，儘管他心裡充滿疑惑，但他還是趕緊收拾好行囊回京城。原來，這一年長安城內發生了「巫蠱之禍」。太子劉據因為受到奸臣的陷害，被漢武帝懷疑，於是他決定先下手為強，最後兵敗自殺，他的母親衛子夫也隨之上吊自殺。盛怒之下的漢武帝把太子全家抄斬，幾萬臣民受到株連。因為涉案人員極多，再加上許多在京城的官員本身又牽連其中，所以朝廷從地方抽調了很多辦案人員，丙吉就是其中之一。

說是「審理案件」，其實就是貫徹皇帝的旨意，懲罰犯人。具體到丙吉，他的任務就是看守長安的監獄。有一天，丙吉在巡視天牢的時候發現了一個剛滿月的嬰兒，他就是受到「巫蠱之禍」的株連而被關入大牢皇曾孫劉病已。因為孩子所有的親人都遇害身亡，而孩子尚在襁褓之中，大家不知道如何處置，就把他扔在大牢中等待漢武帝最後的決策。

丙吉發現這個孩子的時候，他已經奄奄一息了。善良的丙吉知道太子劉據沒有使用蠱術之術，不過被小人陷害，被逼造反，所以他對劉據心懷同情，又憐憫這個嗷嗷待哺的皇曾孫，於是他就給孩子換了一間通風、乾燥的牢房，選了兩個在哺乳期的女囚胡組和郭徵卿哺育皇曾孫，使小皇孫活了下來。

接下來的幾個月裡，每月一拿到俸祿，丙吉就先換來米和肉供給牢房中的皇曾孫。他每天都會去看望孩子，更不准任何人驚擾孩子。但是監獄中的條件畢竟很惡劣，在這裡生長的皇曾孫經常得病，有好幾次都差點病重身亡，但是丙吉每次都及時地命令獄醫診斷，按時給孩子服藥，數次使孩子轉危為安。兩位奶媽也把孩子視為自己的孩子，精心照料。就這樣，這個身世可憐的嬰兒竟然在監獄中成長起來。

一直到5歲，皇曾孫一直都沒有離開過監獄的高牆。但是丙吉覺得孩子如果只能生活在監獄裡的話太可憐了，於是就希望那些高官貴族收養這個孩子。可是一聽說孩子的身世，所有的人都退縮了。丙吉只好與皇曾孫繼續生活在一起。

後來漢武帝生病，一些觀氣的術士說監獄裡有帝王之氣，於是漢武帝派人來殺掉監獄裡所有的人。又是丙吉挺身而出，冒死保住了孩子的生命。後來漢武帝並沒有怪罪丙吉，病好後還大赦天下。丙吉看著蹦蹦跳跳的孩子，眼裡一下子噙（噙ㄑㄧㄣˊ）滿了淚水：這個孩子終於可以走出監獄，去過正常人的生活了。

丙吉主管的監獄一下子冷清了，孩子的奶媽都回到了自己的家鄉，丙吉也忙著給孩子尋找一個去處。最終他決定把劉病已送到父親劉進的舅舅史家，他們家住在長安近郊，當時史家還有劉病已的舅曾祖母貞君和舅祖父史恭。史恭和史老太太見到這個孩子都驚喜異常，毫不猶豫地接過了撫養他的任務。老太太對劉病已更是疼愛有加，經常親自照料孩子的生活起居。5歲的劉病已對監獄生活沒有清楚的記憶，在舒適的環境中，他很快忘了以前在監獄中的生活，而史家為了給孩子一個健康的成長環境，也對長安的監獄諱莫如深。

晚年的漢武帝最終知道了「巫蠱之禍」的真相，明白了兒子劉據的冤情。他悔恨不已並且為這次的案件平反。劉病已的命運開始發生改變，他重新被加入了皇室族譜，同時由掖庭供養。掖庭令張賀對他禮遇有加，並且幫助他娶妻生子，建立家庭。

而丙吉呢，離開皇曾孫之後，他在霍光的身邊做了一名官員，很得霍光的信任。霍光廢掉劉賀之後，為選擇繼承人的事情很是煩惱。這時候丙吉向霍光推薦了劉病已，最終劉病已繼承皇位，這就是漢宣帝。宣帝即位後，知恩圖報，為張賀、史恭等人加官晉爵，連他們的子孫都大加封賞。而對於丙吉，漢宣帝只認為他有擁立的功勞，依慣例封為「關內侯」。這是因為劉病已並不知道丙吉對自己的大恩。他以為張賀、史恭等人的功勞要比丙吉的大得多。

而丙吉為人低調敦厚，對過去曾經發生的事情隻字不提。一個叫做伍尊的人年輕的時候是監獄的小吏，曾經看到過丙吉撫養劉病已的一幕。漢宣帝即位後，伍尊曾經勸說丙吉向皇帝請功，但是被丙吉謝絕了。後來，這個伍尊曾經向宣帝上書陳述自己看到的一切。結果上書經過丙吉手中時，刪去了對自己的言辭，將功勞都歸於胡組和郭徵卿。

那麼這件事情又是怎麼被皇上知道的呢？原來是多年以後，一個老宮女離開皇宮後生活困難，於是就讓別人幫自己寫了一封信請功，說自己曾經照顧過年幼的皇帝，要求朝廷照顧自己的生活。人們不敢怠慢，就把這封信呈給了宣帝。

宣帝腦子裡只有模糊的印象，他召見這個老宮女之後，這個宮女說丙吉可以作證。丙吉對她說：「我的確見過你，你雖然照顧過皇帝，但是並不盡心，還被我責罰過。只有郭徵卿和胡組才是皇上的奶媽。」丙吉見紙包不住火，就把當年的故事一五一十地講了出來。漢宣帝聽到後，又震驚又感動。對於丙吉甘於幕後的精神，讚嘆不已。

漢宣帝下詔尋找兩位奶媽，得知兩位老人已經去世，於是就封賞了她們的子孫。漢宣帝對於丙吉的所作所為非常感動，於是封他為博陽侯。使者到丙吉家時，丙吉病重，不能接受封賞，於是漢宣帝就允許他在病床上接受爵位。

丙吉因為自己的善良的舉動、謙和的態度獲得了皇帝的尊崇，同時也贏得了整個朝野的敬佩。

夏侯勝獄中傳道

夏侯勝是西漢時期著名的文學家，是漢朝的一代名師，連皇家貴族也經常聽他講學。他為人正直剛烈，厭惡歪理邪說，為了真理，即使被投入監獄也絕不屈服。

漢宣帝時，漢朝施行「休養生息」的政策，整個國家逐漸走出了漢武帝在他統治後期給漢朝帶來的危機，擺脫了「經濟崩潰」的危險。

經濟恢復後，漢宣帝就想歌頌一下自己的功績，但是又不好直說，於是就想了這麼一個辦法，先給漢武帝立個廟號（廟號：皇帝死後，在太廟立室奉祀時特起的名號，如高祖、太宗等。漢朝對於追加廟號一事極為慎重，不少皇帝因此沒有廟號。但是到了魏晉南北朝時期，廟號開始氾濫，到了唐朝，除了某些亡國之君以及短命皇帝外，一般都有廟號），然後再讓大臣們聯想起他自己的功績。

於是這天早朝上，漢宣帝就對滿朝文武說：「眾愛卿，我的曾祖父為大漢做出了巨大的貢獻，可是到現在連個廟號都沒有，我這個做曾孫的感到很愧疚。所以我想讓諸位為先帝立個廟號，你們覺得怎麼樣？」

宣帝的這個提議得到了大家的熱烈回應，很快朝堂上就討論得熱火朝天。正當大家說得高興的時候，光祿大夫（光祿大夫：官名。大夫為皇帝近臣，分為中大夫、太中大夫、諫大夫，漢武帝時將中大夫改為光祿大夫，是掌管議論朝政的官，大夫中以光祿大夫最為顯要）夏侯勝突然給大家潑了一盆冷水，他大聲說：「這樣不行！」漢宣帝本來很開心，沒想到竟然出來這麼一個不知好歹的傢伙！漢宣帝的臉色變得很難看，冷冷地問道：「為什麼不行？」

夏侯勝上前說道：「先帝雖然擊退匈奴，揚我雄威，但是卻因為用兵使得國庫空虛，民不聊生。現在我大漢剛剛擺脫傾覆的危險就要給先帝立廟號，必定會讓百姓心存怨恨，所以臣以為現在不是給先帝立廟號的最佳時機。」

宣帝聽完這一番話，氣得渾身發抖，一甩袖子下朝走了。第二天，一份百官聯名彈劾夏侯勝「大逆不道」的奏章就擺在了宣帝面前。宣帝看了一遍，突然看了一下長史黃霸。為什麼呢？原來，這個黃霸是唯一不肯在彈劾夏侯勝的奏章上簽名的，其他官員就想把他也一併彈劾了。

宣帝看完之後，為了給自己出口氣，就把夏侯勝和黃霸打入了大牢裡，關在了一起。兩個月過去了，這天，宣帝派人去調查這兩個人是不是有了悔意。使者回來說夏侯勝和黃霸都沒有悔改的意思，但是每天都唉聲嘆氣，精神很不好，兩人好像都產生了自殺的念頭。漢宣帝一聽急了，原來漢宣帝並不是想置他們於死地，只是想教訓他們一下，其實在心裡，漢宣帝還是很尊敬這兩人的。於是他下旨對監獄長說：「一定要保住兩人的姓命，否則監獄官員全部問罪。」

又是半年過去了，宣帝又派人去看夏侯勝和黃霸的情況。這回的消息可把漢宣帝氣壞了。原來自從監獄長接到聖旨，他對這兩個人絲毫不敢怠慢，這讓夏侯勝和黃霸的生活好不愜意！一天到晚，他們在監獄裡不是大呼小叫，就是神秘地比比劃劃，高興的時候還會唱歌。

漢宣帝很氣，就又下旨說：「不要好酒好飯伺候他們，只要保證他們活著就行。」又過了一年，這兩個人還是沒有悔過的意思，雖然不再唱歌了，但是他們還是每天大呼小叫，比比劃劃。

後來漢宣帝大赦天下，就把他倆放了出來。漢宣帝召見他們兩個，問道：「聽說你們倆在監獄經常大呼小叫，你們到底在做什麼呢？」話音剛落，黃霸就跪在地上說：「感謝萬歲賜臣好老師！」

然後黃霸就把事情的來龍去脈講了出來。被關進大牢後，兩人都很絕望，夏侯勝都準備絕食自盡了。黃霸性格比較灑脫，過了幾天，就讓夏侯勝教自己學問：「子曰：朝聞道，夕死足矣！你是有道之人，死得其所了。我卻不行，既然都要死，你也讓我死得其所吧！」

夏侯勝聽完覺得有道理，與其整天擔驚受怕，還不如瀟灑一些，於是就答應了黃霸，傳授給他學問。所以獄卒把兩個人的一問一答當成了一唱一和；把兩人一起研討學問時候的爭論當成了神秘地比比劃劃。

漢宣帝聽完這一番話，大笑，然後指著兩人說：「你們倆真是出乎朕的預料啊！一個滿腹經綸卻剛正不阿，可為天下師；一位心胸開闊，虛心好學，可為百官表率！這樣一看，朕把你們投入死牢兩年，算是個正確的決定啊！」

聽了這句話，夏侯勝跪倒在地，嚴肅地說：「陛下，臣到現在還是認為，當時為先帝立廟號是不合適的。」宣帝愣了一下，說：「朕剛才說的，不是立廟號那件事。明天你就明白我這句話的意思了。」這時候黃霸突然也跪倒說：「謝萬歲！陛下謙恭善良，真是天下蒼生之福！」

「看來，你是明白這句話的意思了。」漢宣帝笑著說。

第二天，夏侯勝被任命為太子的老師，而黃霸則出外任揚州刺史。夏侯勝果然不負厚望，殫精竭慮地教導太子。當夏侯勝病逝時，皇親國戚也為他穿著素服送葬。黃霸在外得到錘鍊之後，回到京城，後來成為宰相，贏得了官員和百姓的尊重。

百聞不如一見

當初，漢武帝開闢河西四郡，隔斷了羌人與匈奴聯繫的通道，並驅逐羌人各部，不讓他們居住在湟中地區。漢宣帝即位後，派光祿大夫義渠安國視察羌人各部。先零羌首領向義渠安國請求將牧區遷往湟中地區，義渠安國未經朝廷許可便自作主張，答應了他們的請求。先零羌強入湟中地區後，與其他羌人部落解除仇恨，締結聯盟。為了加強控制，漢朝廷決定分化他們的聯盟，再次派遣義渠安國前往巡視並區分善惡。義渠安國到達羌中，召集先零部落首領30餘人，以桀驁狡猾之名將其全部誅殺，又縱兵襲擊先零人，激起羌人反叛。

漢宣帝以羌人反叛一事與已年逾70的老將趙充國商量，詢問擔任平叛將領的合適人選。趙充國認為最合適的人選非己莫屬，漢宣帝嘉許其言，任命趙充國為將。漢宣帝詢問趙充國應當派遣多少人馬，趙充國回答說：「百聞不如一見。戰爭難以遙測，應當率先實地考察。臣先馳往金城，考察之後再將作戰方略上告朝廷。」漢宣帝聽後大喜，知道已經得到合適人選，便調軍隨趙充國前往金城。

趙充國為人沉著勇敢，且深有謀略。早在天漢二年（西元前99年），趙充國隨貳師將軍李廣利奉武帝之命出征匈奴。得勝返回途中遭到匈奴重兵包圍，漢軍絕糧數日。趙充國帶領壯士百餘人突圍陷陣，李廣利率大軍緊緊跟隨，終於解圍而出。此戰，趙充國身受創傷20多處。李廣利上奏朝廷，漢武帝親自接見趙充國，並查看其身上創口，讚嘆不已，拜為中郎。漢昭帝時，遷中郎將、水衡都尉。之後和匈奴作戰，生擒西祁王歸來，升為護羌校尉、後將軍。西元前74年，因隨大將軍霍光擁立漢宣帝，被封為營平侯。

趙充國到達金城，集結一萬騎兵強渡黃河。因為擔心遭到羌兵阻擊，先派人趁夜色偷渡，在對岸設立營帳。羌人見到漢軍營帳，不敢阻擊，所有漢軍得以安全渡過黃河。趙充國用兵老成持重，非常重視向遠處派出偵察兵，行軍時必定做好戰鬥戒備，休息時則必定堅固營壘，戰鬥前必定會制定好作戰計畫。他愛護士卒，到達西部都尉府後，每天犒勞將士，所以將士們都願意為他效力。

得知趙充國為將，羌人大為震恐，各個部落的首領經常互相責備說：「我早就告訴你不要謀反，現在漢朝天子派趙將軍率軍前來，趙將軍已經八、九十歲了，善於用兵。現在我們想一戰而死，免得這樣惶恐度日，可以嗎？」於是向漢軍發起挑戰，但是趙充國堅守不出。

這時候，漢宣帝已徵集軍隊6萬人。酒泉太守辛武賢上奏建議率先出擊羌人，用武力予以震懾。漢宣帝將辛武賢的奏章交給趙充國，並詢問他的看法。趙充國認為辛武賢的計策不妥當，此次羌人反叛，以先零部落（先零羌，古代羌人部落之一，是諸多羌人部落中較為強大的一支，很多羌人發動的叛亂都以先零羌為主要力量）為首，其他部落只是脅從。所以對待羌族各部，應當根據主謀與脅從的不同情況區別對待，嚴懲主謀者，寬恕脅從者，然後選擇熟悉羌俗的良吏撫慰羌民，這才是上策。漢宣帝將趙充國的看法出示群臣，讓他們議論此事。朝臣們與趙充國的意見完全相反，他們一致認為先零部落兵馬強盛，又有其他羌族部落作為羽翼，如果不率先剪除這些附庸部落，就無法打擊先零。

於是漢宣帝摒棄趙充國的意見，命辛武賢為破羌將軍，許延壽為強弩將軍，率軍攻打羌部。同時責備趙充國遲遲不肯用兵，令其配合辛武賢作戰。趙充國堅持己見，再次上書說：「此次主犯是先零，而不是其他羌部。如果放著先零不管，先去攻擊其他羌部，放掉有罪的，誅殺無辜的，這不是明智的做法。先零最擔心的就是漢朝大軍一到，其他部落違背盟約。如果我們先進攻其他羌部，先零就會出兵相救，這等於是幫助先零鞏固他們的聯盟。果真如此，那麼這次平叛就會付出更大的代價。如果先誅殺先零，其他羌部則不需勞煩一兵一卒就會臣服。」漢宣帝認為此計甚為妥當，便採納了。

趙充國提兵至先零地區，先零因為屯兵已久，所以戒備鬆懈，忽然看見漢軍到來，大為驚恐，丟棄車馬輜重，落荒而逃，企圖渡過湟水。因為道路狹隘，趙充國下令緩慢驅趕。有人建議說逐利宜速不宜遲，趙充國回答說：「已到窮途末路的敵寇，不能逼迫得太急。緩慢驅趕，他們就會只顧著逃跑；如果逼迫太緊，他們就會反過頭來殊死一搏。」果然，羌人溺水而死者數百人，漢軍納降及斬首5百餘人，俘獲各種牲畜10萬餘頭。漢軍到達其他羌人部落，秋毫無犯。他們得知後，非常高興，相信漢軍不會攻擊他們，所以陸續前來投降。果如趙充國所說，平定其他羌部，沒有勞煩一兵一卒。

投降的羌兵已經達到一萬多，趙充國料定先零羌必定敗亡，便打算撤除騎兵，屯田以待其因自身疲憊而敗亡。奏章還未發出，就收到漢宣帝的詔令，與破羌將軍辛武賢、強弩將軍許延壽合兵進攻先零。趙充國上書朝廷，陳述留兵屯田的12大便利，認為以逸待勞則勝利在望。如果輕舉妄動，那麼敵患就不只是羌人了，因為還要防備匈奴和烏桓。漢宣帝採納建議，讓趙充國負責屯田事務。

趙充國每次上奏，漢宣帝都會讓大臣們討論他的計策。最初，認為趙充國意見正確的人只有十分之三，後來增加到十分之五，最後增至十分之八，這都是因為他的計策逐漸收到實效的緣故。

趙充國去世後，被謚為壯侯。一年後，漢宣帝因為匈奴歸降，回憶往昔對漢朝有功之臣，乃令人畫11名功臣圖像置於未央宮的麒麟閣（麒麟閣，漢武帝建於未央宮之中，主要用於典藏歷代資料和歷史文件。甘露三年（西元前51年），漢宣帝因為匈奴歸降，回憶往昔對漢朝有功之臣，於是令人畫11名功臣圖像於麒麟閣。11人分別是霍光、張安世、韓增、趙充國、魏相、丙吉、杜延年、劉德、梁丘賀、蕭望之、蘇武）中，趙充國便是其中之一。

趙廣漢治賊

趙廣漢年輕時做過郡吏、州從事，以廉潔和禮賢下士聞名，因為參與大將軍霍光擁立漢宣帝一事，被賜爵關內侯，升任遷潁川太守。潁川有大姓宗族，仗勢欺人，所蓄養的賓客多為盜賊，前任太守奈何不得。趙廣漢到任數月，誅殺首惡，郡中惡人大為震恐。後又調任京兆尹，成為首都長安的父母官。

趙廣漢禮賢下士，對待屬下官吏殷勤周到。每到論功之時，趙廣漢總是將功勞推讓給部下，並自稱能力比不上他們，行動出於至誠。屬下官吏見趙廣漢如此相待，都表示願意毫無保留地接受差遣，即使赴死也不逃避。趙廣漢對屬下的能力以及做事是否盡力洞若神明，如果有誰欺騙他，會當即被抓住，無一例外。在判案定案時，因為證據確鑿，罪犯無從抵賴，立即服罪。

在與他人的交談過程中，趙廣漢漸漸總結出了探知實情的方法——「鉤距法」。這種方法講究調查，注重對比推算，結果往往十分準確。趙廣漢曾對人說：「我想知道馬的價格，用『鉤距法』行事，我先問狗的價格，再問羊價、牛價，最後才問馬價。這樣層層驗證，一番比較計算後，

我就知道馬價是高是低了，一般不會有什麼大的差錯。」

趙廣漢的好友對他的「鉤距法」不感興趣，有一次對他說：「我們在朝為官，自然不屑和商販討價還價，你鑽研這種學問，又有什麼用處呢？」

趙廣漢推心置腹地說：「做官的人若不熟悉民情，洞察一切，又何能造福一方、保一方平安呢？『鉤距法』不僅可以用來瞭解市場行情，用於政務，它也可以讓我知己知彼，對症下藥。如果我偏聽偏信，真不知要有多少錯案發生，而真正的害群之馬就要逃脫懲罰了。」

趙廣漢上任時，長安的治安形勢一度混亂，百姓受害的事時有發生，官匪勾結十分猖獗。面對這種嚴峻的狀況，趙廣漢召集心腹屬下說：「我上任伊始，並不熟悉此中內情，想打擊犯罪，也不知從何下手。何況情況不明，亂下重手只會引起混亂，我想讓你們暗中偵察，把盜賊的蹤跡摸清。」

心腹屬下面有難色，他們說：「盜賊行蹤詭秘，出入不定，在此用力難出成效。從前官員都是有事打壓，無事清閒，大人何必自討苦吃呢？」

趙廣漢臉上肅穆，他鄭重道：「盜賊不絕，根源乃在我們不曉其根底，從前官員不盡職所致。我志在剷除盜賊，自然不能和從前官員一樣無為了，這是我的命令，違者必懲！」

趙廣漢命人暗中詳查，表面上卻故作輕鬆，沒有更深的戒備，盜賊們以為趙廣漢碌碌無為，於是放下心來，放膽胡為。一時之間，盜賊蜂擁而出，長安形勢更壞。

朝中大臣上疏指責趙廣漢失職：「京城盜賊橫行，京兆尹趙廣漢卻放縱不管，不知他是何居心。趙廣漢定與盜賊勾結，望陛下徹底肅查。」

漢宣帝也怒氣沖沖地質問趙廣漢說：「朕深居宮中，都聽說了宮外盜賊橫行之事，你有何交代嗎？」

趙廣漢叩頭不止，連聲說：「陛下不要擔心，請讓臣把話說完。」

他從容地說：「京城重地，盜賊必須徹底剿滅，這是臣決心要做到的事。無奈賊情不明，輕舉妄動便會打草驚蛇，這也是臣最擔心的。臣故意裝作不聞不問，只是想讓盜賊悉數暴露，以便臣的屬下全然摸清盜賊的狀況，查清他們肇事的根源，以及那些和他們勾結的差吏收取了多少賄賂。只有將這些情況都弄得明明白白，才能一網打盡他們，讓他們無法抵賴。陛下放心，臣已廣布人手，偵知此事，用不了多長時間，便是盜賊的末日了。」

漢宣帝聽罷，不再責怪趙廣漢：「朕暫且相信你一次，你還是好好把握時機吧。」不久，已經全然掌握賊情的趙廣漢四面出擊，每擊必中，長安盜賊被肅之一空了。趙廣漢察覺奸邪之人，揭露隱秘之事有如神靈一般，所以在他任職期間，長安地區政治清明，官吏百姓們讚不絕口，都認為自漢朝建立以來，沒有一個京兆尹能比得上趙廣漢。

趙廣漢喜歡任用出身官吏之門的年輕人，磨練他們的剛猛和銳氣，這些年輕人有膽識，做事雷厲風行而不畏艱難。趙廣漢執法不避權貴，因辦案得罪了霍光的兒子霍禹、丞相魏相和司直蕭望之等權貴，最終因此招禍。趙廣漢出於私人怨恨，將一名男子判處死刑。此事被人告發，漢宣帝命丞相魏相和御史負責審查。最終趙廣漢被定罪，投入獄中。

官吏和百姓聽說趙廣漢被捕，跑到皇宮門前號哭，人數多達數萬。有人說：「我活著對皇上並無益處，願意代替趙京兆去死，讓他留下來照管百姓！」然而趙廣漢還是被處以腰斬。趙廣漢身為京兆尹，廉潔明察，以威嚴抑制豪強，使百姓各得其所，受到百姓的思念和歌頌。

遠嫁烏孫的解憂公主

劉解憂的祖父曾經是雄霸一方的楚王，但是在漢景帝時期參與了「七國之亂（七國之亂：以劉邦的侄子吳王劉濞（濞ㄆㄧˋ）為首發動的一次同姓王大叛亂，一共有七個諸侯國參與叛亂，所以被稱為「七國之亂」。發生的原因是地方勢力與中央集權之間的矛盾，漢景帝平定這次叛亂）」，最後兵敗身亡。從那以後，劉解憂一家一直生活在其他人的猜忌和排斥中。

當時的西域國家烏孫國想與漢朝交好，於是漢朝就派出了一位叫劉細君的公主去和親。細君公主為烏孫國與漢朝的友好往來做出了巨大的貢獻，但是丈夫死後，按照習俗，如果新繼位的昆莫（國王的意思）不是自己的親生兒子，那麼就要嫁給新的昆莫，這種做法讓細君公主無法接受，結果嫁給新昆莫沒多久，劉細君就鬱鬱而終。為了進一步鞏固漢朝與烏孫國的聯盟，漢武帝最終選中了劉解憂，決定讓她遠嫁烏孫。

解憂公主不是個普通的女子，很有英雄氣概。她接到和親的聖旨之後，並沒有哭哭啼啼，而是產生了能夠為國盡忠的自豪感。她理解皇帝的和親政策，她像出征的將軍一樣滿懷壯志地來到了塞外。

當時的烏孫是漢朝和匈奴都在拉攏的對象，所以昆莫軍須靡身邊有兩位夫人，一位是左夫人匈奴公主，一位就是右夫人劉解憂。烏孫以左為貴，所以解憂公主的地位是稍低於匈奴公主的。但是解憂公主沒有退縮，她迅速完成了漢朝公主到烏孫國右夫人的轉變，適應了落後的部落民族的生活，並且很快學會了烏孫國的語言。

但是沒有多久，軍須靡就去世了，而他唯一的孩子泥靡是匈奴公主的兒子，年齡尚小。於是王位傳給了軍須靡的堂兄弟翁歸靡身上，不過他們有約在先，翁歸靡之後，要讓泥靡繼位。

按照習俗，解憂公主和匈奴公主又嫁給了翁歸靡。幸運的是，翁歸靡和解憂公主情投意合，很快就生下了3位王子，而翁歸靡對解憂公主更是百般呵護，言聽計從。這可惹惱了備受冷落的匈奴公主，於是匈奴公主不斷向娘家告狀，最後匈奴單于出面干涉，戰爭一觸即發。

烏孫王翁歸靡分析了形勢，上書漢朝天子，希望能夠派兵幫助烏孫打敗匈奴，可是當時漢昭帝剛剛去世，大臣們都忙著尋找能夠皇位繼承者，根本沒有時間管西域國家的閒事。無奈之下，解憂公主只好小心翼翼地在烏孫國斡旋，苦苦對抗匈奴的屢次進犯，希望漢朝能夠出兵幫助烏孫國。

後來匈奴單于大舉進犯烏孫國，要求烏孫王獻出劉解憂，並且和漢朝斷絕關係。面對咄咄逼人的匈奴大軍，解憂公主抱著最後的一絲希望向漢朝求救，此時在位的皇帝是宣帝。宣帝接到書信，派出了15萬大軍幫助烏孫軍隊，打敗了匈奴，還俘虜了包括匈奴單于的叔父、嫂嫂在內的4萬多人。

透過這次軍事合作，漢朝與烏孫國進一步鞏固了雙方的友誼。解憂在烏孫的生活變得愜意起來，但是好景不長，翁歸靡後來一病不起，王位轉給了匈奴公主的兒子泥靡。

泥靡又被稱為「狂王」，他性格暴躁，經常為非作歹，而且他從小就看著母親默默垂淚，自己也因為母親不受寵而受到排斥，所以內心充滿了對解憂的恨。但是解憂還是按照習俗嫁給了這個「狂王」。即位之後，狂王實行獨裁政治，大肆揮霍，沉迷酒色。烏孫國有很多人都看不慣狂王的做法，反對他的聲音此起彼伏。不久，狂王殺掉了一個反對自己的兄弟，這個做法讓整個國家陷入了不安中，從此烏孫國開始動盪起來。

看到這種情況，解憂公主心急如焚，她想出了一個危險的方法。這一天，她擺下了一桌酒席，請狂王赴宴，狂王酒醉之後，解憂公主派出了將士去擊殺狂王。狂王受傷後，酒一下子就醒了，跨上一匹馬逃跑了。狂王的兒子將公主圍困起來，最後還是漢朝的官員救了她。

為了給烏孫國一個交代，漢朝派出了官員來調查這件事。皇上的原意是做做表面文章，保護公主。不料這個官員沒能領會皇帝的意思，竟然真的審問起解憂來。他不僅拽著公主的頭髮怒罵，還給公主用刑。後來解憂悄悄上書皇帝，可把皇帝氣壞了，那官員回去就被砍了頭。

但是烏孫國內部的匈奴後裔一直想要報仇，最後漢朝出面把烏孫國分割成了兩塊，一塊由解憂的大兒子統治，一塊由匈奴後裔統治，烏孫國的內亂這才算平定下來。

過了幾年，解憂的兒子相繼去世，而且漢朝實力也不如漢武帝時強盛，解憂在烏孫國的日子越來越不好過。所以她上書漢朝皇帝，希望能夠回到故土，死在自己的故鄉。這封書信言辭懇切，皇帝也為之感動落淚，於是派人去迎接解憂回國。解憂回到漢朝的時候已經70多歲了。過了兩年，這個在西域生活了半個世紀，為漢朝和烏孫的友好相處做出巨大貢獻的解憂公主離開了人世。

中國史上第一位女使節

中國的第一位女使節名叫馮嫽（馮ㄈㄥˊ嫽ㄌㄧㄠˊ），她出身並不高貴，是解憂公主出塞時的一位陪嫁侍女。

馮嫽聰明伶俐，知書達禮，她與解憂公主總是互相鼓勵，發誓要安居烏孫，不辱使命。她是女中豪傑，經常在牧場上策馬奔騰，穿梭於氈帳之間幫助公主聯繫烏孫貴族，她很快就對西域的語言文字和風俗習慣瞭若指掌。馮嫽雖然是解憂公主的侍女，但是兩人情同姐妹，遇到困難的時候，馮嫽總是能夠幫助解憂公主化險為夷。

後來烏孫國地位很高的右大將（右大將：與匈奴相同，以左為尊，左大將位置在右大將之上。左、右大將均由王族成員擔任，擁有一定數量的軍隊）愛慕馮嫽的多才多藝，向解憂公主提出娶馮嫽為妻，詢問過馮嫽之後，解憂公主同意了這門婚事。從那以後，漢朝和烏孫國的聯繫更為緊密了。

不久馮嫽得到漢朝的任命，以使者的身分代表解憂公主去訪問鄰近的西域國家，向各國國王贈送禮品，宣揚漢朝的文化。她不辭辛苦地翻越雪山，跨過大漠，經歷嚴寒酷暑，走訪了30多個國家。每到一處，她都得到了各國人民的熱情歡迎。

人們看到漢朝竟然以女子為使節，而且這位女子大方謙恭，不卑不亢，與當地人交談甚至都不需要翻譯，大家都在心裡暗暗稱讚，並且尊敬地稱她為「馮夫人」。每到一個國家，馮嫽更是站在對方的角度去思考問題，推心置腹地與各國官員聊天，幫助他們解決了很多困難，同時也宣揚了漢朝的禮儀和道德，使得漢朝的恩澤遍佈沙漠中的綠洲。馮嫽的出訪，不僅使西域各國增進了對漢朝的瞭解，而且也為西漢在西域設置都護府產生了推動作用，而她本人更是得到了西域諸國的尊敬和愛戴。

漢昭帝末年到漢宣帝初期，匈奴屢次進軍烏孫，後來漢朝與烏孫合兵反擊，戰勝了匈奴。不久，烏孫昆莫，也就是解憂公主的丈夫去世，國內發生了內亂。解憂公主殺掉新昆莫泥靡的計畫失敗後，泥靡的弟弟烏就屠殺死了他，並且帶著一批人馬上了北山，還說要請匈奴人到烏孫。

漢朝與烏孫的聯盟眼看就要破裂，為了防止烏孫叛亂，漢朝派出了一萬多名將士進駐敦煌，牽制烏孫。漢朝負責管理西域的長官鄭吉對烏孫的情況十分熟悉，他知道烏孫的右大將，也就是馮嫽的丈夫與烏就屠的私交很深，而他又非常瞭解馮嫽的能力，於是就請求馮嫽去說服烏就屠。

為了漢朝和烏孫的團結，馮嫽不顧生命危險，親自到北山區見烏就屠。馮嫽本來就對烏就屠很熟悉，見了面之後就開門見山地說：「將軍您奪了王位，看起來是一件高興事，但是這高興中也隱藏著憂慮啊！現在漢朝的大軍已經到了敦煌，憑藉將軍的兵力能夠戰勝強大的漢朝軍隊嗎？」

聽了這一番話，烏就屠沉默不語，馮嫽繼續說道：「漢朝和烏孫國就像一家人一樣。如果兩國開戰，讓生靈塗炭，將軍就會背負惡名，身敗名裂。希望您三思啊！」烏就屠思考良久，心裡明白自己不是漢朝大軍的對手，於是就對馮嫽說：「我願意聽從夫人您的勸告，但是希望皇帝能夠給我一個封號！」馮嫽聽到這裡，便答應替他爭取，然後又安慰了烏就屠一番。

漢宣帝聽說馮嫽勸說成功，十分高興，對馮嫽也充滿了敬意。為了更清楚地瞭解西域的情況，他下令讓馮嫽回國。馮嫽回到故都長安時，文武百官都在城郊迎接她。京城的百姓得到這個消息，也不約而同地湧向街道，希望能夠一睹女使者的風采。宣帝見到馮嫽之後，詳細詢問了規勸烏就屠的經過，然後建議皇帝給予封號安撫烏就屠。這剛好與漢宣帝的想法不謀而合，於是宣帝任命她為正使，出使烏孫。馮嫽手持漢節，把烏就屠招至面前，宣讀詔書，宣佈封解憂公主的大兒子元貴靡為大昆莫，烏就屠為小昆莫，兩個人分而治之。至此，烏孫的內亂得到了圓滿的解決，馮嫽出色地完成了任務。

後來，元貴靡去世，解憂公主的孫子星靡即位。解憂公主思鄉心切，奏請回朝。得到皇帝的許可後，她帶著馮嫽一起返回了長安。

誰知星靡生性懦弱，治國無方，烏孫的局勢又變得動盪起來。這一次馮嫽主動向皇帝提出回到烏孫，幫助星靡穩定局勢。當時漢宣帝剛剛去世，他的兒子漢元帝不忍心讓一個70多歲的老人家出使遙遠的西域，但是看到馮嫽的一片愛國之心，最後也只好同意了。

於是，年過花甲的馮嫽又一次踏上了絲綢之路。她在一百多名士兵的護送下回到了烏孫。烏孫的百姓聽說馮夫人回來了，騎馬跑出好幾百里迎接她。來到烏孫之後，馮嫽白天幫助星靡處理國政，晚上教星靡學習歷史，讓他逐步學會如何治理國家。

馮嫽就這樣在偏遠的邊疆，耗盡了自己所有的心血，最終烏孫變得國泰民安，而漢朝和烏孫的友好關係也一直延續下來。

大漢天威，犯漢者雖遠必誅

漢宣帝時期，匈奴內亂，五個單于爭奪大位。呼韓邪單于和郅（郅ㄓˋ）支單于都把兒子送入漢朝當作人質，以示臣服之意。呼韓邪單于入京朝見，郅支單于趁機攻佔其地，然後又兼併呼偈、堅昆、丁令三家之地。後來因為怨恨漢朝偏袒呼韓邪單于，郅支單于辱殺漢使谷吉等人。郅支單于自知得罪漢朝，逃入康居（西域國名）。

郅支單于以大國自居，加上打了幾次勝仗，因而十分驕傲自大。因為沒有受到康居王的禮待，竟一怒之下將康居王的女兒及貴族殺死，並殺死平民數百，殘忍地將他們肢解後丟入都賴水中。漢朝前後派出三批使者前往康居，向郅支單于要回谷吉等人的屍首，均遭受到郅支單于的羞辱。郅支單于狂妄自大，不肯遵奉漢帝詔令，於是漢元帝在建昭三年（西元前36年），命令西域都護甘延壽和副校尉陳湯率兵前往康居斬殺郅支單于。

陳湯為人沉著勇敢，籌畫周密而富有謀略，渴望建立非凡功業。每次路經高山大川時，陳湯都會登高而望，認真觀察地形。此次出兵遠征西域，陳湯對甘延壽說：「西域各國原本就臣服於匈奴，現在郅支單于威名遠播，對不屈服於自己的國家侵擾不斷，意圖迫使他們投降。他剽悍殘暴，生性好戰，如果放任不管，不出幾年就會成為西域的大患。現在郅支單于居地偏遠，沒有堅固的城池作為屏障，也沒有強勁的弓弩。如果我們徵調屯田之兵，再配合使用烏孫國的軍隊，直接攻擊郅支單于。到時兵臨城下，他無處可逃又抵擋不住，那時我們便可建立千載留名的功業。」甘延壽認為陳湯分析得很有道理，打算將他的意見上奏朝廷，等得到批准之後再行動。陳湯說：「遠大的策略不是平庸的官吏所能瞭解的，如果讓他們討論，這個策略肯定得不到同意。」甘延壽不聽，堅持上奏朝廷。

恰好此時，甘延壽久病不起，於是陳湯果斷採取行動。他偽造聖旨調集各路兵馬，徵集漢朝和西域多國兵力共4萬餘人，準備發起進攻。甘延壽得知消息後，大為震驚，想要立即阻止陳湯。陳湯大怒，手按劍柄，叱責甘延壽說：「大軍已經集合完畢，你小子打算阻止大軍嗎？」甘延壽只得順從。

甘延壽、陳湯一方面因為偽造聖旨而上奏請罪並陳述理由，另一方面發動大軍向康居進發。他們兵分兩路，一路大軍沿南道越過蔥嶺，穿過大宛王國，另一路大軍則從北道穿過烏孫國，進入康居國。康居國副王抱闐（闐ㄊㄧㄢˊ）率領數千騎兵，攻擊烏孫國，然後從後方追趕漢軍，並奪得大批輜重。陳湯命西域兵迎戰，俘獲康居副王的親屬及一些貴族，經過撫慰後，他們願意作為嚮導，並將郅支單于的內部情況作了詳細介紹。於是大軍迅速挺進到都賴水邊上，在距離郅支單于三里處的地方安營紮寨，並構築戰爭工事。郅支單于聽說漢朝軍隊到達，打算棄城而逃。但是擔心康居王懷恨在心，又得知烏孫等西域各國都派出軍隊，自認為無處可逃，所以又返回城中作全力抵抗。

陳湯在觀察形勢之後，下令將單于城四面包圍，然後發起猛攻。戰鬥開始後，郅支單于全身披甲，在城樓上指揮作戰。他的數十名閼氏（閼氏ㄧㄢ ㄓ：王的妻子）全都參與戰鬥，在城樓上彎弓搭箭射擊漢軍。郅支單于被流矢射中鼻子，他的夫人也多有死傷。這時，康居國一萬餘人的騎兵前來救援郅支單于，與匈奴守軍相互呼應。康居國趁夜色多次向漢軍進行偷襲，但都無功而返。在天亮之際，陳湯下令縱火為兵，漢軍將士大為振奮，乘火勢再次發起猛攻，終於從四面破城而入。郅支單于率一百餘人逃入王宮，漢朝軍隊縱火焚燒王宮，將士爭先衝入，郅支單于身受重傷而死。軍候假丞杜勳，砍下郅支單于的首級。在王宮中搜出漢朝使臣的使節以及谷吉等攜帶的書信。入城將士搜捕匈奴殘軍，誅殺閼氏、太子、名王及以下共1518人，生擒1845人，另外投降的1千餘人都分配給了參與此次戰鬥的西域15國。

大勝之後，甘延壽、陳湯將郅支單于的首級傳至京城，並向漢元帝呈上了一份豪邁千古的奏章：「臣聞天下之大義，當混為一。匈奴呼韓邪單于已稱北藩，唯郅支單于叛逆，未伏其辜，大夏之西，以為強漢不能臣也。郅支單于慘毒行於民，大惡逼於天。臣延壽、臣湯將義兵，行天誅，賴陛下神靈，陰陽並應，陷陣克敵，斬郅支首及名王以下。宜懸頭槁於蠻夷邸間，以示萬里，明犯強漢者，雖遠必誅！」

昭君出塞：和親匈奴

王昭君原名叫做王嬙，出生在長江三峽附近一個叫做秭歸（秭ㄗˇ歸ㄍㄨㄟ，今湖北興山縣）的地方。她她只是一個普通人家的女子，但是體態婀娜，面容姣好，家裡的人都對她十分寵愛，而且秭歸有這樣一個美女的說法也早就傳遍了整個地區。

後來漢元帝劉奭（奭ㄕˋ）徵召天下美女來補充後宮，王昭君自然早就被當地官員列入了名單之中。當時的漢元帝已經40多歲了，身體日漸衰弱。而王昭君在宮裡雖然吃好的穿好的，但就像是籠中的小鳥和池塘中供人觀賞的小魚一樣，沒有自己的生活，她每天能做的就是等待著被皇上召見。但是命運隨著匈奴單于呼韓邪的到來改變了。

早在漢宣帝的時候，匈奴就發生了內亂，5個單于各自為政，誰也不服誰，彼此之間征戰不休。其中有一個單于叫做呼韓邪，他被別的單于打敗後，走投無路，只好逃到漢朝親自朝見漢宣帝。

因為呼韓邪單于是第一個到中原來朝見的匈奴單于，漢宣帝十分重視，所以親自到長安的郊外去迎接他，並且舉行了盛大的宴會來招待他。這位呼韓邪單于在長安住了一個多月，這一個多月中他不僅得到了皇上的禮遇，而且官員貴族也對他很尊敬。呼韓邪單于回匈奴的時候，漢宣帝派出了兩名將軍帶領著一萬多名士兵把他送到了漠南。這時候，匈奴正在鬧糧荒，知道這件事情之後，漢宣帝馬上派人給呼韓邪單于送去了三萬四千斛的糧食。呼韓邪單于對此十分感激，而西域的其他國家看到漢朝皇帝對呼韓邪單于這麼好，也紛紛與漢朝接觸，希望能夠建立友好的關係，可以說呼韓邪單于同樣為西域各國與漢朝的友好相處做出了貢獻。

那麼呼韓邪單于與王昭君又有什麼關係呢？西元前33年，呼韓邪單于再一次來到了漢朝，向漢元帝提出了和親的請求。「和親」最開始是漢高祖時期提出來的，但是當時因為呂后只有一個女兒，捨不得把她嫁到遙遠的邊疆，所以去和親的公主一向是從劉氏宗親中挑選一個女孩作為公主嫁出去的。

可是這次，漢元帝決定賜給呼韓邪單于一名宮女。漢元帝為什麼敢這麼做呢？他不怕匈奴人報復嗎？原來，當時的局勢下，匈奴已經不像以前那樣強大，相對而言，漢朝要比匈奴有實力得多，所以沒有必要選一個皇親國戚嫁出去。

打定主意之後，漢元帝就派人到後宮傳話，說可以讓一名宮女出去。宮女們一聽這個消息，都開心地笑了起來，原來皇宮中的生活並沒有想像中那般奢華，如果不能得到皇上的寵愛，那麼就只能在宮裡熬著等死了，有些宮女一輩子都沒有見過皇帝。所有的宮女都嘰嘰喳喳地說自己想要出去。但是派來的官員又說：「不過，這次出宮是去和親，要去匈奴。」聽到這句話，宮女們一下子安靜了。

這時候，一個堅定的聲音響了起來：「我去！」大家抬頭望去，原來是平時自視甚高的昭君。大家都紛紛勸她：「你可要想好，去了匈奴可能就再也回不來了！」

「對呀對呀，聽說他們那裡的習俗是丈夫死後還要嫁給兒子！」昭君猶豫了一下，還是肯定地點了點頭。原來昭君覺得與其在宮中做

個白頭宮女，還不如為漢朝做些事情。

呼韓邪單于臨行之前，皇帝召見和親的女子，他看到昭君之後，一時不敢相信後宮竟然還藏著一個如此美貌之人，頓生悔意，很想把昭君留在身邊。但是又不想失信於人，只好放昭君遠去了。昭君臨行之前，漢元帝賞賜給她很多精美的布匹和黃金美玉，並且親自送出長安十多里。

王昭君在車馬和士兵的簇擁下離開了長安，出了雁門關，過了一年多才到達漠北，剛一到漠北，她就受到了匈奴百姓的熱烈歡迎，並且被封為「寧胡閼氏」，意思就是匈奴有了漢朝的女子作「閼氏」，從此匈奴的安寧就有了保障。

王昭君到達匈奴後，呼韓邪單于對她百般遷就，生怕她不習慣匈奴的生活，兩人的生活倒也幸福美滿，後來王昭君為呼韓邪生下了一個兒子，這個兒子被封為右日逐王。三年後，呼韓邪單于逝世。隨後大閼氏的長子雕陶莫皋繼承了王位，按照匈奴的習俗，王昭君改嫁給雕陶莫皋做妻子。昭君是幸運的，這位年輕的單于對王昭君也很憐愛，後來昭君又生下了兩個女兒，這兩個女兒後來嫁給了匈奴的貴族。昭君出塞之後，漢元帝按照昭君的請求，把她的兩個兄弟都封為侯爵，他們多次作為使者出使匈奴；而昭君的兩個女兒也曾經到長安，還進宮侍奉過太皇太后。

第二任丈夫死了之後，昭君沒有再嫁，但是卻積極地參加匈奴的政治活動，為匈奴和漢朝之間的關係產生了橋樑的作用。不過後來的王莽改制讓匈奴不再尊重漢朝，邊疆又開始混亂起來。

看到自己苦心維持的和平遭到破壞，昭君最終在絕望中死去，葬在了大黑河（今內蒙古呼和浩特市）的南岸，她的墓地又被稱作「青塚」。傳說是因為入秋之後塞外的草都會變得枯黃，只有昭君墓上的草還保持著鬱鬱蔥蔥的綠色，所以人們把她的墓地又叫做「青塚」。

為色殺子的漢成帝

漢成帝劉驁即位的時候年齡不大，但是生性好色。當時他的皇后許氏正是花樣年華，不僅長得漂亮而且很有才情，所以很受漢成帝的寵愛。十多年後，隨著許皇后年齡增大，漢成帝漸漸地開始專寵班婕妤（婕妤，宮中女官名。漢武帝時始置，位同上卿，秩比列侯）。

班婕妤是越騎校尉班況的女兒，聰明伶俐，是中國歷史上出名的女辭賦家。漢成帝被她的美貌和才情吸引，所以天天都和她一起。班婕妤不僅文學造詣高，而且對歷史也很熟悉，經常引經據典，開導成帝。她還擅長音律，能夠讓成帝在音樂中忘掉自己的煩惱。對於成帝來說，班婕妤不僅僅是自己的妃子，她也是漢成帝的知己。

雖然得到了皇帝的專寵，但是班婕妤卻從不恃寵而驕，相反的她謙虛謹慎，總是勸告成帝要以國事為重，遵守國家的法律制度。

有一次，漢成帝想要去後花園遊玩，想要和班婕妤同乘一輛車。漢朝的等級制度很森嚴，皇帝乘坐的車子，要以綾羅作為帷幕，以錦褥作為坐墊，由兩個人在前面拖著走，這被稱為「輦」，而皇后和妃嬪乘坐的車子，是不允許與皇帝相同的。因此班婕妤就說：「陛下，臣妾曾經觀賞過古時的圖畫，發現了這樣一個情況：古時候聖明的君主，出行都是賢臣陪伴左右；而那些亡國之君才會與自己的寵妃同遊。現在陛下想要和臣妾同乘一輛車，這不是陷您於不義嗎？恕臣妾不能從命！」

成帝聽後很高興，連連誇獎班婕妤賢慧。後來這件事情傳到了王太后的耳朵裡，太后誇獎道：「古有樊姬（樊姬：春秋時期楚莊王的姬妾。莊王喜歡狩獵，樊姬擔心他疏於政事，便不食禽獸之肉，莊王後來就停止了無休止的狩獵活動），今有班婕妤！」後來班婕妤曾經生下一個皇子，不幸的是數月後夭折了。從那以後，班婕妤雖然依然受寵，但是卻沒有再為皇帝生下孩子。

不過，因為成帝風流成性，所以他並不滿足於身邊僅僅有班婕妤一個知己。有一次他微服出巡，來到了陽阿公主家，在這裡他遇到了一個絕色美女趙飛燕。趙飛燕是陽阿公主家的舞女，體態輕盈，舞姿曼妙。

中國人喜歡用「燕瘦環肥」來形容女性各具特色的美貌，其中「燕」指的就是趙飛燕；「環」是指楊貴妃。成帝一見到趙飛燕就被迷住了，於是希望公主能夠將趙飛燕送給自己，公主同意了。

趙飛燕獲寵之後，趙氏家族的人大多得到了封賞。但是因為當時王太后和許皇后的家族勢力龐大，人少族微的趙家根本無法與之抗衡。為了鞏固自己的勢力，趙飛燕入宮後不久就把妹妹趙合德推薦給了漢成帝。趙合德進宮之後，成帝的心思漸漸轉移了，因為趙合德的容貌絲毫不在姐姐之下，但是性情卻溫柔許多。

眼看著趙飛燕的氣焰越來越囂張，身為皇后的許氏心裡很不舒服，但是自己也沒有辦法。後來許皇后的姐姐給她出了個主意，設壇作法，乞求上天賜她一個皇子。不料這件事情卻被趙飛燕知道了，一心想做皇后的趙飛燕終於找到了機會。於是她跑到成帝面前說許后在宮中作法詛咒朝廷，還污蔑班婕妤也是同謀。

成帝一怒之下廢了許后，而班婕妤則不卑不亢地辯解道：「臣妾知道富貴有命，生死在天。每天嚴格要求自己尚且不一定能得福，何況是這種詛咒別人的事情呢？這種事情我不敢做，也不屑於做。」成帝看班婕妤坦坦蕩蕩，沒有追究。之後漢成帝利排眾議，立趙飛燕為皇后，趙合德為昭儀。班婕妤看到趙氏姐妹如此驕橫，害怕自己會遭到殺害，於是就向皇帝請求去長信宮侍奉太后，皇帝批准了她的要求。

不過雖然趙飛燕成了母儀天下的皇后，但是她和妹妹都沒能為皇上生下一男半女。在古代社會，皇帝沒有兒子不僅是皇帝自己的問題，而且也是嚴重的社會問題，這讓文武百官都擔心不已。同時趙氏姐妹也開始為自己未來的命運擔憂。趙飛燕清楚地知道，要想永遠保住皇后的桂冠，就必須生下一個兒子，她一直為此努力，可以說用盡了各種方法，卻始終沒有成功。

趙氏姐妹自己沒能生育，所以也不許別的妃嬪生育。宮中有個女官懷上了成帝的孩子。到臨盆的時候，趙合德派人毒死了她，取走了嬰兒，這個嬰兒被乳母撫養了11天就被帶走了，從此下落不明。後來許美人懷孕了，漢成帝悄悄地派御醫去探視，還賜了名貴的安胎藥，最後終於生下了一個兒子。但是趙合德知道之後，就在漢成帝面前哭鬧了一場，逼著漢成帝親手掐死了自己的兒子。

最後，在西元前7年，漢成帝死在了趙合德的懷抱中，至死也沒有一個親生的孩子。後來是他的養子劉欣繼位，這就是漢哀帝。

王莽改制：西漢傾覆

漢元帝的皇后王政君（王政君：漢元帝的皇后，漢成帝的母親。中國歷史上壽命最長的皇后之一。其身居后位（包含皇后、皇太后、太皇太后）時間長達61年。王莽篡漢的時候，王政君憤怒地把玉璽砸在地上，不久憂憤而亡）有8個兄弟，都在朝中掌握大權，唯獨弟弟王曼早死，所以她對王曼的兒子王莽尤為憐惜。

王莽待人接物極為謙恭有禮，而且勤奮向學，廣結俊傑之士，因此頗有聲譽。王莽的伯父大司馬王鳳在病重之時，王莽服侍極為殷勤，一連幾個月都在身邊服侍湯藥，不肯解衣睡覺。因此王鳳在臨死之前，把這個侄子託付給已經是太后的妹妹王政君以及漢成帝，王莽因此被任命為黃門郎，後又升任射聲校尉。不久之後，叔父王商上書，請求將自己的封地分給王莽。

受到漢成帝的器重後，王莽的行為愈加謹慎盡心，態度愈加謙恭。他把自己的車馬衣物全部用來接濟門客，自己則家無餘財，因此許多官員向皇帝讚譽他的德行，以致王莽的聲譽隆盛無比。王莽敢做違背世俗的事情而毫無愧色，曾私下買了一名婢女。有人聽說這件事情，就質問王莽，王莽狡辯說自己得知後將軍朱子元沒有子嗣，這名婢女有宜男相，所以買來送給他的。

不久之後，叔父王根推薦王莽接替自己，於是王莽繼四位伯父叔父之後成為大司馬，時年僅38歲。為了進一步提升自己的聲譽，王莽克制自己的欲望，修養不倦。聘請賢良人士充當門客，並將皇帝的賞賜和封國的收入全部用來供養名士，自己則越發儉樸。他的母親生病，官員們前往探望，由王莽的妻子出來迎客，穿著極為粗樸，官員們都誤以為是奴婢，一問之下才知道是王莽的妻子。

漢哀帝繼位後，他的祖母定陶國傅太后與丁皇后的外戚得勢，王莽只得卸職隱居於新都封國。在閒職起見，王莽閉門不出，安分謹慎。在這段時間內，王莽的二兒子王獲殺死家奴。王莽為了博得好名聲，嚴厲地責罰王獲，並迫令他自殺，因而得到世人的尊敬。王莽就是這樣擅長隱匿自己的真實意圖，從而博得好的聲譽。

漢哀帝即位不多久就去世了，因為沒有子嗣，所以掌管傳國玉璽的太皇太后王政君重新奪回大權，王莽也再度得勢，重新擔任大司馬一職。新即位的漢平帝是一個9歲的小孩子，完全受大司馬王莽的擺佈。王莽用小恩小惠收買人心，拉攏地主階級和知識份子，結交官僚貴族。當他認為準備妥當之後，就毒死平帝，立孺子嬰為皇帝，由他輔政，稱「攝皇帝」。這樣，王莽還不滿足。西元8年，王莽見時機成熟，逼迫孺子嬰將皇帝大位「禪讓」給他。登上大位後，王莽將國號改為「新」，把長安改為「常安」。

王莽當政後，面臨著嚴重的社會危機。他為了緩和階級矛盾，維持新朝的統治，打出《周禮》的旗號，宣佈實行改制。西元9年，王莽宣佈全國土地改稱「王田」，不許買賣。仿照古代井田制，規定一家男夫不滿8口而田過一井（9百畝），多餘的土地分給九族、鄰里、鄉黨。無田的人，一夫一婦可以受田百畝。同時，他還把私家奴婢改稱「私屬」，也不許買賣。王莽推行的改革，不僅沒有解決社會土地問題，相反又把農民禁錮在「王田」裡當牛做馬；不僅沒有解放奴婢，而且把佔有奴婢作為制度固定下來。這實質是復古倒退的改革。

王莽實行了多次幣制改革，使用了五物（金、銀、龜、貝、銅）、六名（錢貨、金貨、銀貨、龜貨、貝貨、布貨），共28種貨幣。不僅貨幣名目繁多，而且將早已失去貨幣功能的原始貨幣，如龜殼、貝殼等拿來使用，造成了嚴重的金融混亂，貨幣貶值。而每改革一次，就是王莽集團對人民的一次大搜刮。大量的黃金、白銀流到他們的荷包。王莽死時，僅他身邊就有60萬斤黃金和無數的珠寶。

王莽還實行了「五均六管」，即在全國幾大城市裡設「五均司市師」，負責管理市場，平衡物價，收稅和貸款；實行鹽、酒、鐵器官賣；錢由政府統一鑄造；收山林、池沼和行商、手工業稅。這表面好像有益於民眾，實際是王莽集團的又一次變相搜刮。

王莽所用的「五均六管」官，都是些大富商。如薛子仲、張長叔等人，都有家資數千數萬。這些人有了特權，便乘機收賤賣貴，投機倒把，大發橫財，加上幣制改革已給商業帶來嚴重的創傷，百姓更是一貧如洗。貧苦農民無處謀生，就連上山打獵、放牧，以及捕鳥、捕魚、養家畜、養蠶、紡織，甚至縫補、算卦都要上稅。可見王莽對人民的搜刮，已達到無所不至的地步。

除此之外，王莽還多次改動官名和縣名。這些改革不僅不能解決社會矛盾，反而使社會矛盾加劇。貧苦農民一旦觸犯了「新法」，就要被罰為官奴婢。因犯禁被捕，押解長安去服勞役的人一次竟達10萬之多。王莽在當政期間，還挑起了對東北和西南少數民族的戰爭。他大量地徵發徭役和物資，使人民更陷入悲慘境地。王莽卻用搜刮來的民財肆意揮霍，大興土木，修建廟宇。他還托言古時皇帝納120位女子給神仙，將民間女子大批選入宮中，供其淫樂。

王莽的改制未能消除西漢末年以來的社會危機，反而使各種矛盾進一步激化，終於導致了大規模的農民起義，新朝遂告滅亡。

昆陽之戰：王莽漸到盡頭

王莽篡漢，建立「新」政，改制之後，土地兼併的加劇激化了本就尖銳的社會矛盾，加之水旱蝗蟲等自然災害，中原大地一副餓殍（殍：餓死者）滿地、哀鴻遍野的慘狀。於是各地起義軍紛紛揭竿而起，大地頓時掀起滔天戰火。

北方的赤眉軍（赤眉軍，是中國古代著名的農民起義軍之一。新莽末年，天下大亂之際，一支農民起義軍在樊崇的帶領下，以泰山山區為根據地，轉戰於山東、江蘇一帶。幾年之間，隊伍迅速發展到數萬人，為了便於與敵人區分，士兵都將眉毛染成赤紅，所以稱「赤眉軍」）和南方的綠林軍（綠林軍，新莽末年興起的一支農民起義軍，因為最初這支武裝部隊經常隱藏在綠林山中（今湖北京山境內），所以被稱作綠林軍。新莽末年，天災人禍不斷，荊州一帶出現嚴重饑荒，許多饑民聚集在一起，共推王匡、王鳳為首領，形成一支武裝力量）是當時眾多農民起義軍中實力最強大的兩支力量。

起初綠林軍的聲勢更為浩大，勢力幾乎遍佈北方各個州郡，所以王莽將重心放在剿滅赤眉軍上。南方的綠林軍則一路攻城掠地，接著劉玄稱帝，建立更始政權。劉玄派劉縯（劉縯，是東漢光武帝劉秀的同胞哥哥。新莽末年，他與劉秀等人率七、八千人起義，號「舂陵兵」，自稱柱天都部。後與綠林軍合併，更始政權建立後，被任命為大司徒。昆陽之戰後，因為功勞卓著而遭到猜忌被殺）率領主力圍攻戰略重地宛城，並遣將攻下昆陽、定陵、郾縣等地，以保障主力順利攻克宛城。王莽這才意識到綠林軍的威脅，徵調各郡兵馬共42萬，號稱百萬，由大司空王邑和大司徒王尋率領，從洛陽南下援救宛城，企圖一舉消滅綠林軍。

王邑、王尋統率先鋒部隊10萬兵馬先到達昆陽，隨後立即形成包圍之勢。部將嚴尤建議繞過昆陽，直接攻擊圍攻宛城的綠林軍，宛城的綠林軍被擊破，昆陽則不攻自破。王邑沒有聽從，狂妄地說：「百萬大軍，應當所向披靡，怎麼能繞道而過。我們應當屠盡昆陽城中軍民，踏著他們的鮮血前進，這樣不是很痛快嗎！」

綠林軍將領聽說王莽大軍將至，都心生懼意，想要回到各自的駐地。偏將軍劉秀力勸大家團結抗敵，只有集中力量才有取勝的可能，否則就會被各個擊破。眾人覺得很對，便讓劉秀提出抗敵之策，最後決定由王鳳等固守昆陽城，劉秀、李軼等13人則縋城而出，調集援軍，與昆陽城內守軍內外夾攻王莽大軍。

王邑為了顯示雄厚的實力，將昆陽城包圍了10層以上，設置了一百多座軍營，旌旗蔽空，軍鼓之聲遠傳數十里。王邑集中所有弓弩向城內射擊，昆陽城內的箭矢像暴雨傾注，城中居民外出打水都要背著一塊門板，以防中箭。城中的綠林軍不過一萬人，難以長久支撐，王鳳等綠林軍守將曾一度產生動搖，向王邑乞降，但是王邑認為昆陽城指日可下，不接受王鳳的投降。這樣一來，城中的綠林軍將士意識到，堅守到援軍到來是唯一的生路，於是浴血奮戰，擊退了無數次進攻。嚴尤見昆陽久攻不下，建議王邑撤去一面包圍，讓少數昆陽城中的綠林軍逃掉，讓他們傳播失敗的消息。這樣既可以減弱昆陽城守軍的力量，又能震懾圍攻宛城的綠林軍。但是王邑依仗自己兵多糧足，佔據絕對優勢地位，繼續強攻昆陽。

正當雙方在昆陽膠著對峙，劉秀、李軼等13人在定陵、郾縣緊急調集各路援兵，但是一些將領貪惜自己的財物，只想就地留守，不願赴援昆陽。劉秀對他們說：「如果能戰勝敵軍，珍寶財物要比現在多萬倍，我們的大事也可成功；如果被敵人擊敗，腦袋都保不住，還談什麼金銀財物呢？」於是各路將士隨劉秀、李軼前往昆陽救援。

劉秀、李軼徵調援軍一萬餘到達昆陽，為了鼓舞士氣，劉秀率領一千餘精銳步騎兵作為前鋒衝擊王莽軍隊，李軼率主力隨後。王邑見援軍人少，只派出幾千人迎戰。劉秀策馬衝向敵陣，斬殺數十人，跟隨的將領都高興地說：「劉將軍平時看到小股敵人都十分害怕，今天見了大敵反而勇猛非常，真是了不起。以後請你在前面率領我們作戰，共同破敵！」接著劉秀又向敵軍發出猛攻，殲敵近千人，士氣大振。

此時宛城在綠林軍的長期圍困下，內無糧草，外無援軍，宛城守將終於被迫投降。但是這個消息並未傳到昆陽，劉秀為了進一步鼓舞士氣，瓦解敵軍鬥志，假傳宛城已破，綠林軍主力不出幾日就會增援昆陽。他將這一消息寫成密信，射進昆陽城內，同時故意讓王莽的士兵得到。王莽軍獲此消息後，大為沮喪，一個小小的昆陽尚且苦戰不下，如果綠林軍主力前來增援則更無勝算。

在心理上取得絕對優勢之後，劉秀決定對王邑的中堅發起進攻，使其喪失指揮功能，造成敵軍混亂，再乘機破敵，解除昆陽之圍。

劉秀挑選3千勇士組成敢死隊，迂迴到城西，涉過昆水，直攻王邑中堅。王邑、王尋輕視劉秀，自以為很容易擊潰劉秀，因而只率領萬餘人巡視陣地。並下令各營嚴格管束自己的部隊，在沒有得到命令的情況下，不准擅自出兵。王邑、王尋親率1萬餘人迎戰劉秀，一經交鋒就被劉秀率領的綠林軍敢死隊擊潰。王邑其他部隊因為沒有得到命令，所以不敢輕舉妄動，王邑、王尋就這樣在沒有人支援的情況下被擊垮，王尋在陣中被斬殺。因為王邑、王尋的潰敗，王莽軍失去了指揮中樞，頓時陣腳大亂。昆陽城內的綠林軍見劉秀大勝，於是打開城門衝殺出去，與劉秀內外夾攻。王莽的軍隊，是由被強迫徵來的貧苦百姓組成，他們本來對王莽就懷有怨恨，遭此內外夾攻，更是無心戀戰，紛紛丟盔棄甲而逃，王莽42萬大軍迅速土崩瓦解。綠林軍大獲全勝，繳獲的輜重、軍備等各種戰利品堆積如山，一連搬了一個多月都還沒有搬完。

昆陽一戰，綠林軍消滅了王莽的主力軍隊，加速了王莽新朝的滅亡。劉秀在此戰中樹立了崇高的威信，為日後建立東漢王朝奠定了基礎。

劉秀稱帝

王莽改制，造成天下大亂。在南陽的一支劉漢宗室子弟便想趁亂而起，光復漢室。在漢景帝一脈的宗室子弟中，有一個叫劉縯的人，平時為人慷慨磊落，不事家人居業，傾盡家財以交結天下豪傑，想要成就一番大事。而劉縯的弟弟劉秀卻不同，劉秀為人則多有權術和謀略，處事則謹慎異常。從長安學成歸來，已經是28歲的劉秀並沒有像大哥劉縯一樣躍躍欲試，而是仍舊在田地裡幹著農活。所以大哥劉縯曾經就笑劉秀老實安分、沒有遠大志向，就像漢高祖的弟弟。等天下烽煙四起的時候，深慮良久的劉秀知道天變已成，時機已經到來。於是開始招兵買馬，助大哥劉縯起兵。

昆陽一戰，劉秀擊敗王莽42萬大軍，給了「新」朝最致命的一擊，因此劉縯和劉秀兄弟在綠林軍中樹立了極高的威望。綠林軍攻佔長安後，綠林軍的將領們擔心劉縯兄弟的勢力太大，難以駕馭，於是建議更始帝劉玄除掉他們。於是劉玄以劉縯違抗命令為藉口，將其殺害。

正在四處征戰的劉秀得知兄長被殺後，悲痛不已，他深知兄長被殺的原因是功高震主，而且這種殺身之禍很快也將會降臨到自己的頭上。劉秀知道自己的力量不足以抵抗更始帝，如果不採取一些行動就只有束手待斃的份。為了消除更始帝的疑心，劉秀立即趕到宛城向更始帝賠罪，稱大哥以下犯上，實屬咎由自取。劉秀在劉玄的身邊表現得極為謙遜，從來沒有居功自傲，有人問起昆陽大戰的情形，他總是避而不談。劉秀不敢私下接見大哥的舊部，也不敢為自己的大哥戴孝，照常吃飯喝酒，有說有笑，一點也不流露出他悲痛的心情，而在夜深無人的時候，總是淚流不止。

劉縯和劉秀立下大功，而劉縯無辜被殺，劉秀又表現得如此謙恭，反而讓更始帝心有慚愧，於是封劉秀為破虜大將軍。而這只是一個名義上的官職，並沒有實權，因為更始帝畢竟不敢重用劉秀。

不久之後，綠林軍攻佔長安，王莽新朝覆滅。當時全國存在著多股割據勢力，稱王稱帝的就各有好幾家，而又數河北的形勢最為複雜，能不能得到河北是統一天下的關鍵一步。有人就建議，讓劉秀去河北招撫。更始帝也覺得劉秀是不貳人選，因為劉秀擁有極為出色的能力，而這出色的能力也正是更始帝及眾多綠林軍最為顧忌的一點。就在更始帝猶豫不決的時候，馮異建議劉秀用大量金銀賄賂劉玄寵信的左丞相曹竟，在曹竟的周旋下，劉秀終於得以脫離劉玄的控制，前往河北招撫。

西元23年，劉玄任命劉秀行大司馬的權力前往河北招撫各個郡縣。然而這個大司馬只不過是一個名號，劉秀並沒有得到相應的權利，而且劉玄沒有提供一兵一卒的支援。就這樣，劉秀帶著心腹向河北進發。

到達河北後，劉秀發現所處的形勢比以前更為嚴峻。此時，西漢宗室子弟擁立算命先生王郎在邯鄲稱帝。王郎發出檄文，懸賞10萬戶侯捉拿劉秀，劉秀狼狽不堪，深感在河北難以立足，曾一度想要離開河北。就在劉秀舉步維艱的時候，上谷太守耿況、漁陽太守彭寵各自派出將領吳漢、寇恂等人率領騎兵前來相助。耿況之子耿弇（弇 ㄧㄢˇ）對劉秀說：「漁陽和上谷兩郡，擁有騎兵上萬，徵調這些兵馬去攻打邯鄲，破城是必定的。」劉秀大為高興，興兩郡之兵討伐王郎，此時更始帝也派遣謝躬領兵前來助陣。劉秀犒勞將士之後，隨即進軍包圍邯鄲，連戰連勝，不久便攻破邯鄲，斬殺王郎。

此戰前，敵眾我寡，勝負難料，所以劉秀許多部下暗中寫信與王郎相互勾結。殺死王郎後，劉秀得到數千封這樣的信。劉秀沒有追究信函的事情，而是召集所有的將領，然後當著他們的面把信全部燒毀，並說：「這樣一來，那些先前有反叛之心，並為此擔憂的人可以安心了。」

劉秀在河北的聲望和勢力日漸壯大，這讓更始帝非常擔憂。他派使臣去河北冊封劉秀為蕭王，要求他交出兵馬，然後回到朝廷。劉秀以河北尚未平定為藉口，拒絕了劉玄的詔命。從此，劉秀和更始政權決裂。

為了平定整個河北，劉秀徵發10郡騎兵攻打銅馬軍（銅馬軍，新莽末年爆發的一支河北農民起義軍，勢力較其他河北農民起義軍要大得多，在西元24年被劉秀收編）。兩軍相壘，劉秀沒有急於交戰，任銅馬軍如何挑戰，只是堅守不出。趁銅馬軍外出搶掠時，劉秀派遣一支軍隊截斷銅馬軍的糧道。一個多月之後，銅馬軍因為糧食不繼，趁夜色退軍。劉秀率軍追擊，大敗銅馬軍。又經過幾次激戰後，銅馬軍不敵，向劉秀投降。投降的將帥全被封為列侯，但是他們還是心有不安，擔心劉秀不信任自己。劉秀為了打消他們的疑慮，命令他們召集部隊，然後獨自騎馬巡視各部。投降的將士相互說：「蕭王待人這樣推心置腹，我們哪裡還能不以死效力呢！」於是對劉秀心悅誠服。

劉秀將銅馬軍的精壯士卒編入軍中，人馬達到幾十萬，所以關西的人都稱劉秀為「銅馬帝」。西元25年，已經帶甲百萬，割據河北的劉秀在眾將的擁戴下，在河北鄗（鄗ㄏㄠˋ）地的千秋亭登基稱帝。為了表示重興漢室之意，劉秀仍然以「漢」為國號，史稱「東漢」或者「後漢」。

◎吳漢，在投靠劉秀之前以販馬為業，喜歡結交豪傑之士。劉秀在河北招撫時，他趁機勸說漁陽太守歸附劉秀。之後屢立戰功，是東漢開國名將，「雲台二十八將」之一。

◎寇恂，出身世家大姓，投靠劉秀後，多次為劉秀堅守後方，為其提供軍資，使劉秀在征戰之時沒有後顧之憂，同樣是「雲台二十八將」之一。

◎耿弇，是東漢開國名將，西元23年從劉秀起兵，後來以過人勇略幫助劉秀平定齊地，被劉秀讚為「韓信第二」，為「雲台二十八將」之一。

東漢第一功臣：鄧禹

劉秀被稱為「漢光武帝」，在河北登基稱帝，定國號為「漢」，歷史上稱劉秀所建立的朝代為「東漢」或者「後漢」。劉秀是一位很善於發現人才和使用人才的帝王，在他爭奪天下的過程中，無數的英雄豪傑追隨著他，鄧禹就是其中的一個。

鄧禹是一個很有學識的人，而且善於識人。西漢末年，王莽改制引起了全國人民的反抗，各地都有農民發動起義，討伐王莽。其中有一支叫做「綠林軍」的隊伍擁立了劉氏的宗室劉玄做皇帝，這就是更始皇帝。這支隊伍中很多人都知道鄧禹這個人，認為他是個人才，年輕有為，而且文武雙全，所以紛紛向更始帝推薦。但是鄧禹早就看透了劉玄，他知道這個人庸庸碌碌，很難成就一番大事業，所以一直不肯答應幫助劉玄。

西元23年的9月，綠林軍推翻了王莽的統治，攻下了長安。但是，整個國家的局勢仍然十分緊張，因為歸順劉玄的地區僅有洛陽、長安和南陽一帶，而其他的地區仍然分屬於不同的首領，為了鞏固政權，劉玄派出劉秀以大將軍的名義渡過黃河，去安撫黃河北部的郡縣。

鄧禹聽到這個消息之後，馬上渡河去追趕劉秀，追到鄴城（今河北磁縣）才追上。兩個人坐在一起討論了很長時間，鄧禹為劉秀分析了當時天下的形勢：劉玄腐朽無能，手下的大臣忙於爭權奪利，跟著這樣的人不能成就大事。然後鄧禹勸劉秀招攬各路英豪，收買人心，然後自立為王。劉秀聽完這番話，認定鄧禹是自己的知己。劉秀本來就對劉玄的做法大為不滿，而且也有自立為王的野心。從那以後，劉秀經常與鄧禹商討國事，很快，鄧禹成了劉秀最信任的謀士。

鄧禹不僅善於運籌帷幄，還是一個能夠帶兵打仗的將軍。西元24年，在平定王郎的戰役中，劉秀派鄧禹帶領幾千人，去攻打樂陽。後來，鄧禹又跟隨劉秀擊退了王郎的橫野將軍劉奉。後來鄧禹與另外一位大將軍蓋延合作進攻黃河以北的起義軍「銅馬軍」。蓋延先於鄧禹到達，被銅馬軍圍困在保城。鄧禹一來就粉碎了銅馬軍的包圍圈，然後又與劉秀一起打敗了銅馬軍。

劉秀稱帝之後，鄧禹曾經帶領部隊去攻打箕關（今河南濟源縣），然後去圍攻安邑（今山西夏縣）。在這裡擊敗了前來解圍的劉玄援軍數萬人，還殺死了劉玄一員大將。很快駐紮在洛陽的更始大將王匡等人又帶了十幾萬大軍來攻打鄧禹，鄧禹被打了一個措手不及，將軍樊崇戰死。手下的將軍們一下就慌亂起來，紛紛勸鄧禹撤退，但是鄧禹堅持第二天整軍再戰。

第二天早晨，王匡派出所有的士兵攻打鄧禹，鄧禹下令不要輕舉妄動。等到王匡來到鄧禹大營附近時，鄧禹下令出擊，王匡等人無奈之下只好棄軍逃走。聽到鄧禹獲勝的消息，劉秀很高興，對鄧禹的能力大加讚賞。

此外鄧禹還很善於發現人才，他推薦的人最後都能獲得劉秀的肯定。劉秀在奪取黃河北部土地的時候，任用了很多鄧禹推薦的人才，勢力發展很快，不久就攻下了河內郡（河內郡：漢朝時設置的郡縣，河南到河北的途中大部分都屬於河內縣）。劉秀認為河內郡地形險要，是兵家必爭之地，所以想選一個可靠的人來把守河內，他就去問鄧禹誰能夠擔此大任。鄧禹說：「寇恂是個文武雙全的人，還善於管理別人，他是最合適的人選了。」劉秀很信任鄧禹，很快就拜寇恂為河內太守。事實證明，寇詢果然把河內治理得很好。

西元37年，劉秀完成了統一全國的大業。鄧禹被封為高密侯，食邑達四縣之多；鄧禹的弟弟鄧寬也被封為明親侯。劉秀封賞功臣的時候說，現在天下已定，開國的功臣勞苦功高，不希望他們再為國操勞，因此給他們的封賞就是授予爵位，而沒有給他們任何官職。

鄧禹深深明白劉秀如此對待功臣是因為他害怕有人會自恃建國有功，危害朝廷的穩定。於是他沒有爭辯，回到了自已的封邑，而從封邑獲得的錢財，他也沒有用來置田養士。這一點讓劉秀對他大加讚賞。西元56年，劉秀讓鄧禹再次回到朝廷參與朝政，這在那些東漢的開國功臣中是十分罕見的。

明帝即位之後，鄧禹被封為太傅，這是東漢最高的官職。鄧禹死後，他的子孫也都做了大官。東漢時期，鄧家一直是地位顯赫的名門望族。

大樹將軍：馮異

馮異是劉秀的得力大將，戰功卓著，被列入「雲台二十八將（雲台二十八將軍：漢光武帝劉秀麾下的二十八員大將。漢明帝年間，明帝追憶當年隨其父皇打江山的功臣宿將，下令繪製二十八位功臣的畫像供奉於洛陽南宮的雲台，所以他們被合稱為「雲台二十八將」。他們是鄧禹、吳漢、賈復、耿弇、寇恂、岑彭、馮異、朱佑、祭遵、景丹、蓋延、銚期、耿純、臧宮、馬武、劉隆、馬成、王梁、陳俊、杜茂、傅俊、堅鐔、王霸、任光、李忠、萬脩、邳（邳ㄆㄧˊ）彤、劉植）」。馮異為人謙恭，當劉秀手下的其他將領們在爭述功勞的時候，他從不參與其中，總是找一棵大樹靠著休息，因此得到了「大樹將軍」的美名。

馮異最初在新莽朝任職，為王莽守父城。劉秀率綠林軍略地父城，久攻不下。一次，馮異出城巡視所屬各縣，被綠林軍捉住。當時劉秀的部下中，有人瞭解馮異的才能，便將馮異推薦給了劉秀。劉秀召見馮異，與之交談，馮異見劉秀舉止不凡，說：「馮異一介匹夫，不足以左右強弱。我的老母親還在城中，如果讓我回去，願意以5個城池前來歸附。」

馮異回到父城之後，與一起守城的將領商量歸降一事，商量已定，而劉秀卻已經率兵而去，此事只得作罷。之後，綠林軍十幾撥將領輪番攻打父城，都遭到馮異的頑強抵抗。後來劉秀再次經過父城時，馮異當即開城迎接。

歸附劉秀後，馮異多次獻計。先是幫助劉秀脫離更始帝的控制，得以巡河北。到達河北後，劉秀又聽從馮異的建議，大力體恤百姓。之後劉秀因為被王郎懸賞捉拿而陷入困境時，馮異一直跟隨左右，並在劉秀饑寒交迫的時候，為劉秀奉上令其終身難忘的豆粥和麥飯。因此，馮異深得劉秀的信任，而最讓劉秀仰仗的，還是馮異出色的軍事能力。

西元25年，劉秀在河北鄗城的千秋亭登基稱帝，定都洛陽，建立東漢政權。此時，赤眉軍擁立傀儡皇帝劉盆子，督兵30萬攻打佔領關中的綠林軍。更始帝調兵遣將，嚴陣以待，但是都沒能抵擋住赤眉軍的進攻。不久之後，更始帝請降，綠林軍由此覆沒。起初，劉秀得知綠林軍和赤眉軍兩支勢力最大的起義軍發生戰鬥，立即派大司徒鄧禹領兵進入關中，以觀時變。等到赤眉軍擊敗綠林軍之後，開始向進駐長安的鄧禹發動攻擊，迫使其退出長安。

鄧禹和赤眉軍屢戰不勝，聲望逐漸降低，許多歸附他的人都漸漸離他而去。鄧禹對赤眉軍無能為力，只得退出長安。於是，劉秀任命馮異為征西大將軍，去關中接替鄧禹討伐赤眉軍。馮異接受命令，率軍西入關中，一路上傳播威望和信譽，許多盜賊紛紛歸降。

馮異率領的軍隊在華陰遭遇赤眉軍，兩軍相拒60多日，激戰幾十個回合，雙方均無大損。鄧禹因為自己身受重任卻沒有建立任何功勞，感到非常羞愧，多次率領疲憊的士卒勉強對赤眉軍發動進攻，但總是吃敗仗。於是他率領車騎將軍鄧弘與馮異會合，要求一同攻打赤眉軍。

馮異說：「我與賊軍相拒已經有幾十天了，雖然多次擒獲敵將，但賊軍餘眾尚多。可以用恩德信義逐漸瓦解他們，很難憑武力一舉將他們打敗。皇上現在派遣諸將屯據在黽池扼住敵軍的東面，而我則率軍攻擊敵軍的西側，定能一舉蕩平賊軍，這是萬全之計。」

鄧禹、鄧弘沒有接受馮異的建議。為搶軍功，鄧禹令鄧弘出擊赤眉軍，赤眉軍佯裝敗退，丟棄輜重而逃。這些輜重上裝載的全是土，只是在最上面覆蓋了一層豆子。鄧弘的士兵饑餓，見到豆子，爭相收取。這時赤眉軍殺了個回馬槍，鄧弘潰敗。幸得馮異與鄧禹合兵救援，才使得赤眉軍稍微退去。馮異認為士卒饑倦，應當暫時休整，鄧禹不聽，又與赤眉軍戰，最終大敗而回，死傷有3千多人。此戰之後，鄧禹只帶著24騎逃回宜陽；馮異則拋棄了戰馬，只帶著幾個人爬上回溪坂，和幾個部下逃回營寨。此後，馮異堅壁不出，聚攏散卒，招集各營寨人馬有數萬，與赤眉軍約期會戰。

在會戰的前一天，馮異命令手下壯士把眉毛染成紅色，並穿上赤眉軍的衣服喬裝成赤眉軍，預先埋伏在道路兩側。會戰那天早上，赤眉軍用1萬人的部隊攻擊馮異前部，馮異分出一小部分兵力救援前部。

赤眉軍見馮異軍勢弱，於是集中兵力攻打馮異。到了下午，待赤眉軍氣勢衰減，伏兵加入戰團，因為裝扮一樣，赤眉軍不能識別，都驚散潰逃。馮異率兵追擊，在崤底大破赤眉軍，收降男女8萬人。餘眾尚有10多萬，向東逃到宜陽，又陷入劉秀重兵的包圍。赤眉軍經過艱苦的戰鬥，始終不能突圍，赤眉軍首領樊崇等人在糧盡力竭的情況下，投降了劉秀。

戰後，劉秀下詔書犒勞馮異：「赤眉得破，眾將士勞苦功高，開始雖然在回溪折戟大敗，可最終能在黽池一戰中奮起，可以是早上失去的，在晚上收回。」

擊敗赤眉軍後，馮異率軍平定關中，經過3年的治理，關中地區一片繁華景象。有人上奏劉秀：「馮異威望崇高，深得民心，恐怕會在關中稱王。」劉秀毫不理會，將奏章交給馮異，馮異惶恐不已，劉秀安撫他說：「我和將軍，名為君臣，情同父子，我們之間還有什麼嫌疑呢，將軍不必懼怕。」

後來馮異從關中到洛陽朝見，劉秀對著眾臣說：「我剛起兵之時，馮異當我的主簿，後來為我披荊斬棘，平定關中。還有當初在河北陷入絕境之時，馮異為我進獻豆粥和麥飯，這些深情厚意，到現在還沒有報答！」馮異叩頭拜謝，在洛陽逗留十多天後返回關中。為了徹底消除馮異的疑慮，劉秀讓馮異的家眷一同前往關中。

強項令：董宣

東漢洛陽令董宣執法剛正嚴格，不避強豪，被劉秀稱為「強項令」，意思是說脖子硬、不低頭屈服的縣令。

光武帝劉秀建立東漢政權，定都洛陽。在天子腳下，豪族世家、強權顯貴自然非常多，這些人往往倚仗著自己的權勢為非作歹，因此洛陽可以說是最難治理的一個地方了。西元43年，以執法剛強聞名的董宣走馬上任，擔任洛陽令，此時的董宣已經是一個69歲的白髮老者。董宣上任後不久，就遇到了一件極為棘手的案子，案子牽涉到了光武帝的大姐湖陽公主。

湖陽公主的一個家奴在白天行兇殺人，事發後躲進湖陽公主的府第以求庇護。董宣立即下令捉拿兇手，可是兇手一直藏在湖陽公主的府第裡不敢出來。湖陽公主是皇親國戚，小小的縣衙官吏又怎麼敢進屋搜捕兇犯，無可奈何，董宣只好令人監視湖陽公主的府第，下令只要兇犯一出現，立即將他逮捕歸案。

終於，董宣等到機會了。一天，湖陽公主出門，讓那個犯有殺人罪的家奴陪同乘車。董宣發現後，立即起身前去攔下湖陽公主的馬車。董宣一把抓住轡繩，一手拿著刀在地上來回劃著。湖陽公主被人擋駕，怒不可遏，大聲叱責董宣。而董宣毫不畏懼，竟然大聲數落湖陽公主的過失，責備她包庇罪犯。湖陽公主的家奴被董宣的凜然正氣震懾住，躲在馬車裡不敢露面。董宣上前一把將他揪出，就地格殺。

湖陽公主被一個小小的洛陽令如此無禮對待，使她在大庭廣眾之下顏面盡失，於是帶著滿腔怒火趕往皇宮，將事情告訴了光武帝。光武帝聽後，不禁怒上心頭，想要懲治這個不知好歹的洛陽令來替姐姐出這口氣。光武帝立即召來董宣，要用杖刑將董宣打死。

被判刑之後，董宣從容不迫地對光武帝說：「請陛下允許我說幾句話，然後再處死我。」光武帝說：「你死到臨頭了，還有什麼話說？」董宣說：「仰仗陛下的聖德，大漢江山得以出現中興局面。陛下平定天下之後，偃武興文，以法治國，這是百姓之福。現在卻縱容家奴濫殺無辜，還要處死按律執法的臣子，如果這樣的話，還談什麼以法治國？不需要陛下下令，請允許我自殺。」說完，董宣就用頭撞向石柱，頓時血流滿面。

光武帝見到這樣一個剛烈的臣子，大為吃驚，立即命令太監將董宣攔住。光武帝是一位英明的皇帝，剛才是因為一時的怒氣想要處死董宣，在聽到董宣一番話之後，意識到了自己的錯誤，怒氣也消了。光武帝對董宣說：「念你忠誠為國，朕就不治你的罪了。可是你冒犯公主，讓她顏面有損，為了讓公主有個台階下，你就給她叩個頭賠罪吧。」

董宣認為自己沒有過錯，於情於理都不能叩頭賠罪，便拒絕服從命令。光武帝沒有辦法，就示意太監，按著董宣的腦袋迫使他向湖陽公主叩頭賠罪。69歲的董宣用雙手強撐著地，硬挺著脖子，始終不肯低頭。

一旁的湖陽公主見光武帝不能制服一個小小的洛陽令，便對光武帝說：「你還是平民百姓的時候，家裡經常窩藏在逃的罪犯，官府奈何你不得。現在當了皇帝，權力至高無上，為什麼連一個小小的縣令也制伏不了？」光武帝笑著回答說：「做天子跟做平民不一樣。」然後轉過頭對著董宣說：「強脖子縣令，你可以出去了。」之時，光武帝賞給這位剛正不阿的洛陽令30萬錢，董宣將這些賞賜全都分給了手下官吏。

這件事情過後，京城裡的豪強貴族對董宣都忌憚三分，仗勢欺人的行為較以前大為收斂。董宣打擊豪強從不手軟，因此被京城裡的人稱為「臥虎」。擔任洛陽令5年，74歲死於任上。光武帝得知董宣去世，派人前去弔唁，使者看見，只有單布裹著董宣的屍體，妻子和兒女在一旁對哭，家中只有幾斛大麥和一輛破舊的車乘。使者回去將自己看到的情形告訴光武帝，光武帝大為感傷，說：「董宣為官廉潔，死後才被人知曉。」於是下令，以大夫的禮儀厚葬董宣。

伏波將軍：馬援

馬援年輕時有大志，自幼與兄長馬況生活。與馬援年紀相仿的朱勃12歲就能背誦《詩經》和《尚書》，經常拜訪馬況。剛開始讀書的馬援見朱勃言談舉止溫文爾雅，自愧不如。馬況察覺到了馬援的心思，對他說：「朱勃早慧，但非遠到之器，聰明才智到這也就差不多盡了。你是大器晚成，將來成就一定在他之上。」朱勃未滿20歲就被徵為代理縣令，而等到馬援拜將封侯的時候，朱勃還只是一個縣令。

因為家境貧困，馬援辭別兄長，想要去邊郡一帶種田放牧。馬況說：「你是大器晚成的人，能工巧匠不會輕易把還沒雕琢好的玉石出示別人。你暫且按照自己的意願，去做自己想做的吧！」於是馬援來到北地種田放牧，他常對賓客說：「大丈夫在窮困的時候，志氣應當更加堅定；年老的時候，意氣應當更加雄壯。」經過悉心經營，馬援很快就擁有了數千頭牲畜和幾萬斛糧食。馬援感嘆說：「財富增長，貴在能夠施捨給需要的人，否則就成守財奴了。」於是將家產全部分給親友，自己則過著清儉的生活。

王莽新政後，天下大亂。隗囂（隗囂ㄨㄟˇ ㄒㄧㄠ，出身隴右大族，以知書通經而聞名。更始政權建立後，隗囂趁機割據一方。後來被光武帝劉秀所困，病死軍中）割據天水，自稱西州上將軍。三輔地區的許多士大夫為了躲避戰亂，都歸附他，隗囂熱誠相待，彼此以朋友之禮交接，所以勢力頗為強大。馬援聽說隗囂禮賢下士，於是前往投奔。隗囂對馬援非常器重，加封他為綏德將軍，讓他參與籌畫軍國大事。

公孫述在蜀中稱帝後，隗囂為了決定去向，派馬援去蜀中打探情況。馬援和公孫述是同鄉，自小便十分要好。馬援本以為，老朋友見面，公孫述會像往常一樣與他握手言歡，暢敘別情。沒料到，公孫述擺起了皇帝的排場，還要對馬援拜將封侯，都被馬援婉言拒絕。後來，馬援又去洛陽面見劉秀，劉秀的平易大度讓馬援敬佩不已。回到天水後，馬援建議隗囂歸附劉秀，於是隗囂送長子到洛陽作人質，表示歸附之意，馬援也一同來到洛陽。但不久之後，隗囂聽從部將建議，割據隴西稱帝。馬援聽說後，多次致信規勸，隗囂不但不聽，反而惱怒馬援背叛自己。

西元32年，劉秀親自率軍討伐隗囂。許多將領認為勝負難卜，皇帝不宜深入險境。劉秀猶豫不決，於是召來馬援，想要徵詢馬援的意見。馬援說：「隗囂內部已經有分崩離析之勢，如果這時候率軍進攻，必定能大獲全勝。」然後馬援讓人取來一些米，在劉秀的面前，用米堆成山谷地形，指點雙方形勢，標示各路部隊進退的道路，其中曲折深隱，無不畢現。馬援來回為劉秀分析，戰局十分清晰，劉秀高興地說：「敵人的情況都在我的眼裡了！」於是劉秀決意進軍，很快就迫降隗囂10萬餘眾。

西元35年，劉秀任命馬援為隴西郡守。從王莽末年開始，塞外羌族不斷侵擾邊境，官府制止不了。馬援上任後，立即整頓兵馬，率3千步騎出擊羌人，迫使8千多羌人投降。此戰，馬援身先士卒，小腿被流矢貫穿。劉秀得知後，立即派人前往慰問，賜給他牛羊數千頭。馬援像往常一樣，把這些都分給了部下。兩年之後，羌人再次興兵來犯。馬援率4千人前往征剿，大敗羌人，收降1萬多人。從此，隴右一帶太平無事。

馬援在隴西太守任上一共6年，對待部下寬大仁厚，所以部下都願為效力。在處理政務方面，馬援注重分工明確，自己則總攬大局，手下官吏向他彙報公事，他會說：「這個是某某官員的分內之事，不用來麻煩我。可憐可憐我這個老頭子，讓我盡情遊玩吧！至於太守的分內之事，是治理那些欺負百姓的豪強或者貪贓枉法的官吏。」

一次，在靠近縣城的地方，有人為報私仇，發生械鬥。事情被誤傳為羌人來犯，百姓驚慌不已，全都湧入城內。狄道縣縣令聞變，火速趕往太守府上，請求關閉城門，整兵備戰。當時馬援正在和賓客喝酒，大笑著對驚慌不已的狄道縣縣令說：「羌人哪裡敢再來侵犯我？你回去守著官府就行了，如果實在害怕，就躲在床底下別出來。」不久，情況逐漸穩定下來，眾人才知道是虛驚一場，對馬援都佩服不已。

西元41年，越人徵側與徵貳姐妹在交趾（今越南境內）稱王，公開反叛東漢朝廷。劉秀任命馬援為伏波將軍，領兵南征交趾。馬援沿著大海進軍，長驅1千多里與徵側接戰。漢軍大破敵軍，斬首數千，收降1萬多人。馬援乘勝追擊，誅殺徵側、徵貳姐妹，將首級傳到洛陽，於是全境平定。馬援因地制宜，參照東漢法律對越人進行治理，越人深感便利，以後一直沿用著馬援的制度。

馬援得勝之後，被封為新息侯，凱旋之日，眾多親朋故友前去迎接。以富有計謀而聞名的孟冀在席間祝賀馬援，認為馬援功成名就，可以安享晚年了，馬援回答說：「現在匈奴、烏桓還在侵擾北部邊疆，我想請求出兵討伐。男子漢只應當戰死疆場，用馬革裹屍送回家鄉安葬，怎麼能躺在床上，死在兒女身邊呢？」孟冀嘆服說：「確實如此！做烈士就應當這樣！」

不久之後，武陵蠻人發動叛亂，劉秀派去的平叛部隊因為冒進深入而全軍覆沒。馬援聽說後，請命出征。此時的馬援已經62歲，劉秀認為他年事已高，不肯答應。馬援不服老，對劉秀說：「我還可以披堅執銳，馳騁疆場。」於是披掛上馬，向劉秀展示身手，劉秀笑著說：「真是一個精神矍鑠（矍鑠：老而強健）的老翁啊！」於是應允馬援出征之請。

馬援率軍直入，斬獲蠻兵2千餘人後，繼續向前推進。進入蠻界，有兩條路可以走：一條路近但是地勢險峻，一條路遠但是地勢平坦。馬援選擇了近路，但是險要之處均有蠻兵把守，漢軍難以行進。當時是大熱天，許多士兵都患上瘟疫，馬援也被傳染，但是他仍舊蹣跚著察看敵情，軍中士兵無不感動落淚。軍隊滯留不前，馬援的副將上書朝廷，將行軍失利的責任全部推給馬援。劉秀得知後，派梁松前去責問馬援。梁松趕到軍中之時，馬援已經去世。梁松曾與馬援結怨，於是趁機誣陷馬援。劉秀大怒，下令收回馬援新息侯的印綬。

馬援的妻子兒女感到害怕，不敢將馬援的靈柩運回祖墳安葬，而是草草埋葬，馬援的親朋故友也不敢上門弔唁。後來事情終於水落石出，劉秀才知道錯怪了馬援。

漢明帝時期，馬援的女兒被立為皇后，即史上有名的馬皇后（馬皇后，是馬援的小女兒，因為品行高尚成為漢明帝皇后，是歷史上難得的賢明皇后）。明帝命人將東漢開國功臣名將的畫像懸置於雲台，即「雲台二十八將」，為了避嫌，沒有將馬援列入其中。東平王劉蒼觀看畫像後問：「為何不畫伏波將軍像？」明帝笑而未答。

投筆從戎：班超

自漢武帝、漢宣帝經營西域後，西域諸國與漢朝一直保持著良好的關係。因為王莽改制，這種關係遭到破壞。與漢朝一直處於敵對狀態的北匈奴（匈奴是我國古代北方的一個強大的遊牧民族，於西元前215年被逐出黃河河套地區。歷經東漢時分裂，南匈奴進入中原內附，北匈奴從漠北西遷）趁機重新征服西域，西域幾個小國曾請求東漢王朝的保護，但是光武帝劉秀忙於統一全國，無暇外顧，所以西域逐漸被北匈奴控制。

為了鞏固西部安全，漢明帝永平十六年（西元73年），奉車都尉竇固帶兵出擊匈奴，任命班超為代理司馬，讓他率領一支軍隊另外攻打伊吾（在今新疆哈密市）。雙方交戰於蒲類海（今新疆八里坤湖），班超斬獲敵軍首級頗多，表現出了優秀的才幹和膽略，很受竇固賞識，隨後被派遣與從事郭恂一起出使西域。

班超胸懷大志，不拘小節。漢明帝永平五年（西元62年），班超的哥哥班固被招為校書郎，班超和母親也跟隨哥哥來到洛陽。因為家中貧寒，班超常常被雇抄書以維持生計，這職業勞苦而又沒有前途。班超決定投筆從戎，慷慨說道：「大丈夫沒有別的志向謀略，總應該效法傅介子、張騫立功在異域，萬里之外覓取封侯，豈能長久地與筆墨紙硯打交道呢？」周圍的人聽到這話都認為班超是在癡人說夢，班超不以為意，說：「凡夫俗子怎能理解志士仁人的胸懷抱負呢？」

班超剛到鄯善（鄯善，西域國名），鄯善王接待他們的禮節周到，而後忽然變得疏遠懈怠。班超察覺有些異樣，對部下說：「察覺到了麼，鄯善王的禮節變得淡漠了？這一定是有匈奴使者到來，讓他猶豫不決，不知道該服從誰的緣故。」

於是喚來一個服侍漢使的鄯善人，假裝對他說：「匈奴的使者來好些天了，現在在哪裡？」這侍者惶恐地如實回答。班超將侍者關押起來，然後召集與他一起出使的36個人，一同飲酒。酒至半酣，班超說：「諸位與我身處絕域，現在匈奴使者來了才幾天，鄯善王便禮數廢弛。如果讓鄯善王把我們縛送到匈奴去，我們的骸骨將成為豺狼口中的食物，該怎麼辦呢？」眾人一致說：「我們現在身處絕境，生死聽從司馬決定！」

班超說：「不入虎穴，不得虎子。現在的辦法，只有乘夜色火速進攻匈奴使者。他們不知我們有多少人，必定大為驚恐，到時便可一網成擒！只要消滅這些人，鄯善王自然會聽從我們。」眾人提議將此事與郭從事商量，班超怒道：「吉凶成敗在此一舉。郭從事是個平庸的文官，聽到這事必定會因為害怕而暴露計畫，我等性命也會因此葬送。這樣死去成就不了聲名，算不得壯士。」眾人欣然贊成。

天一黑，班超帶領部下奔襲匈奴使者營地。正好當天颳大風，班超吩咐10個人拿了軍鼓隱藏在匈奴使者屋後，約定說：「見到火焰燃起便擂鼓大聲呼喊。」其餘人都帶上刀劍弓弩，埋伏在帳門兩側。班超順風點火，前後擂鼓呼喊。匈奴使者一片驚慌，130餘人被一舉殲滅。第二天，班超把鄯善王請來，示之以匈奴使者人頭，鄯善王大為震恐。班超對他安撫之後，鄯善王表示願意服從漢朝並用兒子作為人質。漢明帝得知後大喜，擢升班超為軍司馬。

之後，竇固又派班超出使于闐（于闐ㄩˊㄊㄧㄢˊ，西域國名），班超這次又只帶了36人隨行。當時，于闐國王廣德新敗莎車國，又得到匈奴使者的監護，所以驕橫自大面對班超一行人的態度十分冷淡。于闐有迷信巫術的風俗，巫師說：「天神因為我們親附漢朝而發怒，需要漢使的一匹身黃嘴黑的馬作為祭品。」於是廣德派使者向班超索要那匹馬。班超暗中知道此事，假裝答應，要求巫師親自來取馬。一會兒，巫師到了，班超立即砍下他的腦袋並送至廣德。廣德平時聽說過班超在鄯善國誅滅匈奴使者的事，大感惶恐，於是立即攻殺匈奴使者，歸降班超。

那時，龜茲（龜茲ㄑㄧㄡ ㄘˊ，西域國名）國王建是被匈奴扶立的，依仗匈奴的勢力，佔據西域北道。龜茲國攻破疏勒（西域國名），殺死國王，另立龜茲人兜題為疏勒王。第二年春天，班超從小路來到疏勒，預先派遣部下田慮去勸降兜題。班超吩咐田慮說：「兜題本非疏勒族人，疏勒國民必定不服從，他如果不立即投降，就將他捉拿。」田慮到了之後，看到兜題沒有一點要歸降的意思。於是田慮按照班超的囑咐，趁其不備，將兜題綁住。兜題的手下大感意外，都驚慌懼怕地逃走。田慮派人飛馬馳報班超，班超立刻開赴城中，召齊疏勒文武官員，歷數龜茲的罪狀，隨後立原來國王兄弟的兒子忠做疏勒國王，此舉深得疏勒民心。

永平十八年（西元75年），漢明帝駕崩。焉耆（焉耆，西域國名）藉漢朝國喪機會，攻陷都護陳睦的駐地。班超孤立無援，而龜茲、姑墨兩國屢屢發兵攻打疏勒國。班超固守盤槖（槖）城，與疏勒王忠前後呼應，雖然勢單力薄，卻堅守了一年多。剛剛登基的漢章帝考慮到陳睦全軍覆沒，擔心勢孤力單的班超難以立足，便下詔召回班超。班超起身回國，疏勒全國上下都感到擔心害怕，都尉黎弇說道：「漢使離開我們，我們必定會再次被龜茲滅亡，我實在不忍心看到漢使離去。」說罷便刎頸自殺。

班超回國途中來到于闐國，王侯以下的人全都悲號痛哭說：「我們依靠漢使就好像小孩依靠父母一樣，你們千萬不能回去！」他們抱住馬腿，不放班超回去。看到這番情景，又想到自己最初的志向，班超決定返回疏勒。因為班超的離去，疏勒國已有兩座城池投降了龜茲國，與尉頭國聯兵叛漢。班超到後，捕殺叛降者，又擊破尉頭國，疏勒國重新安定下來。

建初三年（西元78年），班超率疏勒等南道諸國1萬人攻姑墨國石城，剪除了龜茲西翼。建初五年，向阻絕消息五年的漢廷上書，隨即得假司馬徐乾等千人援兵。班超先平息疏勒叛亂，繼率于闐等國兵2萬5千人，攻降龜茲控制的南道國莎車，殲5千餘人，威震西域，南道遂通。

和帝永元二年（西元90年），貴霜副王統兵7萬攻疏勒。班超自知寡不敵眾，針對其遠道勞師的弱點，堅壁不戰。貴霜久攻不克，糧秣不繼，遣往龜茲求援的使者又被班超伏兵所殺，不得已請罪退兵。第二年，龜茲等三國歸附漢朝。班超升西域都護，進駐龜茲。六年，班超調龜茲、鄯善等8國7萬兵討焉耆。班超遣使招降，焉耆王奉禮遠迎班超，暗裡卻拆橋以阻班超軍。班超獲悉，率軍繞道涉水，出其不意進逼王城，誘斬舊王，另立新王，北道暢通。至此西域50餘國盡皆歸附漢朝。次年，班超因為功勞卓著被封定遠侯。漢和帝永元十四年（西元102年）八月，班超回到中原，於一月後去世。

班超在西域長達31年之久，苦心經營，保護了西域的安全以及絲綢之路的暢通。為國家西邊的穩定和團結做出了巨大的歷史貢獻。

連公主都敢欺負的竇憲

漢章帝時期，因為妹妹竇皇后深得寵幸，竇憲權勢滔天，連親王、公主以及陰家、馬家等外戚都對他心存忌憚。

竇憲曾看中沁水公主的莊園，以低價強行購買，公主因為忌憚其手中權勢而不敢計較，只得委曲求全，將莊園轉賣給竇憲。一次，漢章帝出行，打此經過，指著莊園向竇憲詢問情況。竇憲不但隱瞞皇上，還暗中威脅左右不得如實回答。後來漢章帝還是瞭解到了事情的真相，對竇憲的欺騙行為大感惱怒，認為這比起趙高的指鹿為馬，有過之而無不及。

漢章帝召來竇憲，怒斥道：「連尊貴的公主都無故遭到你的侵奪，更何況手無寸鐵的百姓。

國家拋棄你，就跟丟棄一隻小鳥或者一隻腐臭的死老鼠一樣。」竇憲伏首認罪，加之竇皇后為其求情，漢章帝的憤怒才算平息。漢章帝雖然沒有懲治竇憲，但從此也不予重用。

漢章帝駕崩後，年僅10歲的漢和帝即位，竇太后臨朝執政，沉寂一段時間的竇憲重新回到權力中心。竇憲得到的恩寵日益隆盛，權勢炙手，為人也愈加專橫跋扈。一個門客告誡竇憲應當謹慎謙退，以求終身榮耀。外戚之所以為世指目，是因為他們身居高位而不知退讓，權勢太盛而仁義不足。自漢朝建立以來，20位皇后中，只有4位皇后保全自身和家族，應當以此為戒。然而竇憲不以為意，行事不改平素。

竇憲性情暴烈，睚眥必報（睚眥：發怒時瞪眼睛，借指極小的仇恨。像眼睛瞪一下那樣極小的怨仇也要報復。比喻心胸極狹窄）。在漢明帝時期，韓紆（紆）曾審理過竇憲的父親竇勳的案件。竇憲竟派門客刺殺韓紆之子，並用其人頭祭祀竇勳之墓。都鄉侯劉暢到京城祭弔漢章帝，被竇太后頻繁召見。竇憲擔心自己的恩寵受到威脅，派刺客潛進皇宮將劉暢刺死，並嫁禍於劉暢的弟弟利侯劉剛。審理此案的官員覺得事有蹊蹺，決定一查到底，事情終於水落石出。得知真相的竇太后大發雷霆，將竇憲禁閉在內宮。竇憲自知此次凶多吉少，便請求攻打北匈奴，以求將功贖罪。

西元88年，竇憲被朝廷任命為車騎將軍，作為出征北匈奴的最高統帥，金吾耿秉為副統帥。次年，竇憲與耿秉從雞鹿塞（今內蒙古磴口縣西北哈薩格峽谷口）出兵，南單于屯屠河從滿夷谷（今內蒙古固陽縣）出兵，度遼將軍鄧鴻從陽塞（固陽縣境）出兵，三路大軍會師於涿邪山（今蒙古西部、阿爾泰山東脈）。竇憲令閻盤、耿夔（夔）、耿譚率領南匈奴精騎一萬餘，與北匈奴單于在稽洛山交戰，大敗北匈奴，北匈奴單于逃走。竇憲下令追擊各部北匈奴，一直深入到私渠北海。

此戰中，漢軍斬殺1萬3千餘人，生擒無數並俘獲各種牲畜1百萬餘頭，先後納降20多萬人。竇憲、耿秉出塞3千餘里，登上燕然山，令班固勒石記功後班師。

北匈奴單于遠遁絕域，竇憲令吳氾、梁諷攜帶金帛前往招降。因為北匈奴內亂，吳氾、梁諷得以追上北匈奴單于並招降成功。北匈奴單于同意效法呼韓邪單于，做漢朝的屬國，並率眾與吳氾、梁諷一同返回。當到達私渠海時，漢軍已經入塞，北匈奴單于便派自己的弟弟代替自己入朝為質。竇憲因北匈奴單于沒有親自前來朝見，便奏報竇太后，將人質送還。北匈奴單于大為驚恐，當即派使者求見竇憲，請求向漢稱臣。這時候，南匈奴上書漢廷，提出先消滅北單于、待南北匈奴合併後再歸附漢朝的建議，得到許可。於是，南匈奴與北匈奴交戰，北匈奴敗走。

此前，北匈奴因饑荒發生內亂，國力大衰，經此兩戰之後，更是羸弱不堪。竇憲想趁機將其一舉殲滅，徹底消除匈奴之患。於是令耿夔、任尚領兵追擊，在金微山大破北單于，斬首五千餘級。北單于遁逃，不知去向，其國遂亡。

竇憲立下大功後，威望和權勢如日中天，在朝廷中培養了一大批爪牙心腹。只要有誰敢忤逆竇憲，就必定會遭到報復。尚書僕射樂恢為人剛正，因為檢舉了竇憲所舉薦的官員而受到怨恨。樂恢自知不能立足，便上書請求退休，回到故鄉長陵。但即便這樣，也沒能逃過竇憲的迫害，被迫服毒而死。從此無人敢拂逆竇憲，全都望風逢迎。

竇氏一家遍佈朝堂，相互勾結。對於權力的貪婪，讓他們產生了弒殺漢和帝的念頭。漢和帝暗中得知他們的陰謀，決定先下手除掉竇憲，但是苦於竇憲大權在握，而其耳目又遍佈朝堂，所以只得隱忍不發。機會終於來了，領兵在外的竇憲回到朝廷，漢和帝在宦官鄭眾的幫助下，將竇憲一黨全部逮捕。漢和帝先是處死竇憲的一批黨羽，然後收回竇憲的大將軍印綬，改封為冠軍侯。回到封國後，竇憲與3個弟弟均被迫自殺。

鄧訓立德

西漢王朝的外患主要是來自匈奴的侵擾，而東漢王朝卻意外地遭受到羌族的不斷侵擾，由其發起的大規模的反叛就達五次之多。其中一次，導火線竟然是一個漢族男子搶佔了一名羌族婦女。

漢章帝建初二年（西元77年），安夷縣的一個官吏因霸佔一名羌族婦女而引來殺身之禍，被那個婦女的丈夫殺死。安夷縣長宗延帶人捉拿兇手，追至塞外。同部落的羌人擔心被一同誅殺，便合力殺了宗延，並與其他兩個羌族部落聯合，起兵叛變。久蓄反叛之心的燒當羌部落（燒當羌，古代羌人部落之一，以部落中曾經的一位首領燒當為名。燒當的玄孫聯合其他羌人部落，擊敗先零羌，奪得大量土地，燒當日趨強盛）首領迷吾立即起兵回應，並策動其他羌族部落一同造反，很快就擊敗金城太守郝崇。漢章帝派出重兵，叛亂才得以平息。

漢章帝章和元年（西元87年），迷吾再次聯合其他羌人部落對金城塞發起進攻。護羌校尉張紆派從事司馬防在木乘谷迎戰迷吾，迷吾不敵，便派使者向張紆請降並得到張紆的接納，於是迷吾率領部眾前來歸降。張紆大擺筵席款待，先是在酒中下毒，後又設下伏兵，殺死羌族首領8百多人，並斬下迷吾的首級。隨後，張紆發兵襲擊迷吾的餘部，斬獲數千人。張紆這種做法，引起了所有羌人的強烈怨恨。迷吾的兒子迷唐成為燒當羌的新首領，他與其他羌族部落化解仇恨，並相互通婚，很快就強大起來。在這種情況下，朝臣推薦張掖太守鄧訓接替無力應付的張紆擔任護羌校尉。鄧訓是東漢開國功臣鄧禹的第六子，為人樂善好施且禮賢下士，因此受到許多士大夫的擁護。

鄧訓擔任護羌校尉不久後，迷唐率領騎兵萬餘，進逼邊塞。因為忌憚鄧訓，迷唐先向小月氏（音肉氏）胡人用兵。鑑於張紆的失敗，鄧訓決定用恩德收服涼州諸胡，出兵保衛小月氏胡人。因為鄧訓的庇護，小月氏胡人沒有受到迷唐的侵奪。此外，鄧訓還下令打開城門，接納其他胡人，派兵保護他們的妻子兒女。屬下官員對鄧訓的做法感到不解，他們一致認為，羌人與胡人交戰，漢朝則可以坐收漁人之利，為什麼還要派兵庇護他們呢？

鄧訓說：「張紆失信，致使羌人部落群起而攻，涼州官民命懸一線。以前胡人一直與漢朝衝突不斷，原因在於我們的恩德不厚。現在胡人大難臨頭，如果此時我們出手相救，胡人必定感恩戴德，將來就可以為我所用。」因為鄧訓此舉，迷唐不敢攻擊小月氏胡人，搶掠其他胡人也無收穫，只得無功而返。胡人諸部對鄧訓感激不已，均表示願意臣服漢朝。

胡人有一種風俗，以病死為恥。所以，一旦被疾病困擾，他們就會用匕首刺死自己。鄧訓知道後，就會把被疾病困擾的胡人綁住，然後請醫生為他治療，被治癒的胡人不計其數。對於鄧訓的教化和安撫，胡人上下無不心悅誠服。另外，鄧訓還採取「賞賂諸羌」的做法，懸賞招降羌人，然後讓已經投降的羌人去誘降其他羌人。不久後，迷唐的叔父號吾率其部落8百戶自塞外來降。時機成熟後，鄧訓徵集漢人、胡人、羌人共4千餘，出塞掩擊迷唐，在寫谷大破迷唐。

不久之後，迷唐再次集結舊部，想要重奪舊地。鄧訓再次徵集漢、胡、羌三族共6千餘人，以長史任尚為將。漢軍率先發動襲擊，打敗迷唐所部，先後斬殺1千8百餘人，生擒2千餘人，繳獲各種牲畜共計3萬餘頭，迷唐的部落幾乎全被消滅。值此一敗，迷唐再難立足，率領殘部西遷1千餘里。而燒當部落貴族東號則前來歸降，其餘的貴族也都將人質送到邊塞，以示臣服之意，原來依附迷唐的許多部落也全都歸附漢朝。對於這些歸順的羌人，鄧訓全部接納，並以恩德相待。在胡人和羌人當中，鄧訓的威望和聲譽日漸隆盛，邊境也安定下來。於是鄧訓撤去駐軍，令士兵各自回鄉，只留下免去刑罰的囚犯2千餘人，也只是讓他們從事屯田和修理城牆的工作。

漢和帝永元四年（西元92年），鄧訓去世，涼州官民以及羌人和胡人大為震驚，每天前往祭弔的人數多達數千。有的羌人和胡人甚至用刀自割，並殺死自己的所有牲畜，哀號：「鄧使君已死，我們也一起死吧！」鄧訓先前擔任過烏桓校尉，那時的部下聽到鄧訓的死訊，全都前往奔喪，以致城郭為之一空。

東漢女政治家：鄧綏

鄧綏（綏ㄙㄨㄟ）是漢和帝劉肇的第二任皇后，她出身名門，是鄧禹的孫女，她的母親陰氏是開國皇帝劉秀的皇后陰麗華（陰麗華：東漢開國皇帝劉秀的第二任皇后，劉秀的原配妻子。為了免除劉秀的煩惱，主動把皇后之位讓給了郭聖通。劉秀統一天下後第5年，她被封為皇后，一生端莊賢淑，內持恭儉，被稱為「一代賢后」）的侄女。

鄧綏從小就從聰明伶俐，6歲的時候就開始閱讀史書，12歲的時候已經通曉《詩經》、《論語》等儒家經典，家裡人都稱她為「諸生」。但是鄧綏的母親卻總是埋怨她說：「女孩子家要學些女紅（紅ㄍㄨㄥ）才好。」

聽了母親的話，鄧綏拿起了針線，她很聰明，很快刺繡的水準就已經超過了自己的母親，於是學會了這些之後她又捧起了書本。母親拿她沒有辦法，只好笑笑由她去了，只是有時候會笑著說她不像女孩家。而鄧綏的父親則很支持女兒讀書，他覺得女兒很有想法，將來的成就會在自家的男孩之上，因此父親無論有什麼事情都會與鄧綏商量，而鄧綏的建議也總是很合父親的心意。

鄧家家教非常嚴格，所以鄧綏身上並沒有形成那種大家小姐的嬌氣，她從小就是一個克己守禮的人。鄧綏的奶奶非常寵愛這個孫女，還會親自為她剪頭髮。有一次因為老眼昏花，奶奶不僅沒有剪出好看的髮型，還弄傷了她的額頭。旁邊的侍女都為她感到疼痛，可是鄧綏竟然一聲不吭，還表現出很開心的樣子。後來侍女問她疼不疼。她說：「不是不疼，但奶奶愛我才會這麼大年紀了還幫我剪髮，我要是喊疼，她老人家一定會傷心的。」

鄧綏13歲那年，漢和帝選召年輕女子進宮為妃，鄧綏幸運地入選了。但是鄧綏的父親忽然病重，不久就去世了。父親的死讓鄧綏悲慟欲絕，所以她放棄了進宮的機會，盡心盡力地為父親守孝。

3年後，守孝期滿的鄧綏再次被皇帝選中。鄧綏長得很漂亮，一入宮就吸引了皇帝的注意，這可氣壞了原來的皇后小陰后。這個小陰后家裡也很有權勢，失寵之後就開始嫉妒鄧綏，總是在皇帝面前說鄧綏的壞話。

而鄧綏呢？得寵之後並沒有不可一世，反而變得更加謙卑。皇上舉行宴會的時候，如果自己的衣著與陰皇后相似，她就會馬上更換，生怕自己搶了陰皇后的風頭；如果與陰皇后一起覲見皇上，她從來都是站在一旁，不敢坐下；如果與陰皇后同行，她一定會恭恭敬敬地站在一邊讓陰皇后先走。更難得的是，鄧綏還經常勸和帝多多親近陰后。這樣一來，反而讓和帝更加敬重和疼愛鄧綏了。

有一次，鄧綏生病，和帝心疼不已，特許她召家人來探視，而且不限時日。鄧綏婉言謝絕。她說：「宮廷是皇家禁地，如果讓宮外的人長久居住在宮中，不但有違法制，而且大臣們也會批評您徇私情，指責我不知足。對您沒有好處！」聽完這番話，和帝對鄧綏更加敬重了。

陰皇后看到鄧綏越來越得寵，整天都生活在惱怒中。西元101年，和帝病危，陰皇后對自己的隨從立下誓言：一旦我當上太后，一定要先除掉鄧綏，再將鄧氏滿門抄斬！

這話後來傳到了鄧綏耳朵裡，她知道自己沒有孩子，和帝一死，自己的靠山就倒了，到時候自己肯定活不了了。鄧綏想到這裡很絕望，就想喝毒藥自殺，是宮女們謊稱皇上的病好了，才讓她放棄了自殺的念頭。事情也很奇怪，過了幾天和帝真的康復了。聽說鄧綏尋死的事情後，他覺得鄧綏對自己真是情深義重。

陰后不甘心失敗，就請來了巫師下蠱，詛咒皇帝無子，鄧綏速死。後來這件事被和帝知道了，他下令逮捕了所有的涉案人員，並且廢了陰皇后，還把她打進了冷宮。陰皇后不久就鬱鬱而終。鄧綏順理成章地成了新的皇后，成為皇后的鄧綏依然謙和謹慎。她帶頭掀起了節約運動，穿的是粗布衣裳，吃的都是素食，除了筆墨紙硯，上貢的奇珍異寶一律退回。鄧皇后的所作所為贏得了東漢所有人的讚賞，才女班昭還以她為參照，寫下了《女誡》。

西元105年，漢和帝駕崩。和帝死時，宮中沒有兒子，只有兩個小皇子被寄養在民間。鄧綏派人找回了兩個小皇子，這兩個孩子一個身體很弱，一個年紀很小，出生才一百天，經過思考，鄧綏扶持小皇子劉隆登上帝位，這就是漢殤（殤ㄕㄤ）帝。而她本人則以皇太后的身分垂簾聽政。

鄧綏治國很有頭腦。和帝剛剛去世的時候，有人偷了一筐珠寶。鄧綏認為事情雖然不大，但是關乎宮廷風紀，於是親自查辦此事。為防屈打成招，她沒有採取刑訊逼供的方法，而是悄悄調查，最終在確鑿的證據前，盜賊認罪伏法。

鄧綏處理朝政的時候，天災不斷，蠻夷入侵。面對這些困難，鄧綏一點也不慌亂，她任用賢良，集思廣益，最終有效地穩定了局勢。她的威信也很快樹立起來，贏得了所有人的尊重。

不過鄧綏在執政後期非常依賴自己的娘家人。和帝在世的時候，他提出獎賞鄧家人，鄧綏總是謝絕，但是自己執政後，她的娘家兄弟個個身居要職，從中央到地方，哪裡都有鄧氏家族的勢力。不過鄧綏也很聰明，她沒有驕縱這些外戚，經常告誡他們不要飛揚跋扈，所以鄧家的人雖然勢力龐大，但是都很清廉，為社會的穩定也做出了貢獻。

可惜的是漢殤帝命短，當了八個月的皇帝就死了。無奈下，鄧綏又從皇室近親中挑了一個13歲的男孩登基，這就是漢安帝劉祜（祜ㄏㄨˋ），她則繼續臨朝聽政。等到漢安帝成年，她依然不願交出自己的權力。如果有人勸她「退位」，輕的被削職，重的就會被處死。

西元121年，鄧綏去世後，漢安帝才得以親政。

虞詡破羌

漢安帝永初四年（西元110年），羌人再次起兵反叛，侵襲涼州。大將軍鄧騭（騭ㄓˋ）主張放棄涼州，集中力量保衛三輔地區，他對公卿大臣們說：「好比有兩件破衣服，犧牲一件去補另一件，這樣可以得到一件完整的衣服，否則兩件都保不住。」

虞詡（詡ㄒㄩˇ）認為不可，理由有三：一，先輩披荊斬棘，歷盡勞苦得來的土地不能拱手讓人；二，如果放棄涼州，三輔地區則暴露在敵人的兵力之下，皇家園陵更是首當其衝；三，「關西出將，關東出相」，涼州民風剽悍，猛將烈士多出此地。羌人和胡人不敢深入三輔地區作心腹之患，是因為涼州在他們的背後。涼州將士奮勇抗敵而無反顧之心，是因為他們歸屬漢朝。如果我們放棄涼州，把涼州百姓丟給夷狄，必然會引起怨恨。他們一旦起兵反叛，再聯合外族席捲而來。即使有猛士孟賁和夏育當作士兵，姜太公為將，恐怕也難以抵擋。果真如此，只怕天下已非我漢朝所有了。虞詡將自己的意見告訴了太尉張禹，深得讚賞。張禹當即召集大將軍、太尉、司徒、司空等四府進行商議，眾人一致同意虞詡的主張。

虞詡提出的意見被採納了，但也由此受到鄧騭的嫉恨。恰好朝歌縣有賊匪聚眾造反，連年作亂，州郡官府奈之不得，於是虞詡被鄧騭命為朝歌縣令。故友深為虞詡擔憂，虞詡卻毫不在意，認為大丈夫行事應當不避艱難。

到任後，虞詡先拜見河內太守馬棱（棱ㄌㄥˊ）。馬棱見虞詡一介儒士，也感到擔憂，虞詡說：「朝歌的這群叛匪不足為慮，不過是為了溫飽問題聚在一起鬧事。如果他們有遠見的話，則會憑仗朝歌的地理優勢，打開敖倉，用糧食招攬青州、冀州數以萬計的難民，從而割據天下。現在他們只幹些搶劫的小勾當，說明他們是不值得憂慮的。」虞詡當即招募犯法者1百餘人，赦免他們的罪行，命其混入匪幫，誘使他們進入虞詡預先設下伏兵的地方，一舉殺死賊匪數百人。另外，虞詡暗中派遣裁縫為叛匪製作服裝，他們用彩線縫製衣服。賊匪穿上這種衣服出現在集市，立即會被官吏抓獲。賊匪驚駭不已，以為官府有神靈相助，四下逃散，朝歌縣境得以平定。鄧騭的刁難，反而成就了虞詡在軍事上嶄露頭角。

漢安帝元初二年（西元115年），羌兵進寇武都。臨朝執政的鄧太后素聞虞詡有將略，在武都陷落之際，擢升虞詡為武都太守。接到詔令後，虞詡率3千兵馬趕往武都。羌人素知虞詡之名，嚴陣以待，在陳倉憑險設防以阻截虞詡。虞詡當即下令停止進軍，向外宣傳已奏請朝廷增援，等援軍到了之後再一起前進。羌人受到迷惑，便分兵去鄰縣搶掠，留在陳倉的羌兵也放鬆了警惕。虞詡趁機日夜兼行一百餘里，並命令將士們每人挖兩個灶坑，之後每日增加一倍。羌人見漢軍灶坑天天增加，以為援軍不斷增加，便不敢逼近。部下不解其意，問虞詡：「以前孫臏藉由減灶迷惑敵人，而您卻增加灶的數量；況且兵法上說，每日行軍不能超過三十里，為的是防備不測之事，而您卻日行近兩百里，這是什麼道理呢？」

虞詡回答說：「敵眾我寡，快速行軍能夠迷惑羌人，使其探測不到我們的虛實；羌人見灶坑日益增加，必定會認為我們有援兵接應，所以不敢追擊。孫臏有意向敵人示弱，我現在有意向敵人示強，這是由於形勢不同的緣故。」藉由這種行軍方式，虞詡安全快速地趕到武都。

虞詡所部兵馬不過3千，被一萬多羌兵包圍。虞詡命令眾將士頑強固守，一直堅持了數十天，多次擊退羌軍的進攻。虞詡命令將士不要發射強弩，改用射程較近的小弩射擊。羌兵見漢軍弓弩威力弱小，認為難以造成威脅，便集中兵力發起猛攻。等到羌兵靠近，虞詡命令將士拿出強弩，每20只強弩集中射擊一個敵人，射無不中。羌人大震，慌忙退卻，虞詡趁機率軍出城掩殺，斬獲甚眾。

此戰羌兵多有損傷，但是也摸清了虞詡的兵馬不過2千餘，準備再次對虞詡發起攻擊。虞詡考慮到己方實力已經暴露，又使出一計迷惑羌人。次日，虞詡召集所有將士，命令他們從東門出城，故意讓羌人看到，再從北門入城，然後換上不同的衣服，如此重複多次。羌人受到迷惑，驚恐不安，軍心有所動搖。虞詡估計羌人有退兵打算，便以5百餘人設伏於敵人撤退的必經之路。果然如虞詡所料，羌人撤兵退入漢軍伏地。漢軍伏兵突起掩殺，大獲全勝，羌人從此潰散。

擊退羌兵後，虞詡開始治理武都郡。虞詡修建營壘，開通水路運輸，救助貧民並招回流亡外地的百姓。經過三年的治理，谷價由原來的每石1千錢降到每石80錢，鹽價由原來的每石8千錢降到每石4百錢，居民由原來的1萬3千戶增加到4萬餘戶。武都郡境內太平，百姓富足。

關西孔子：楊震

楊震從小接受父親教誨，少年時便聰明好學，後拜名儒桓郁為師，學習儒家經典。幾年之後，楊震通曉經傳，博覽群書，成為一個大學問家。

弱冠之後，楊震拒絕了許多大官的徵辟，一心秉承父親遺願，設館授徒。楊震堅持有教無類，且學問博大精深，因此遠近欽慕，四方求學之士絡繹不絕，學生多達3千餘人，被人尊稱為「關西夫子」。

大將軍鄧騭（騭）對楊震的品行和學識都敬佩有加，親自徵召楊震擔任幕僚。有感於鄧騭的誠意，已經年逾五旬的楊震決定去鄧府任職。不久之後，楊震又被推舉為茂才（即秀才）出任地方官，擔任襄城（今河北省襄城縣）令，之後又相繼擔任荊州刺史、東萊太守、涿郡太守等職。元初四年（西元117年），楊震被徵入朝廷任職，擔任太僕（九卿之一），負責輿馬及牧畜之事。同年十二月調為太常（九卿之一），掌管朝廷禮、樂、郊廟社稷之事。漢安帝永寧元年（西元120年），升為司徒，位列三公，主管教化。漢安帝延光二年（西元123），升為太尉，掌管朝廷軍事大權。

在楊震開辦教育的30多年間，楊震一直以正直清白教誨學生。在其為官的20餘年間，楊震同樣以正直清白自守。他始終以「清白吏」為座右銘，嚴格要求自己恪盡職守，能夠做到不私受賄賂，一切事情都秉公辦理。

清廉高潔的官員素來為百姓稱頌，「暮夜卻金」的故事一直為世人所熟知，而故事的主角就是楊震。在一次赴任途中，當楊震經過昌邑時，得知昌邑縣縣令是王密。當初在荊州時，王密因為楊震的舉薦而得到重視。如今經過故人管轄之地，楊震便決定前往拜訪。兩人見面，自然是一番寒暄敘舊。等到了晚上，王密懷揣著十斤黃金來到楊震住所，想要楊震給他打通關係。楊震遺憾地說：「我瞭解你，你卻不瞭解我，這是為什麼呢？」王密說：「您不必擔心，送金這件事在夜間是沒有人知道的。」楊震回答說：「這件事情，天知，地知，我知，你知，怎麼說沒有人知道呢！」王密聽後非常慚愧，便帶著金子回去了。

楊震為官，從不謀取私利。他的子孫們也與平民百姓一樣，蔬食步行，生活十分簡樸。曾有親友勸楊震為子孫後代置辦些產業，楊震堅決不肯，他說：「讓後世人都稱他們為『清白吏』子孫，這樣的遺產，難道不豐厚嗎！」

楊震為官清廉自守，而且嫉惡如仇，敢於直諫。鄧太后去世後，漢安帝身邊的內寵得勢，乳母王聖深得恩寵。王聖恃寵而驕，在禁宮內為所欲為，與女兒伯榮經常出入禁宮，從事

串通奸惡和傳送賄賂的勾當。楊震上書皇帝，以前代女子亂政為例，說明奸詐的婦女不能干預朝政，請求漢安帝將王聖移出宮外居住，並斷絕伯榮與宮廷的聯繫。漢安帝不但沒有採納楊震的規諫，而且把楊震的奏章拿給王聖看，楊震因此受到王聖的怨恨。

受到漢安帝如此庇護，王聖的行為愈加肆無忌憚，勾結中常侍樊豐及侍中周廣、謝揮等人。漢安帝下詔為王聖修建府第，樊豐、周廣、謝揮等人趁機勾結，禍亂朝廷。這些人倚仗得寵的奸佞，竊取權利，作威作福，大肆傾軋異己。他們招攬天下貪婪之人幫助自己收受賄賂，甚至有些因貪贓枉法被罷免的人都重新擔任要職。朝廷被這些奸佞之人弄得黑白顛倒，是非混淆。楊震深感憂慮，上書規諫漢安帝，但是並沒有得到重視。

樊豐、謝揮等人知道漢安帝不聽規諫，再也沒有任何顧慮，放開手地大幹違法勾當，甚至偽造詔書，徵調國庫裡的錢糧以及現有的役夫和木材，各自為自己修建巨宅、園池，花費的人力和財力不計其數。楊震再次上書勸諫，言辭也由溫和轉為激烈，這引起了漢安帝的不滿，而樊豐等人對楊震更是怨恨非常，礙於楊震的崇高聲望而不敢加害於他。

漢安帝外出巡視，樊豐等人因為皇帝外出，加緊修建私人宅第。經過向相關部門的詢問核查，楊震得到了樊豐等人偽造的詔書。楊震將他們所有的罪行寫成奏章，準備等安帝回京後呈上。樊豐等人大為惶恐，便一同詆毀楊震，說楊震是鄧騭的舊屬，對漢安帝迫害鄧氏兄弟的做法不滿，因此對朝廷十分怨恨。

漢安帝輕信讒言，將楊震的太尉印綬收回，隨後又將楊震遣回原籍。

楊震臨行前，慷慨地對前來送行的兒子和門徒們說：「死亡，對正直之士來說是很平常的事情。我蒙恩身居高位，既不能誅殺佞臣賊子，又不能禁止奸婦作亂，還有何面目苟活人世。我死後，雜木作棺，破布裹屍即可，不要歸葬祖墳，也不要祭祀。」說完服毒自盡。樊豐派人截住楊震的喪車，讓棺材暴露在大道之旁，並責罰楊震的兒子們為驛站傳遞文書，路人為之落淚。

一年後，漢順帝即位，樊豐等人被處以極刑。楊震的門生上書漢順帝，請求重新調查楊震冤案。很快事情水落石出，漢順帝下詔為楊震平反，將楊震的兩個兒子封為郎官，增錢百萬，並按照三公禮儀改葬楊震。改葬當天，前來參加葬禮的遠近百姓絡繹不絕，向這位剛正清廉的太尉表達崇敬之意。

跋扈將軍：梁冀

東漢外戚梁冀一門中，有3個皇后、6個貴人、兩個大將軍、7個列侯以及3個駙馬，擔任顯要官職的人更是多不勝數，梁冀一家權勢滔天。梁冀以大將軍的身分把持朝政，獨斷專行，皇帝完全被架空，只是一個傀儡擺設而已。各地進貢禮品，先要挑好的送給梁冀，然後才能輪到皇帝。文武百官被委以官職後，都要先到梁冀家裡呈遞謝恩書，然後才敢到尚書台去接受委任。朝廷上下、皇宮內外都安插了梁冀的親信，所以對任何事情，梁冀都瞭若指掌，朝野上下無不戰戰兢兢。

漢順帝駕崩後，兩歲大的漢沖帝即位，但只做了半年的皇帝就死了。梁冀就在眾多宗室子弟中挑選了只有8歲大的劉纘（纘ㄗㄨㄢˇ）做皇帝，即漢質帝。漢質帝年幼，但是聰明機靈。在一次早朝上，漢質帝眨眼看著梁冀，然後當著滿朝文武的面說：「這是強橫的跋扈將軍。」梁冀因此對漢質帝深惡痛絕，便讓漢質帝的貼身侍衛在漢質帝的食物中下毒，沒多久，漢質帝便毒發身亡。漢質帝死後，梁冀立15歲的漢桓帝繼承皇位，同樣只是一個傀儡皇帝。

梁冀窮奢極欲，為了享受，他和妻子孫壽在街道兩旁大興土木，建築窮極工巧，金銀珠玉，奇珍異寶，充滿房舍。另外，梁冀霸佔大量農田，用來開拓園林。從全國各處運來的土石堆成假山，開闢池塘，廣植樹木，奇絕宛如天成。園林之中，珍禽異獸來回飛翔奔走。梁冀與孫壽乘車遊賞其間，後面跟著一大群歌舞藝人，一路載歌載舞，有時甚至夜以繼日地縱情歡娛。

另外，梁冀愛養兔子，於是在洛陽城西建造了一個兔苑，面積方圓數十里。梁冀命令官府向百姓徵調活兔，為了保護這些佔為己有的兔子，他在每隻兔子身上剃掉一撮毛作為標誌，如果有誰獵取帶有這種記號的兔子，就很有可能被處以死刑。

一次，一個西域的商人不知道這個禁令，誤殺了梁冀的一隻兔子，結果人們相互控告，因此而死的人多達10餘人。梁冀還強搶數千良家子女，逼迫他們在梁家為奴為婢，將他們稱為「自賣人」，意思是說他們是甘願自賣給梁家做奴婢的。

為了大斂財富，梁冀派出大量的賓客，讓他們暗地裡調查富有人家，然後給他們栽贓一些罪名將他們逮捕，逼他們用巨額財富贖罪，出錢少的人往往會被拷打至死。有一個叫孫奮的人，家中藏有鉅資，但是生性吝嗇。梁冀為了佔有他家的財富，送給他一匹馬，要求借貸5千萬錢。孫奮不敢得罪梁冀但又吝嗇捨不得，於是只借出了3千萬錢。梁冀大為憤怒，立即給孫奮栽贓罪名，誣陷孫奮的母親曾是梁冀家裡看守庫房的婢女，她監守自盜，偷走了10斛白珍珠和1千斤紫金。於是孫奮兄弟被捕入獄，不久便死於獄中。

梁冀沒收孫奮的家產，得錢共1億7千萬。梁冀還派出賓客周遊四方，為他收集奇珍異寶，這些賓客仗著梁冀的勢力無惡不作。所到之處，無不民怨沸騰。

梁冀大權在握，行事兇殘暴戾，而且一天比一天放肆。只要有拂逆他的人，必定會遭到梁冀兇殘的報復。吳樹被任命為宛縣縣令，梁冀因為有眾多賓客在宛縣，所以讓吳樹照顧他們。吳樹說：「奸惡之徒是殘害百姓的蛀蟲，別說在宛縣，就算在鄰縣，我也會將他們誅殺。大將軍身居高位，理應舉賢任能。可是這麼久以來，大將軍從來沒有稱讚過一位有德長者，反而囑咐我去庇護一群奸惡之徒，我實在不敢從命。」

吳樹上任後，立即將數十個梁冀的賓客誅殺，梁冀由此對吳樹懷恨在心。後來吳樹調任荊州刺史，按照慣例向梁冀辭行，梁冀命人將吳樹毒死。剛剛接受任命的東郡太守侯猛，因為沒有去梁冀府上謝恩而引起了梁冀的不滿，不久便莫名地獲罪被處以腰斬。

郎中袁著，年方19歲，看到梁冀兇殘放縱，不勝憤慨，來到宮門上書。譏刺梁冀手中的權力太過強盛，應當學習漢元帝時期的御史大夫薛廣德（薛廣德：西漢經學大家，博學多識，體恤百姓，經常冒死進諫，受民愛戴。他上書請求退隱之後，皇帝批准了他的辭呈，並且賜給他安車和黃金。薛廣德駕車歸隱沛郡，當地的百姓和官員親自到邊界上迎接他，後來他把皇帝賜的安車懸掛起來，留給後世子孫。自此，「懸車」也有榮退之意），把皇帝賞賜他的車乘懸掛起來，臥在家中修身養性，不要過問政事以示謙卑，否則就有性命之虞。梁冀得知後，立即派人秘密搜捕袁著。袁著為了逃避追捕，改名換姓，假裝染病而死，安排家裡人用稻草人充當自己的屍體，然後買來棺材入葬。但是這沒能逃出梁冀的眼睛，梁冀知道這是一個騙局，令人加緊搜捕，終於抓獲袁著，將他鞭打至死。

太原人郝絜（絜ㄒㄧㄝˊ）、胡武，喜歡高談闊論，曾經聯名上書，向太尉、司徒、司空三府推薦天下賢才，唯獨沒有推薦給梁冀。梁冀心懷怨恨，命令官府逮捕郝絜、胡武，胡武一家60餘口無一倖免。郝絜自知難逃一死，於是帶著棺木親自到梁冀府上，上書請罪之後便服毒自盡，郝絜的家屬因此得以保全。

梁冀把持朝政將近20年，權傾朝野，漢桓帝什麼事情都不能親自處理。對於這種情況，漢桓帝早已經忿忿不平。一次，漢桓帝召集單超等5位與梁氏一家有仇的貼身宦官，密謀除掉梁冀。趁梁冀不備，漢桓帝調集1千多名羽林軍士兵，包圍梁冀的宅第。梁冀自知難逃一死，與孫壽雙雙自殺。

梁冀死後，漢桓帝下令剷除梁氏和孫氏家族的勢力，將這兩族中人全部打入牢獄，一律處斬。然後又罷免梁冀先前在朝中設立的官員3百多人，整個朝廷為之一空，百姓無不拍手稱快。漢桓帝下令沒收梁冀的家產，得錢總計30多億，全部充入國庫，於是當年全國免稅一半，而梁冀園林所佔的土地則全部還給百姓。

黨錮之禍

黨錮（ㄍㄨˋ）之禍，是東漢桓帝和靈帝時期，兩次打擊士人和太學生的事件，影響深遠。

漢桓帝在宦官的幫助下，剷除梁冀，從外戚手中奪回政權。論功行賞之時，漢桓帝將宦官單超、徐璜、具瑗、左悺（ㄍㄨㄢˋ）、唐衡同日封侯，史稱「宦官五侯」。自此，東漢政權由外戚手中轉到宦官手中。

漢桓帝平庸無能，又不聽忠良之言，結果受制於宦官，毫無建樹。宦官們比外戚更加貪婪兇殘，大肆搜刮民脂民膏，以致民不聊生、怨聲載道。除了強取豪奪之外，他們還利用手中權力進行賣官鬻爵的勾當，堵塞了一大批有品行、有學識士子的仕途。當時民間流傳著嘲諷官吏選拔制度的打油詩：「舉秀才，不知書；察孝廉，父別居；寒素清白濁如泥，高第良將怯如雞。」

太學由漢武帝開辦，是全國最高學府，太學生主要學習儒家經典，考試及格後被直接任命官職。漢桓帝年間，太學生已經多達3萬多人，他們有感於自己家世的零落和政治前途的黯淡，也對宦官當政感到怨恨。於是，以郭泰、賈彪等為首的一批學生領袖，一方面在太學中進行反宦官政治的組織和宣傳；另一方面，又吸收社會上有識有才能者入太學，以擴充自己陣容。因此，太學也成為當時又一政治活動中心。

西元153年，朱穆任冀州刺史，懲處貪官污吏和權貴。他又以宦官趙忠葬父僭越規制為由，挖墳剖棺查實並逮捕其家屬治罪。漢桓帝聞訊大怒，反將朱穆判刑。因此，引發了歷史上第一次大規模的學生請願運動。太學生劉陶等數千人到宮廷向桓帝上書請願，為朱穆喊冤。他們指責宦官顛倒是非，濫用職權，而忠心為國的朱穆是難得的賢臣，如非要判刑，則願代他受刑服苦役。桓帝只好赦免了朱穆，第一次請願算是結束了。

西元162年，皇甫規平羌有功，因不從宦官徐璜、左悺的敲詐，被誣陷侵吞軍餉，於是被判服苦役。於是，太學生3百餘人又發起第二次請願運動，上書桓帝為皇甫規鳴冤，皇甫規因而得以赦免。太學生的抗爭，給一批中下級正直官吏在精神上和輿論上極大鼓舞，他們剛正執法，制裁宦官及其親朋，形成了反宦官鬥爭的政治高潮。這場鬥爭的首領人物由中下級官吏，逐漸轉變成德高望重的太尉陳蕃和司隸校尉李膺（膺ㄧㄥ）等人。

宦官張讓的弟弟張朔曾在李膺的管轄內擔任縣令，行事十分貪殘暴虐，以殺孕婦為樂，犯事後為了躲避懲治，逃到張讓家裡藏起來。李膺不畏宦官權勢，親自帶領公差到張讓家去強行搜查，在張家的夾牆裡搜出張朔，將他逮捕歸案。張讓見勢不妙，趕快託人去求情，但是李膺已經把案子審理清楚，早就把張朔殺了。這件事情讓宦官的囂張氣焰有所收斂，而李膺的名望也變得更大。一些讀書人都以能得到李膺的接見為榮，上門拜訪稱為「登龍門」。

第二年，方士張成和宦官來往密切，他從宦官那裡得知朝廷即將頒佈大赦天下的詔令，於是縱容自己的兒子行兇殺人。李膺立即將兇犯逮捕，準備依法處死，但是朝廷剛好公佈大赦天下的詔令。張成非常得意，要求李膺遵照赦令放人。李膺大為憤怒，說：「張成預先知道赦令，故意縱兒行兇，赦令就不應該輪到他們頭上。」於是將張成父子一併處斬。

宦官本來就十分痛恨李膺，這件事情之後，他們唆使張成的弟子上書，誣陷李膺和太學生相互標榜，結成朋黨誹謗朝廷。桓帝看到奏章後，宦官們又在一旁煽風點火，頓時怒不可遏，下令逮捕黨人。受此案牽連的士人多達2百多人，都是海內享有名望的賢士，如杜密、陳寔（寔）、范滂等。太尉陳蕃認為罪名不能成立，拒絕在詔書上簽署。桓帝見詔書無法生效，於是跳過司法程序，直接讓宦官負責審案，李膺、陳寔、范滂等人慨然赴獄。在牢獄中，他們受到「三木」酷刑，即頸、手、腳都被戴上刑具，然後被蒙住頭接受拷打。

被捕黨人全為天下賢士，度遼將軍皇甫規自認為是英雄豪傑，但是沒有被捕入獄，所以覺得非常恥辱。他曾上書，說自己曾經舉薦過黨人，也得到過黨人為自己伸冤辯護，是一個不折不扣的黨人，應當獲罪。但是朝廷沒有理會。

太尉陳蕃再次上書，規勸桓帝釋放黨人。桓帝不但沒有聽從，反而找藉口撤免陳蕃。竇皇后的父親竇武同情這些士子，於是上書營救他們。而李膺等人非常機智，在獄中招供時，故意牽涉宦官子弟。宦官害怕事態擴大，禍及己身，於是請求桓帝，以日蝕為藉口，將黨人全部赦免。於是，桓帝下令將黨人全部赦免，將他們全部罷官，並將他們的名字記下，禁錮他們終身不得為官。這就是第一次黨錮之禍。

黨人雖被罷官歸田，禁錮不得為官，但是卻得到了更為榮寵的社會敬仰。范滂出獄歸鄉，迎接他的車輛多達數千。

桓帝死後，靈帝繼位，宦官的權勢更大，穢亂宮廷，操持國柄。太傅陳蕃和大將軍竇武為了肅清朝政，密謀除掉宦官，不幸事情洩露，反而被誅殺。從此，宦官更加肆無忌憚，開始對黨人狠下毒手。

西元169年，宦官誣告士人張儉結黨，意圖謀反。年僅14歲的靈帝受到蠱惑，大興牢獄。宦官趁機故意牽扯上次受到黨錮的人，於是李膺、杜密、范滂等一百多人被捕並枉死獄中，然後在各地陸續逮捕、殺死、流徙、囚禁六、七百人。張儉逃亡塞外，得以倖免。在逃亡途中，張儉曾向百姓家借宿。百姓知道是張儉，都寧願冒著家破人亡的危險收留他，張儉才得以逃脫追捕。因為窩藏張儉被官府誅殺的人有十多個，而被牽連的人幾乎遍及全國，這些人的親屬同時被滅絕，甚至有的郡縣因此而殘破不堪。

8年之後，永昌太守曹鸞上書為黨人鳴冤，請求解除禁錮。靈帝勃然大怒，將曹鸞收捕並處死。然後下令全國各級官府，重新調查，只要和黨人有一點沾親帶故，全部被免職，終身禁錮不得為官。這便是第二次黨錮之禍，這次的打擊面更廣，懲治也更殘酷。自此以後，士人忌口，萬馬齊喑（喑），社會陷入一片黑暗和混亂之中。

不久之後，黃巾起義爆發。不得已，靈帝起用黨人應付黃巾之亂，於是在西元184年下令大赦黨人，解除禁錮。至此，黨錮之禍才算最終結束。

黃巾起義

東漢末年，統治集團日趨腐朽，豪強勢力日益擴張，輪流當政的宦官外戚競相壓榨農民，農民處境日益惡劣。在豺狼當道的情形下，天災繼以人禍，百姓顛沛流離，正常的封建秩序幾乎完全破壞了，流亡的農民走投無路，四處暴動。分散的農民暴動，雖然在東漢軍隊和豪強武裝的鎮壓下失敗了，但繼起的暴動越來越多，規模越來越大，終於釀成了中國歷史上第一次組織、準備比較嚴密的農民大起義——黃巾起義。

黃巾起義的傑出領袖張角，是河北巨鹿（今河北平鄉西南）人。他奉黃老學說，自稱「大賢良師」，傳佈「太平道」。太平道發展很快，一方面由於封建統治內部的尖銳衝突和封建統治秩序的混亂，無力對農民加以控制；另一方面，由於農民極端憎恨東漢的殘暴統治。因而僅在十幾年內，太平道就在廣大地區聯繫了幾十萬的貧苦農民。

張角把這幾十萬的農民，劃為36方，每一大方有1萬多人，小方也有六、七千人，每方各有首領，稱之為「渠帥」。就是在封建統治的中心——洛陽一帶，也有太平道的「方」的組織；連封建統治階級中的一些人，也有信奉太平道的。

時機成熟之後，張角決定在甲子年（西元184年）發動起義。首先，張角提出了「蒼天已死，黃天當立，歲在甲子，天下大吉」的口號，其中「蒼天」指東漢，「黃天」則是張角自稱，意思是說東漢王朝氣數已盡，自己將取而代之。然後，張角暗中派人在京城洛陽的大小官府衙門的牆壁上，用白土寫上「甲子」兩個大字，作為起義的暗號和標誌。

西元184年，張角派大方渠帥馬元義調集數萬起義軍，去京城洛陽活動。馬元義來到洛陽後，與宦官封諝（諝ㄒㄩ）、徐奉等內應接洽，商量起義事宜，並約定好起義日期。不料起義軍中出現叛徒，向東漢朝廷告密。東漢朝廷立即採取措施，搜捕到馬元義後處以車裂酷刑，京師信奉太平道的「宮省直衛」和百姓1千多人也慘遭殺害。東漢政府下令地方官，即刻逮捕張角等領導人物。

張角得知後，星夜下達了提前起義的命令，各地接到命令後，太平道36方的所有起義軍，全部在頭上裹著黃巾作為標誌，於同一天發動起義，全國頓時烽火彌天。經過10餘年的籌畫，起義終於爆發，因為起義軍全部用黃巾裹頭，所以被稱為「黃巾起義」。

黃巾起義爆發後，張角自稱「天公將軍」，他的弟弟張寶稱「地公將軍」，張梁稱「人公將軍」，統一指揮戰鬥。此次起義，「八州併發」：張角、張寶、張梁兄弟領導的巨鹿黃巾、波才領導的潁川黃巾、張曼成、趙弘、韓忠、孫夏等人相繼領導的南陽黃巾、彭脫等人領導的汝南黃巾、卜巳領導的東郡黃巾、戴風等人領導的揚州黃巾等。起義軍相繼攻克州郡，不出十幾天的時間，黃巾軍的勢力遍佈全國，各地紛紛響應。各路義軍在對地方世家豪族做了初步掃蕩之後，很快就以洛陽為攻擊中心，布兵黃河兩岸，由東向西，形成半月形包圍圈。東漢朝廷十分震驚，漢靈帝急忙下令州郡，修理兵器加固城防。

漢靈帝起用涿郡大豪族盧植為北中郎將，率領精兵數萬征討冀州黃巾，又提拔皇甫嵩（皇甫嵩：字義真，東漢末期名將。黃巾起義爆發時，任左中郎將。皇甫嵩成功鎮壓了起義軍，後官至太尉，被封為槐里侯）為左中郎將，朱俊為右中郎將，率4萬精銳武裝圍剿波才領導的潁川黃巾軍。在河北、潁川、南陽三個主要戰場上展開了殊死搏鬥。地方豪強為維護自身利益也參與進來，朝廷的進剿和地方官府豪強的殊死抵抗，使黃巾起義軍遇到了很大困難，被分割在各個戰場上孤立作戰。

同年4月，在皇甫嵩與朱俊各統一軍合4萬精兵的進剿下，波才領導的潁川黃巾軍毫不畏懼，迎頭痛擊了右中郎將朱俊，並把左中郎將皇甫嵩緊緊包圍在長社（今河南長葛東北），被包圍的漢軍大為驚恐。但農民軍缺乏軍事經驗，沒有及時集中兵力破城滅敵，於6月在西華被擊破了。陳國黃巾也被打敗，波才、彭脫等均犧牲於敵人屠刀之下。倖免於難的一部分潁川、汝南黃巾，經過艱難險阻，轉戰至宛城與南陽黃巾會合。

就在波才領導的潁川黃巾軍與官軍血戰之時，張曼成率領的南陽黃巾軍，屯於宛城下已1百多天，由於軍事上沒有太大的進展，遭到東漢朝廷新派遣來的太守秦頡的反撲。秦頡集結重兵向起義軍發起反擊，張曼成不幸戰死。張曼成戰死後，起義軍推舉趙弘為統帥，重整旗鼓，一舉攻下宛城。

宛城失守後，漢靈帝急詔朱儁趕赴南陽，與荊州刺史徐謬和秦頡聯軍圍攻宛城。雙方相持數月，未見勝負。漢軍使出一計，大張聲勢地佯攻宛城西南，誘使黃巾軍在西南集中兵力，然後率精兵5千從東北角攻城。黃巾軍中計，大部分義軍犧牲，南陽黃巾軍的鬥爭至此失敗。

在河南戰場上人喊馬嘶戰鬥正酣的時候，黃巾統帥張角直接帶領的冀州黃巾與敵人的爭奪更為激烈。張角在巨鹿發動全國起義後，很快就控制了河北腹地。3月至5月，他率軍頂住了北中郎將盧植和護烏桓中郎將宗資的強大進攻，至6月，張角在連續戰爭中遭到挫折，損失萬餘戰士，退保廣宗（今河北威縣）。這時，黃巾軍在整個戰爭形勢上已處於十分不利的地位，除南陽尚在進行宛城爭奪戰外，只有冀州黃巾還依然挺立，不幸張角此時因病去世，給黃巾軍的作戰帶來很大影響。冬季10月，皇甫嵩與張角之弟張梁在廣宗大戰，黃巾軍越戰越勇，皇甫嵩趁張梁等放鬆了警戒發動拂曉攻勢，雙方纏鬥直至黃昏，黃巾軍崩潰。

廣宗戰役是帶有決定性的，它使仍堅持在下曲陽（今河北晉縣西）的張寶，陷於孤軍奮戰的境地。11月，皇甫嵩同巨鹿太守馮翊和郭典，合攻黃巾軍的最後一個陣地——下曲陽。張寶與十萬戰士同仇敵愾，進行拚死鏖戰，最後英勇犧牲。

黃巾軍主力雖僅9個月便被鎮壓下去，但東漢統治者並沒能撲滅農民起義的火焰，許多地區的黃巾軍依舊堅持鬥爭。西元188年2月，以郭太為首的白波黃巾，在西河白波谷（今山西汾城東南）重新集中起來，攻打太原、河東等郡；4月，在豫州汝南葛陂（今河南新蔡西北）有葛陂黃巾興起；6月，巴蜀黃巾在馬相、趙祇（祇ㄓˇ）領導下於綿竹起義；殺綿竹令，部眾增加到1萬多人。在北方最強的是青徐黃巾，他們在擊敗北海孔融後，又把青州刺史焦和打得狼狽逃竄，他們攻打兗（兗ㄧㄢˇ）州，轉戰東平，殺掉兗州刺史劉岱，部眾增加到百萬人。

直至西元192年4月，黃巾軍才在曹操鎮壓下歸附。

官渡之戰

黃巾起義被鎮壓以後，各地割據勢力迅速發展起來，東漢政權名存實亡。在割據的地主武裝集團中，勢力較大的是黃河中下游以北的袁紹和黃河中下游以南的曹操。196年，曹操把獻帝迎到許昌，改年號為建安，曹操總攬朝政，政治上「挾（挾ㄒㄧㄚˊ）天子以令諸侯」，引起了力量強大的袁紹的不滿，決心打敗曹操，自己稱帝。

當時，袁紹佔據青、冀、幽、并四州，有部眾數十萬人，地方大，軍隊多，軍糧充足，相比之下，曹操的處境很不利。但曹操和他的謀士分析比較了一下雙方情況，認為袁紹集團內部存在許多致命弱點，可以和他較量一下。

西元200年正月，袁紹以曹操「敗法亂紀」為名討伐曹操，率兵直攻許昌。謀士田豐向袁紹建議：「現在許都已經不是空虛的了，怎麼還能去襲擊呢！曹操兵馬雖然少，但是他善於用兵，變化多端，可不能小看他。我看還是做長期的打算。」袁紹不聽田豐的話，田豐一再勸諫，袁紹反認為他擾亂軍心，把他投入監獄。隨即向各州郡發出文書，聲討曹操。袁紹集中了十萬精兵，派沮授為監軍，從鄴（鄴ㄧㄝˋ）城出發進兵黎陽。

袁紹遣大將顏良進攻白馬，企圖奪取黃河南岸要點，以保障主力渡河。曹操得知後，想要親自率兵前去解白馬之圍。謀士荀攸（荀ㄒㄩㄣˊ攸ㄧㄡ）向曹操提出建議：「敵人兵多，我們人少，不能跟他硬拚。不如分一部分人馬往西在延津一帶假裝渡河，把袁軍主力引到西邊。然後派一支輕騎兵迅速趕到白馬，打他個措手不及。」曹操採納了荀攸的建議，袁紹果然分兵趕往延津。曹操趁機率領輕騎，令張遼、關羽為前鋒，急速趕往白馬。關羽迅速迫近顏良軍，衝進萬軍之中斬下顏良首級，然後一舉擊潰袁軍，解了白馬之圍。

袁紹聽到曹操救了白馬，氣得直跳腳。監軍沮授勸袁紹把主力留在延津南面，分一部分兵力出擊。但是袁紹心急火燎，不聽沮授勸告，下令全軍渡河追擊曹軍，並且派大將文醜率領數千騎兵打先鋒。這時候，曹操從白馬向官渡撤退。聽說袁軍來追，就把6百名騎兵埋伏在延津南坡，叫兵士解下馬鞍，讓馬在山坡下吃草，把武器盔甲丟得滿地都是。

文醜的騎兵趕到南坡，看見這樣子，認為曹軍已經逃遠了，叫兵士收拾那丟在地上的武器。突然曹操一聲令下，伏兵一齊衝殺出來。袁軍來不及抵抗，被殺得七零八落。文醜也糊裡糊塗地丟了腦袋。

袁紹一連損失了他手下的顏良、文醜兩員大將。但是不肯甘休，一定要追擊曹操。監軍沮授說：「我們儘管人多，可沒像曹軍那麼勇猛；曹軍雖然勇猛，但是糧食沒有我們多。所以我們還是堅守在這裡，等曹軍糧草沒了，他們自然會退兵。」

袁紹又不聽沮授勸告，命令將士繼續進軍，一直趕到官渡，才紮下營寨。曹操的人馬也早已回到官渡，佈置好陣勢，堅守營壘。

就這樣，雙方在官渡相持了一個多月。日子一久，曹軍糧食越來越少，兵士疲勞不堪。曹操有點支援不住了。

這時候，袁紹方面的軍糧卻從鄴城源源不斷地運來。袁紹派大將淳于瓊帶領一萬人馬運送軍糧，並把大批軍糧囤積在離官渡40里的烏巢。

袁紹的謀士許攸探聽到曹操缺糧的情報，向袁紹獻計，勸袁紹派出一小支人馬，繞過官渡，偷襲許都。袁紹很冷淡地說：「不行，我要先打敗曹操。」許攸還想勸他，正好有人從鄴城送給袁紹一封信，說許攸家裡的人在那裡犯法，已經被當地官員逮了起來。袁紹看了信，把許攸狠狠地責罵了一通。許攸又氣又恨，想起曹操是他的老朋友，就連夜逃出袁營，投奔曹操去了。

曹操聽說許攸來投奔他，高興得來不及穿靴子，光著腳板跑出來歡迎許攸，說：「好啊！您來了，我的大事就有希望了。」

許攸坐下來後說：「袁紹來勢很猛，您打算怎麼對付他？現在你們的糧食還有多少？」

曹操說：「還可以支撐一年。」

許攸冷冷一笑，說：「沒有那麼多吧！」

曹操改口說：「嗯，只能支撐半年。」

許攸生氣地說：「您難道不想打敗袁紹嗎？為什麼在老朋友面前還要說假話呢！」

曹操只好照實說：「軍營裡的糧食，只能維持一個月，您看怎麼辦？」

許攸說：「我知道您的情況很危急，特地來給您捎個信。現在袁紹有一萬多車糧食、軍械，全都放在烏巢。淳于瓊的防備很鬆懈。您只要帶一支輕騎兵去襲擊，把他的糧草全部燒光，不出三天，他就不戰自敗。」

曹操得到這個重要情報，立刻把荀攸和曹洪找來，吩咐他們守好官渡大營，自己帶領五千騎兵，連夜向烏巢進發。他們打著袁軍的旗號，沿路遇到袁軍的崗哨查問，就說是袁紹派去增援烏巢的。袁軍的崗哨沒有懷疑，就放他們過去了。

袁紹得知這一情況後，不派重兵增援，竟命令高覽、張郃（郃ㄏㄜˊ）等大將領兵攻打曹營。張郃認為糧草重要，主張先救烏巢。但袁紹手下謀士郭圖迎合袁紹意圖，堅決主張攻打曹營。曹操得知袁軍進攻大本營的消息，並不馬上回救，奮力擊潰烏巢袁軍，將袁紹在烏巢積存的糧食全部燒毀。烏巢軍糧被燒，淳于瓊被殺，曹軍大本營又攻不下，袁軍上下人心惶惶。曹軍趁機發動全面攻擊，消滅了袁軍主力7萬多人。袁紹只帶著8百騎兵倉皇北逃。

官渡之戰，經過一年多的對峙，以曹操的全面勝利宣告結束。曹操以2萬左右的兵力，出奇制勝，擊破袁軍10萬。兩年之後，袁紹因兵敗憂鬱而死，曹操乘機徹底擊滅了袁氏軍事集團，在一統北方的道路上邁出了重要的一大步。

三顧茅廬

東漢末年爆發大規模的黃巾起義，漢室宗親劉備與結義兄弟關羽、張飛招募兵勇，參與鎮壓起義軍。多次立下戰功，先後擔任縣令之類的小官。辭官之後，劉備輾轉流離，先後依附多個諸侯。官渡之戰時，劉備依附袁紹，被袁紹派往汝南以擾亂曹操的後方。官渡之戰後，曹操親率大軍征討劉備，劉備不敵，逃往荊州投靠劉表（劉表：字景升，漢室宗親，東漢末年名士，東漢末年群雄之一）。

劉表素聞劉備賢名，知道他要前來投靠，親自到郊外迎接。劉表將劉備奉為座上賓，並分給他一些兵馬，令他屯駐新野。劉備禮賢下士，荊州的豪傑之士爭相歸附，因而引起了劉表的猜疑。劉表擔心駕馭不了劉備，便暗中進行箝制。劉備胸有大志，曾立誓要光復漢室，如今被劉表閒置，年華垂垂老去，不禁黯然神傷。劉備意識到這樣寄人籬下，難以施展抱負，但是手下將領只有關羽、張飛、趙雲可堪大用，而謀士不過糜竺、孫乾之流，力量不足以自立門戶，之前歷盡各種失敗也是這個原因，所以當務之急就是大力尋訪人才。

在襄陽，有一個叫司馬徽的名士為人高雅，善於鑑別人才，人稱「水鏡」。劉備得知後，立即前往拜訪這位水鏡先生。司馬徽向劉備說：「一般的儒生與俗士，怎麼能認清天下形勢呢？能認清天下形勢的，只有俊傑之士。在襄陽，能夠稱得上俊傑之士的有臥龍和鳳雛。」劉備立即請教他們是誰，司馬徽回答說：「臥龍是諸葛亮，而龐統則被稱為鳳雛。如果能夠得到他們兩個其中一個的輔佐，就能得到整個天下。」劉備將司馬徽的話記在心裡。

諸葛亮隱居在襄陽隆中，經常把自己比作管仲和樂毅。當時的人都覺得諸葛亮狂妄自大，只有潁川人徐庶與崔州平認可，覺得諸葛亮的才能確實可以和管仲、樂毅相比。後來徐庶到新野投效劉備，為劉備整頓軍事，並建策擊退來犯的曹仁大軍。劉備因此對徐庶器重不已，而徐庶也想要在劉備麾下效力，施展才華。曹操得知徐庶輔佐劉備，就將徐庶的母親押至許昌，徐庶不得已棄劉奔曹。在臨走前，徐庶向劉備推薦了諸葛亮，他說：「諸葛亮這個人，你可以去見他，不可以召喚他來，將軍應當屈駕去拜訪他。」劉備之前就聽到司馬徽的

三顧茅廬

推薦，如此一來，便決心親自邀請諸葛亮出山相助。

劉關張三人第一次到隆中臥龍崗去尋訪諸葛亮，恰巧諸葛亮外出，劉備只得失望而回。數日之後，劉備冒著大雪再次上門拜訪，又一次撲了個空，只得留下一封信，表達自己對諸葛亮的敬佩和請他出來幫助自己挽救國家危險局面的渴望。一段時間之後，劉備吃了三天素之後，準備再去拜訪諸葛亮。這次來到諸葛亮的家裡，已經是中午，諸葛亮正在睡覺。劉備不敢驚動他，一直站到諸葛亮醒來，才彼此坐下談話。

劉備問諸葛亮：「漢朝的天下崩潰，奸臣竊取了政權，皇上逃難出奔。我沒有估量自己的德行，衡量自己的力量，想要在天下伸張大義，但是自己的智謀淺短、辦法很少，終於因此失敗，造成今天這個局面。但是我的志向還沒有甘休，您說該採取怎樣的計策呢？」

諸葛亮回答道：「自董卓篡（篡ㄘㄨㄢˋ）權以來，各地豪傑紛紛起兵，佔據幾個州郡的數不勝數。曹操與袁紹相比，名聲小，兵力少，但是曹操能夠戰勝袁紹，從弱小變為強大，不僅是時機好，而且在於他謀劃得當。現在曹操已擁有百萬大軍，挾制皇帝來號令諸侯，這的確不能與他較量。孫權佔據江東，已經歷了三代，地勢險要，民眾歸附，有才能的人被他重用，孫權這方面可以引為外援，但不能企圖謀取。荊州的北面控制漢、沔（沔ㄇㄧㄢˇ）二水，一直到南海的物資都能得到，東面連接吳郡和會稽郡，西邊連通巴、蜀二郡，這是兵家必爭的地方，但是它的主人劉表不能守住，這地方大概是老天用來資助將軍的，將軍難道沒有佔領的意思嗎？

「益州有險要的關塞，有廣闊肥沃的土地，是自然條件優越、物產豐饒、形勢險固的地方，漢高祖憑著這個地方而成就帝王功業。益州牧劉璋昏庸懦弱，張魯在北面佔據漢中，人民興旺富裕、國家強盛，但他不知道愛惜人民。有智謀才能的人都想得到賢明的君主。將軍您既然是漢朝皇帝的後代，威信和義氣聞名於天下，廣泛地網羅天下英雄，想得到賢能的人如同口渴一般，如果佔據了荊州、益州，憑藉兩州險要的地勢，西面與各族和好，南面安撫各族，對外跟孫權結成聯盟，對內改善國家政治；天下形勢如果發生了變化，就派一名優秀的將軍率領荊州的軍隊向南陽、洛陽進軍，將軍您親自率領益州的軍隊出擊秦川，老百姓誰敢不用竹籃盛著飯食，用壺裝著酒來歡迎您呢？如果真的做到這樣，那麼漢朝就可以復興了。」劉備喜不自勝，立邀諸葛亮出山相助，諸葛亮有感劉備的誠意，便決定出山。

從此，劉備與諸葛亮的情誼日益親密。關羽、張飛對此感到不滿，劉備對他們解釋說：「我得到諸葛亮，如魚得水，希望你們不要再說了。」關羽、張飛才停止抱怨。諸葛亮加入之後，盡力籌畫，劉備的事業才開始出現轉機。

火燒赤壁

曹操佔據江陵以後，謀士賈詡曾建議，利用荊州豐富的資源，休養軍民，鞏固新佔地區，然後再東下奪取江東。但是，一向慎於謀略，善於納言的曹操這次有些浮躁。他覺得自己輕易就趕走了劉備，使劉備「幾無可立錐之地」，佔據了富饒險要的荊州，又收編了劉琮（琮ㄘㄨㄥˊ）的軍隊，補充了自己的水軍，獲得了大量軍資，兵力更強大了，劉備、孫權都不在話下。因此，他沒有認真考慮賈詡的建議，迅速揮兵順流東下。

這時，在夏口的劉備得知曹軍日益逼近，心中很是著急，每天派人探聽孫權方面的消息。後來終於得到報告說孫權已下令抗曹，派水軍前來會合。劉備非常高興，忙派人去慰勞孫權軍隊，並親自乘船迎接周瑜。兩軍會合後，馬上西上迎敵。

曹軍在赤壁（今湖北嘉魚，在長江南岸）與孫劉聯軍相遇。曹操的先頭部隊被孫劉聯軍打敗，退到北岸的烏林，與主力會合，雙方在赤壁一帶隔江對峙。諸葛亮、周瑜在分析曹軍情況時曾指出曹軍雖然勢大，但發揮不出很強的戰鬥力。果然，曹操的軍隊初到南方，水土不服，軍中發生瘟疫，許多人生了病，大大削弱了戰鬥力。同時，曹軍多半不習水性，受不了江上風浪的顛簸，有的連站都站不穩，根本不能對敵。於是，曹操下令用鐵索將戰船連結在一起，上面鋪上木板，以減少船身的搖晃。但是，這樣做有個致命的弱點，就是不靈活，易受火攻。

周瑜部將黃蓋看出了這一點，就對孫權說：「現在敵人軍隊多，我們軍隊少，如果長期相持，對我們很不利，必須趕快設法破敵才行。如今曹軍用鐵索把戰船連起來，首尾相接，我們可以用火攻的辦法打敗他們。」

周瑜也正有這個想法。但要實現火攻的條件是要在敵人不防備的情況下接近他們，否則難以奏效。周瑜跟黃蓋一商量，決定先採用詐降的辦法。黃蓋就派人到曹營去投書，表示要投降。降書說：「黃蓋在江東深受孫氏厚恩，擔任將帥，待遇不薄，理應效命。但是從天下大勢看來，用江東六郡兵力，抗拒中原百萬之眾，眾寡不敵，這是海內外所有人都看得到的。江東的將吏，不論智愚，都知道不可交戰，唯獨周瑜、魯肅褊狹淺薄，不明大勢。現在黃蓋歸順曹公，是真心實意。周瑜所領之軍，是容易打敗的。等到雙方交鋒之日，我願意利用擔任前鋒的便利，相機行事，以報效曹公。」

曹操得到降書之後，起初有些懷疑，但考慮信中說的合情合理，再加上他過分自信，便對黃蓋深信不疑，並和送信人約定黃蓋投降的時間和信號。208年11月的一天，黃蓋帶領10艘大船，船上裝滿乾草，裡面浸上油液，外面用布幕裹好，插上約定的旗號，又在每艘大船的後邊拴上機動靈活、便於攻戰的小艇——走舸。黃蓋藉故歸降靠近曹船，他命令10艘大船的士兵同時發火，衝向曹軍水寨，然後跳上小艇退走。這時正颳著猛烈的東南風，火借風勢，風助火威，頃刻間，曹軍戰船燃燒起來。曹操下令解開鐵索，無奈火勢太猛，水寨很快淹沒在火海之中。接著，烈火又延燒到岸上曹軍營寨，曹軍大亂。孫劉聯軍乘機發動猛攻。曹軍本來多為陸軍，不習水戰，又有病在身，加上這突如其來的火攻和對方精銳水軍的攻勢，被殺得落花流水，傷亡很大。

曹操見大勢已去，忙帶領殘兵敗將，從陸路經華容（今湖北監利東北）向江陵逃去。途中泥濘，戰馬陷入泥中難以行進，曹操派兵尋找枯枝雜草填在路上，才勉強通過。一路上敗逃的士兵爭先恐後，自相踐踏，又死了不少。劉備、周瑜率領聯軍水陸並進，一直追趕到南郡。曹操留下征南將軍曹仁，橫野將軍徐晃守江陵，折衝將軍樂進守襄陽，自己率部

回歸北方。赤壁之戰終以孫劉聯軍的勝利和曹操的失敗告終。

赤壁戰後，孫、劉雙方都進一步發展勢力。周瑜率兵攻打江陵的曹仁，取得了江陵及其以東的大片土地。劉備則乘勝向武陵、長沙、桂陽、零陵四郡（都在今湖南境內）發展勢力，佔據了荊州江南部分。

赤壁之戰是三國形成過程中的重要戰役。戰後，曹操退回北方，一時無力南下，便向關西（潼關以西）發展勢力。劉備以荊州為根據地，向益州地區進軍。孫權穩定了在江東的統治，得以向嶺南地區擴張。這樣，便逐漸形成了三國鼎立局面。

後來，曹操在北方建立魏國，孫權在江東建立吳國，劉備則在四川建立蜀國。三分天下，這與諸葛亮、魯肅這些人的想法不謀而合，三國各自圖強，發展了經濟，開發了邊疆，與少數民族的關係大大加強，為中國歷史寫了絢麗的一章，赤壁之戰，功不可沒。

大意失荊州

自劉備攻取益州以來，關羽一直坐鎮荊州。荊州包括南陽、南郡、江夏、武陵、長沙、桂陽、零陵七個郡，是曹操、劉備、孫權三方必爭的戰略要地。赤壁之戰後，曹操還佔據著南陽郡和南郡的北部，孫權佔據著江夏郡和南郡的南部，其餘四郡被劉備所「借」。孫權曾多次派人接手長沙、零陵、桂陽三郡，都被予以拒絕。孫權一怒，馬上派呂蒙率領兩萬兵馬用武力接收這三個郡。呂蒙奪得了長沙、桂陽兩郡後，劉備急忙親率五萬大軍下公安，派關羽帶領三萬兵馬到益陽去奪回那兩個郡。孫權也親自到陸口，派魯肅領一萬兵馬紮在益陽，與關羽相拒。東吳的軍隊和關羽的軍隊都在益陽紮營下寨，彼此對峙。

孫劉兩家都知道曹操是勢力最為強大的敵手，於是雙方講和，把荊州分為兩部分，以湘水為界，湘水以西歸劉備，湘水以東歸東吳。劉備處置好荊州的事情後，無後顧之憂，便集中力量對付曹操。劉備令諸葛亮坐鎮成都，親率大軍向漢中進兵。得知劉備進犯漢中，曹操當即組織兵力對抗，並親身趕往長安指揮戰鬥。雙方在漢中戰場相持一年多，最終蜀軍主將黃忠斬殺魏軍主將夏侯淵取得勝利，劉備由此進位漢中王。

為了實現諸葛亮和劉備在《隆中對》中所籌畫的跨據荊、益二州，待時機成熟時荊州軍隊直下宛、洛，完成統一大業的計策，關羽一直虎視襄、樊。在西北面取得突破性的進展後，劉備派荊州軍北攻曹操。

建安二十四年（西元219年）7月，關羽令糜芳駐守江陵、傅士仁駐守公安，以解決後顧之憂，然後親率大軍向襄陽、樊城進發，很快將襄陽、樊城分別包圍起來。樊城守將曹仁抵擋不住關羽軍隊的進攻，於是堅守不出並向曹操求援。曹操從漢中撤軍到長安後派遣平寇將軍徐晃率軍支援曹仁，屯於宛城。之後又派左將軍于禁、立義將軍龐德率領七支人馬前往救援，屯駐於樊城以北的罾（罾ㄗㄥ）口，此處地勢低窪。

關羽長期坐鎮荊州，對荊襄一帶的地理環境和氣候條件非常瞭解。在得知于禁駐軍在低窪地區後，關羽命人打造戰船，並調集水軍。8月，暴雨一連下了10多天，漢水氾濫，平地水積數丈。

關羽命人堵住缺口，然後水淹七軍。于禁等魏軍將領登高避水，又遭到荊州水軍的圍攻，在荊州軍的射擊下，魏軍死傷慘重。在無路可逃的情況下，于禁投降。魏將龐德則拚死頑抗，終於被關羽所擒，因為不肯投降而被殺。

關羽水淹七軍，擒于禁、斬龐德，然後乘勝進攻樊城。樊城進水，多處城牆崩塌，魏軍將士驚恐不安。有人建議曹仁在被包圍之前棄城而逃，汝南太守滿寵則建議曹仁堅守，他說：「山洪來得快，去得也快，希望不會滯留很久。據說關羽已經派別的部隊至郟（郟）下，許都以南百姓混亂下安。關羽之所以不敢再向前推進，是顧慮我們攻擊他的後路。現在如果我軍退走，那麼黃河以南地區將落入他人之手。」曹仁認為有理，將白馬沉入河中，與將士們盟誓，合力堅守樊城。關羽迅速將樊城包圍，後又派遣另一支兵馬包圍襄陽。一時之間，許多曹軍紛紛向關羽乞降，關羽的威名震動了整個中原。

曹操得知戰報，想遷都以避開關羽的鋒芒。謀士司馬懿建議：「于禁等人戰敗，是因為大水淹沒，並非因為攻戰失利，對國家大計沒有構成大損害。劉備和孫權，從外表看關係密切，實際上很疏遠，關羽得志，孫權必然不願意。可派人勸孫權威脅關羽的後方，答應把江南封給孫權，這樣樊城之圍自然就解除了。」曹操採納了司馬懿的意見，派使者前往江東，與孫權結成聯盟。

當初為了安撫結交關羽，孫權曾為自己的兒子向關羽的女兒求婚。關羽目中無人，認為虎女不能嫁給犬子，拒絕兩家通婚，並侮辱了孫權的使者，孫權因此大怒。等到曹操派使者前來結盟時，本就想奪回荊州的孫權答應與曹軍合擊關羽。呂蒙向孫權獻計說：「關羽征討樊城，卻留下很多軍隊防守，一定是顧慮我們從後面進攻他。我經常患病，可以以治病為藉口撤走一部分兵力。

關羽知道後，必定會撤走防守的軍隊，全部調往襄陽。到時我們率軍沿江而上，趁他防守空虛進行襲擊，關羽必定為我所擒。」孫權採納建言，將呂蒙從前線調回。

呂蒙退出前線後，推薦陸遜接替自己。當時的陸遜年少多才卻毫無名望，正任定威校尉。陸遜到任後，派使者給關羽送去了禮物和一封信，信上恭維關羽水淹七軍，功過晉文公的城濮之戰和韓信的背水破趙，還攛掇關羽繼續發揮神威，奪取徹底的勝利。關羽看到陸遜是個無名晚輩，對自己又如此恭敬，根本沒把他放在眼裡，就大膽放心，把荊州大部分軍隊陸續調到了樊城。

趁關羽後防空虛，呂蒙命士卒穿著商人的衣服埋伏在船中，讓百姓搖櫓，晝夜沿江而上。因為關羽在沿江設置的守兵全被捉住，所以關羽對呂蒙「白衣渡江」一事一無所知。渡江之後，呂蒙令人寫信招降麋芳、傅士仁，兩人素來不滿意關羽輕視自己，又因供應軍用物資一事得罪關羽，於是向呂蒙投降。

關羽得知南郡失守後，立即將圍攻樊城的兵力撤回，南下救援，曹仁則率軍追擊。關羽腹背受敵，敗走麥城，最後被呂蒙部將擒獲，一代英雄就此隕滅。

夷陵之戰

劉備因為關羽被東吳擒殺而深感恥辱，欲興兵雪恥，翊（翊）軍將軍趙雲勸說劉備：「如今最大的敵人是曹操，而不是孫權。如果先滅掉魏國，則孫權自然歸服。雖然曹操已經死了，但是他的兒子曹丕篡奪了漢朝的皇位，我們應當順應民心討伐曹魏。置曹魏而不顧，先加兵東吳，這不是上策。」朝中許多大臣與趙雲持相同看法，但是劉備一概不聽，執意興兵報仇。

西元221年，劉備親率各路大軍進攻東吳，派將軍吳班、馮習率兵馬4萬餘深入夷陵地區。孫權得知劉備大軍壓境，多次派遣使者與劉備講和，申明利害，但是都遭到拒絕，於是命陸遜為大都督，統率5萬兵馬應戰。孫權擔心受到蜀魏兩國的夾擊，如此則東吳必亡，於是向曹丕投降稱臣。曹丕接納了孫權的投降，承諾不會趁機出兵進攻東吳。孫權解決了北顧之憂，便集中力量對付劉備。

劉備從秭（秭ㄗˇ）歸出兵，進攻吳國，部將黃權向劉備建議：「吳人強悍善戰，難以在短時間內擊敗他們。而我們的水軍順著長江進攻東吳容易，逆水撤退卻非常困難。不如讓我擔任先鋒，率軍向敵人發動進攻，陛下您則坐鎮後方，以備不測之虞。」劉備沒有採納黃權的意見，一意孤行，親率將士向東吳進發。

蜀軍遠道而來，許多東吳將領建議趁其疲乏的時候出兵迎擊，陸遜（陸遜，字伯言，三國時期吳國人，著名政治家，歷任吳國大都督、上大將軍、丞相。是吳國周瑜之後最富謀略的軍事家）阻止他們說：「劉備率領大軍沿著長江東下，現在正是鬥志旺盛的時候。況且他們現在佔據這有利的地形，憑險設防，因此我們很難向他們發起進攻。就算我們成功發起進攻，也不能完全將他們擊敗，但是如果我們進攻不利，主力將會遭到重創，這不是明智的做法。所以我們現在要做的就是激勵將士的士氣，觀察形勢的變化，然後集思廣益，制定破敵策略。蜀軍佈署在山嶺地帶，不但無法展開兵力，反而讓自己受困於亂石叢林之中。我們要耐心等待，蜀軍會因為自身的消耗而變得精疲力竭，到時便可一鼓破敵。」吳國的將領們不相信陸遜說的話，認為他懼怕劉備的大軍，這只是他不敢出兵迎戰的藉口，所以心裡十分不滿。

吳軍堅守不出，蜀軍無從一戰，便在巫峽、建平至夷陵一線數百里的地上設立了幾十個營寨。為了引誘陸遜出戰，劉備分兵圍攻駐守夷道的孫桓。孫桓是孫權的侄兒，許多將領要求出兵援助。陸遜知道這不過是劉備的誘敵之計，而且孫桓素得軍心，加之夷道城防堅固，所以拒絕分兵前去援助。另外，劉備多次派人到陣前辱罵挑戰，但是陸遜仍堅持不出兵交戰，從正月到六月，兩軍對峙了半年之久。

為了盡快與吳軍決戰，劉備派遣吳班率領數千人在平地紮營，吳軍將領紛紛要求出擊，陸遜認為其中有詐，所以沒有聽從諸將的要求。劉備見誘敵不成，只好收回預先埋伏在山谷中的8千兵馬。吳軍將領知道後，對陸遜料敵的能力佩服不已。

六月的江南，正值酷暑時節，蜀軍將士不勝其苦。劉備無可奈何，只好將水軍從船上轉移到陸地上，把軍營設於深山密林裡，依傍溪澗，屯兵休整，準備等待秋後再發動進攻。由於蜀軍是處於吳境兩三百公里的崎嶇山道上，遠離後方，故後勤保障多有困難，且加上劉備百里連營，兵力分散，為陸遜實施戰略反擊提供了可乘之機。陸遜向吳王上書說：「夷陵是軍事要地，其得失關係到我們的生死。夷陵雖然容易得到，也容易失去。失去夷陵，不僅僅是損失了一個郡，就連荊州也令人擔憂。今日爭奪夷陵，一定要徹底取得勝利。劉備違背常情，犯了兵家大忌，儘管現在大敵當前，但已經沒什麼可憂慮的了。當初，我擔心劉備會水陸並進，現在他卻捨棄水路不走，從陸路進發，隨處紮營，觀察他的軍事部署，一定不會有什麼變化了。現在大王可以高枕而臥，不必為此事憂心了。」

不久之後，陸遜下達命令發動進攻。這回輪到手下將領們不解了，他們說：「發動進攻，最好的時機是在敵軍立足未穩的時候，現在蜀軍佔據險要，加強了防守，現在進攻恐怕不會順利。」陸遜說：「蜀軍初來時，劉備考慮周詳，我們很難沒有可乘之機。今蜀軍駐紮這麼久，將士疲憊，士氣低落，這正是我們發動進攻的好機會。」陸遜先派遣一小部分兵力進行試探，向蜀軍的一個營壘發動攻擊。進攻雖然失利，但是陸遜掌握了敵情，已制定出破敵策略——火燒連營。

江南的夏天氣候乾燥酷熱，蜀軍又都駐紮在叢林旁邊，如果用火攻，蜀軍必將葬身火海。陸遜命令每位士兵手拿一束茅草，乘夜突襲蜀軍營寨，然後順風放火。頓時火光衝天，蜀軍大亂。陸遜乘勢發起全面反攻，前後夾擊，攻破蜀軍營寨40餘座，並且用水軍截斷了蜀軍長江兩岸的聯繫。許多蜀軍將領在吳軍的猛攻下卸甲投降，劉備突圍而出，逃入白帝城中，不久後便病死城中。

七擒孟獲

在劉備病死白帝城的時候，南方地區一個很有威信的少數民族首領孟獲，發動西南一些部族起來反抗蜀國。

為防止蜀國遭到內外夾攻，諸葛亮派人去向東吳孫權講和。同時，他興修水利，發展生產，積蓄糧草，訓練兵馬。經過兩年時間的艱苦努力，蜀中形勢走向穩定，諸葛亮決定率領大軍，兵分三路，親自率軍征討孟獲。

出發時，參軍馬謖（謖ㄙㄨˋ）對諸葛亮說：「孟獲叛將依仗那裡地勢險要，離成都距離遙遠，很久以來就不服從朝廷的管束。你今天用武力打敗他，你一回師，他明天又可能叛變。所以，對付他攻城為下，攻心為上。這次出征我認為不應該以消滅他的人員為目的，而應該從心理上征服他，這樣才能收到好效果。」

馬謖的話，也正是諸葛亮心裡所想的。諸葛亮讚許地點點頭，說：「你的建議很好，我一定照這樣去做。」

孟獲得到諸葛亮率軍出征的消息，連忙組織人馬進行抵抗。諸葛亮瞭解到孟獲作戰勇猛，力大無窮，性格耿直豪爽，說一不二，但缺少計謀。於是，一個降伏孟獲的作戰計畫便在諸葛亮的頭腦裡逐步形成。

首先，他向全軍發出命令：對敵人首領孟獲，只能活捉，不要傷害。接著，他把大將王平叫到跟前，低聲對王平講了幾句。王平會意，便帶領一支人馬，衝進孟獲的營寨。孟獲連忙迎戰，交戰沒有多久，王平猛然調轉馬頭，向荒野奔去。

孟獲見王平敗逃，心頭有說不出的高興。他馬上喝令手下的人，快速向前追趕。王平來到一處谷地，兩岸是陡峭的絕壁，腳下是狹窄崎嶇的小路。沒走多遠，王平猛地一下轉過身來，眼睛望著緊隨而來的孟獲，彷彿要和他在這裡決戰。

孟獲不知是計，握緊戰刀，催馬前趕。還沒接近王平，忽聽後面喊殺聲震天。轉頭一看，孟獲才發覺自己已被蜀軍包圍。孟獲任憑自己如何勇猛無敵、力大無窮，終究敵不過蜀軍大隊人馬的輪番進攻。漸漸地，他感到體力不支、氣喘吁吁了。又有一隊蜀軍從四面包圍過來，孟獲心裡一驚，馬兒突然向上一躍，孟獲從馬上跌落在地，被衝上來的蜀軍捆了個結結實實。

孟獲被押到諸葛亮面前，以為自己必死無疑。不料諸葛亮走下帥台，親自給他鬆了綁，並好言好語勸他歸順。孟獲大聲說：「這次是我不小心從馬上跌下來，被你們捉住，我心裡不服！」諸葛亮也不斥責他，把他帶到蜀軍營地四處走走看看，然後問他：「孟將軍，你認為我蜀軍人馬怎樣？」孟獲高傲地說：「以前我不知道你們的陣勢，所以敗了。今天看了你們的營地，我覺得也沒有什麼了不起！下次我一定能打敗你們！」諸葛亮坦然一笑，說：「那好哇，你現在就回去，好好準備準備，我們再打一仗。」孟獲回到部落，重新召集人馬，積極籌備和蜀軍的第二次交戰。

有勇無謀的孟獲，哪裡是蜀國丞相諸葛亮的對手！沒出一天工夫，孟獲再次被蜀軍將士生擒了。諸葛亮對孟獲好言好語勸慰一番，又將他放了。這樣捉了放，放了捉，反反覆覆進行了七次。孟獲第七次被捉，終於被諸葛亮的誠意感動了。他流著眼淚說：「丞相對我孟獲七擒七縱，真可稱得上是自古以來都沒有的仁至義盡之事啊！我從心裡佩服丞相。從今以後，我絕不再反叛了。」

孟獲被釋放以後，立刻會見各部族的首領，萬分感慨地對大家說：「蜀國丞相真是謀略過人。他訓練的兵馬，一個個機智善戰，我們再也不要與他為敵、興兵作亂了！」由於孟獲在各部族首領中威信很高，大夥聽了他的話，不再提什麼反叛的事了。

為了節省軍事開支，避免官府和少數民族再發生衝突，諸葛亮決定不在這裡設一官一府，也不留一兵一卒，仍然任用當地原來的首領為地方官吏。有人擔心這些人還會反叛，建議諸葛亮任用自己的人，否則這次平叛的辛苦就白費了。

諸葛亮回答說：「比起任用當地原來首領，任用我們自己人有三個弱勢：一是外地人擔任地方長官，則一定要留兵駐守，那麼給這些駐留將士提供糧草軍資則會成為一大難題；二是他們剛剛遭受戰爭，不少當地人被我們殺死，怨氣還沒有消除，任用我們的人而不留兵駐守，就會遭受報復；三是他們多次殺死和廢掉官吏，與我們有很深的隔閡，如果留下我們的人為官，終究難以得到他們的信任。任用當地人，讓他們貫徹法令，使他們和漢人和平相處，而我們則不需駐留軍隊，又免去了運輸糧草之苦，這樣不是很好嗎？」眾人聽罷，對諸葛亮的深謀遠慮佩服不已。

孟獲等當地素有威望的人擔任地方官吏後，果然和好蜀漢，經常貢獻金、銀、丹、

漆、耕牛、戰馬等供給軍隊和朝廷使用。而且從此以後，在諸葛亮的有生之年，這一地區再也沒有出現過反叛。

鄧艾奇兵滅蜀

諸葛亮去世後，蔣琬、費禕（禕）相繼掌握蜀漢執政大權，大力實行休養生息的政策。直到姜維成為大將軍之後，他繼承諸葛亮北定中原的遺志，多次率兵北伐。因為力量不足，幾次北伐都沒有取得進展，反而耗費巨大國力，使本就貧弱的蜀國更加羸弱不堪。

魏國大將軍司馬昭對姜維的屢次侵犯深感憂慮，有人建議派刺客前往蜀國刺殺姜維，從事中郎荀勖（勖）說：「天下的主宰，應當用正義的力量去討伐不歸順的人。天下表率，不應當有派刺客去刺殺敵人的做法。」司馬昭非常贊成此話，於是發兵大舉征討蜀漢。

西元263年，司馬昭派鍾會統兵10萬餘人兵分三路奔赴漢中，命征西將軍鄧艾統兵3萬牽制姜維，派雍州刺史諸葛緒統兵3萬多人截斷姜維的退路，企圖把姜維一舉殲滅。

鄧艾喜好談論軍事，每次遇到高山大川就會仔細觀察，然後按照地形部署軍隊，當時人都譏笑他。鄧艾供職於行伍，因為出身貧寒而且有口吃毛病，在軍中一直默默無聞，後來受到司馬懿的賞識，才從底層脫穎而出。此次伐蜀，鄧艾認為時機尚未成熟，但也只能奉命行事。

鄧艾派遣部將直攻姜維營壘，雙方相持不下。而此時，鍾會率領的10萬大軍已經進入漢中。

姜維自知漢中難保，急忙擺脫鄧艾的牽制，率兵退守陰平，在陰平又遭遇魏將諸葛緒，只得退守劍閣。

鄧艾到達陰平之後，挑選精銳部隊，想要與諸葛緒一起直奔成都。諸葛緒接受的命令是阻截姜維，進軍成都並不在他的任務範圍，所以拒絕與鄧艾一起西進，而是率軍與鍾會會合。

劍閣地勢雄險，素有「一夫當關，萬夫莫開」之稱。姜維排兵佈陣，憑險設防，擊退了鍾會多次進攻。鍾會屢次進攻沒有奏效，而運輸糧草的道路既危險又遙遠，所以決定退兵。

鄧艾上書說：「敵兵已經受到嚴重折損，此時應當乘勝攻擊。如今可以派遣一支精銳部隊，從陰平出發，走小路繞到涪縣。這裡離蜀國的國都成都只相距3百餘里，可以出奇兵攻擊蜀國的腹心之地。如此一來，駐紮在劍閣的守軍就必定會回援涪縣，那麼我們的大軍就可安步通過劍閣；如果他們不回援涪（ㄈㄨˊ）縣，那麼涪縣疲弱的兵力就不足以自保。兵書上有『攻其不備，出其不意』之說，現在出兵攻擊敵人的空虛之地，破敵是一定的。」

鄧艾趁姜維被鍾會牽制在劍閣，率精兵從陰平出發，一連走了7百多里。來到馬閣山，道路斷絕，山高谷深，行路非常艱難。隨軍攜帶的糧食差不多快吃完了，將士們深感進退兩難。身陷險境，鄧艾處事冷靜，在觀察地形之後，當即果斷採取了行動。他用氈毯裹住自己，然後滾下山，將士們隨後效仿鄧艾，全都安全度過險境。

鄧艾首先到達江油，駐守此地蜀軍沒有料到魏軍突然出現，一時措手不及，守將馬邈投降。得知鄧艾奇兵越過險道，諸葛亮的長子諸葛瞻率領諸軍抵禦鄧艾，可是到達涪縣後就停止不前了。尚書郎黃崇多次勸說諸葛瞻不能滯留，應當迅速佔據險要，阻止鄧艾進入平地，但是諸葛瞻沒有採納。黃崇再三勸說，有時甚至聲淚俱下，但諸葛瞻仍然不聽。鄧艾沒有遇到阻礙，長驅直入，擊潰諸葛瞻的先鋒部隊，諸葛瞻退兵駐守綿竹。

鄧艾先寫信招降諸葛瞻，許之以琅琊王，但是遭到拒絕。鄧艾當即派他的兒子鄧忠率兵進攻諸葛瞻的右翼，派師纂率兵進攻諸葛瞻的左翼。鄧忠與師纂戰鬥不利，都撤兵而還，向鄧艾報告說：「敵兵還不能攻破！」鄧艾大怒，說：「存亡在此一舉，有什麼不能的。」鄧艾將鄧忠、師纂怒叱一頓，責令他們務必破城，否則就殺了他們。鄧忠、師纂只得再戰，終於破城而入，諸葛瞻與其子諸葛尚力戰而死。

攻下綿竹後，鄧艾直奔成都。蜀漢軍民沒想到魏軍突然而至，都疏於戒備。成都的百姓得知鄧艾軍隊進入平地，驚恐不已，紛紛逃入山林大澤，官府止之不能。後主劉禪召集大臣商量對策，有人建議逃亡東吳，有人建議逃亡南中。光祿大夫譙周認為：「治國之道從來就沒有什麼不同，都是大國吞併小國。魏國可以吞併吳國，而吳國不能吞併魏國，這是再明顯不過的事情了。同樣是稱臣，不如向大國稱臣，為什麼要受辱兩次呢？如果逃往南中，事先就應當做好計畫，如此倉促而去，怎麼能夠順利到達南中呢？」

後主聽從意見，派人帶著御璽向鄧艾投降。北地王劉諶（諶ㄔㄣˊ）憤怒地說：「如果我們力量殆盡，敗亡之禍不能避免，就應當父子君臣一起背城一戰，以死報國。這樣才能見先帝於地下，為什麼要投降？」漢後主不聽，劉諶在劉備廟中哭訴之後，先殺了妻子兒女，然後自殺而死。

姜維率領的蜀軍還在前方和鍾會交戰，忽然接到向魏軍投降的命令，姜維無奈，只得向鍾會投降，手下將士們都十分憤怒，氣得揮刀砍石。之後，蜀國各郡縣和據點都接到了後主投降的命令，於是紛紛罷兵投降，蜀國就此滅亡。

羊祜與墮淚碑

羊祜（祜ㄏㄨˋ）是西晉著名的戰略家、軍事家和政治家，出身於漢魏名門士世，羊氏各代皆有人出仕二千石以上的官職，並且都以清廉有德著稱。羊祜祖父守，父親為曹魏時期的上黨太守，母親蔡氏是漢代名儒、左中郎將蔡邕（邕ㄩㄥ）的女兒上溯九司馬懿之子司馬師為妻，聲勢顯赫。羊祜12歲喪父，孝行哀思超過常禮，奉事叔父羊耽甚遜恭謹。

後來羊祜與王沈一起被曹爽徵用，王沈勸羊祜應命就職，羊祜用「委質事人，復何容易」予以婉拒，王沈便獨自應召。西元249年，司馬懿發動高平陵之變，並誅殺曹爽，奪得軍政大權。政變之後，司馬懿大舉翦除曹氏集團，與曹爽有關的很多人遭到誅連。

王沈因為是曹爽的故吏而被罷免，後悔當初沒有聽勸，遂對羊祜說：「真後悔當初沒有聽您的話啊！」羊祜卻安慰他，說：「這種事情不是一開始就能預料的。」羊祜就是這樣謙遜，既有先見之明，但從不顯示誇耀。

司馬炎受禪代魏後，羊祜有扶立之功，進號中軍將軍，加散騎常侍，改封郡公，食邑3千戶。羊祜堅持不受公爵，因此司馬炎封羊祜為侯爵。

晉武帝司馬炎素有吞吳之志，以羊祜都督荊州諸軍事、假節，並保留散騎常侍、衛將軍不變，出鎮襄陽。因為經略荊州有功，被晉武帝加封車騎將軍，開府如三司之儀，羊祜上表堅決推辭：

「我聽到陛下的恩詔，讓我獲得等同三公的地位。我入仕才十幾年，在朝內外任職，每次都能得到先要的重任。人的智力不可能一時間有如此的進步，不能總是得到這樣的恩寵，因此我日夜誠惶誠恐，把榮華富貴當作憂患。古人說：『如果一個人的德行沒有達到令人折服的地步而得到高位，那些有真才實學的人就不會入朝做官；如果沒有功勞的人獲得了豐厚的俸祿，那些有功的人就會得不到鼓勵。我身為外戚，卻總是碰到好運，本應警戒自己。但陛下屢屢降下詔書，給我過多的榮耀，實在讓我不能承受。現在有很多有才能的人都沒有獲得高位，而我的地位卻遠遠超過他們，這怎麼能使天下人沒有怨憤呢？因此希望陛下收回成命。」

西元277年，晉武帝下詔封羊祜為南城侯，設置相的官職，與郡公同級，羊祜再一次發揮了……前……遜本色，堅決推辭。

羊祜每逢晉升，都十分誠懇的退讓，因此名德遠播，朝野尊仰，都以為他應……說，入朝與……位。羊祜謙讓不受，不管任何時候任何地方，始終是清廉儉樸、謙遜謹慎。被……來答謝羊祜，羊祜也總是避而不見，有人認為羊祜太過謹慎了，羊祜卻說……有愧於知人之難啊！君王促膝談心，出朝就要佯裝不知——這我還怕做不到呢！不能舉……到的。」況且我在朝廷簽署任命，官員卻跑到我家門口拜謝，這是我不……即使是樂毅和諸

羊祜曾經與東吳陸抗兩軍對峙，使者互通往來，陸抗稱讚羊祜的德行氣量，

葛亮也不能超過。陸抗曾經生病，羊祜贈送他藥，陸抗服藥沒有疑心。別人大多勸諫陸抗，陸抗說：「羊祜豈能是毒害別人之人？」當時談論的人認為是華元和子反又出現了。陸抗常常告誡他的士卒說：「他一味推行仁德，我一味推行暴政，這樣沒有交戰我們已經屈服了，應該各自保住界限，不要去追求小的利益。」孫皓聽說邊境上講和，就責問陸抗，陸抗回答說：「一個鄉里，不能夠沒有信義，更何況是大國呢？我不這樣，正是彰顯德行，對於羊祜沒有什麼傷害。」

西元278年，羊祜病逝，舉天皆哀。晉武帝親著喪服痛哭，時值寒冬，武帝的淚水流到鬢鬚上都結成了冰。並如此評價羊祜：「羊祜素來謙讓，志不可奪。人雖然逝世了，但歉讓的美德卻仍然存在。這就是伯夷、叔齊之所以被稱為賢人，季子之所以保全冥界的原因啊！」

荊州百姓在集市之日聽到羊祜的死訊，罷市痛哭，街巷悲聲震動，連綿不斷。即使是吳國的守邊將士聽聞羊祜死訊，也為之落淚。

羊祜的謙遜仁德流芳後世。荊襄一帶的百姓為了紀念羊祜，特地在羊祜生前喜歡遊憩的峴（峴ㄒㄧㄢˋ）山上刻下石碑，建立廟宇，按時祭祀。由於人們一看見石碑就會忍不住傷心落淚，杜預（由羊祜推薦給晉武帝，後吞滅東吳）因此稱之為「墮淚碑」。荊州人為了避羊祜的名諱，把房屋的「戶」都改叫為「門」，另把戶曹也改為辭曹。

西晉滅吳

西元263年，已經掌握了魏國實權的司馬昭派鄧艾、鍾會、諸葛緒兵分三路大舉進攻蜀國，蜀國滅亡。由此，三國鼎立的局面被打破，合久必分，分久必合的歷史規律再次得到應驗。吳人見蜀國被滅，國內十分恐懼，都希望能有一位年長的君主進行開明的統治，眾臣便推選了孫皓為吳王，改年號為元興，實行大赦。

孫皓即位之初體恤百姓，開倉賑濟災民，又按例放宮女出宮婚配，受到臣民的稱讚。可是等到自己的權勢地位鞏固之後，孫皓就開始變得粗暴驕橫起來，沉湎於酒色之中，竟還做出誅殺無辜大臣的事情，使得全國上下都對其大失所望。

西元265年，司馬昭之子司馬炎逼迫魏元帝曹奐（奐ㄏㄨㄢˋ）禪讓皇位，建立西晉，定都洛陽。不同於曹魏集團的刻薄奢侈，司馬炎主張節儉，不僅大赦天下，還大力發展經濟、文化，選賢任能，為其滅東吳、統一全國的計畫做準備。

反觀吳國，吳王仍不改驕奢淫逸的秉性，花費鉅資，大興土木修建宮殿，丞相陸凱苦苦勸阻，根本沒有用，反而被孫皓記恨。由於吳王喜好奢靡，結果上行下效，吳國百姓也變得奢侈起來。百姓家中，即使窮得連一鍋米、一擔糧都沒有，出門也一定要穿著鮮亮的絲質衣衫，整個吳國的風氣就這樣開始敗壞。

西元269年，晉武帝司馬炎開始正式策劃滅吳，他聽從羊祜的意見，決定憑藉上游地勢進攻吳國，所以命人大量建造戰船。可後來，極力主張伐吳的羊祜病逝，再加上胡人不斷騷擾西晉邊境，伐吳的計畫只得擱置下來。直到西元279年，司馬炎終於正式下令大舉進攻吳國，史稱晉滅吳之戰，西晉的20萬大軍，兵分六路撲向東吳。

吳王孫皓聽說晉兵南下打過來了，急忙調兵遣將接戰迎敵。無奈吳軍長期疏於操練，再加上軍心渙散，上至將領，下至士兵都認為吳國滅亡不過是遲早的事情，所以屢戰屢敗，晉軍則步步緊逼。為了阻止晉軍順流東下，吳軍把江邊淺灘處的要害區域，全部用鐵鎖封鎖，另外打造了眾多長達一丈餘的大鐵錐，暗中放進江中，用來阻擋晉軍的戰船。晉軍將領王濬用巨大的火炬將鐵索燒化，使之斷開，又派人造了幾十個大木筏，木筏走在水軍的戰船前面，一遇到鐵錐，鐵錐就會扎進木筏中，被木筏順水帶走。這樣一來，吳軍的防禦全無用處，王濬順利攻克西陵。與此同時，樂鄉、江陵等重地也落入另一路的晉軍將領杜預手中，吳軍嚇得魂飛魄散，個個都說：「那些晉軍難不成是飛過長江的嗎？」很快，晉軍控制了整個長江上游地區，吳國的都城建業岌岌可危。

吳王孫皓見情勢危急，急忙派遣丞相張悌率領3萬多吳軍渡江迎擊晉軍．張悌手下的將領勸阻他說：「晉國常年操練水軍，戰鬥力很強，而我們這邊的名將都已經不在人世了，那些少年將領還沒有成長起來，怎麼和人家打？不如堅守不出，要是勉強和敵軍一戰，勝了固然可以鼓舞士氣，但要是敗了，那就沒有任何翻身的可能了。」張悌嘆氣說：「東吳要滅亡了，這是每個人都知道的事情。現在我們的軍隊士氣低落，但還可以作戰，要是等到敵軍的幾路大軍會合，那就連勉力一戰的機會也沒有了。」於是下令軍隊渡江迎戰。

渡江後，張悌的軍隊成功包圍了一支7千人的晉軍，晉軍請求投降，張悌的手下認為敵軍是詐降，建議將這支晉軍全部殺掉，張悌卻沒有同意。後來，晉吳兩軍在版橋正面交鋒時，張悌的精銳部隊三次衝擊晉軍，都沒能撕開晉軍的防禦，於是吳軍開始潰散，而那支原本投降的晉軍也趁機從吳軍的背後發起進攻，結果張悌戰死，吳軍近乎全軍覆沒。

張悌兵敗後，吳王孫皓又派兵萬人前去抵禦，無奈這些吳軍毫無鬥志，還沒等刀兵相見，就已盡數投降了敵人。孫皓想要再湊出兩萬士兵拚死一戰，結果這些七拼八湊才找來的士兵在出發的前一夜全部逃跑了。孫皓如今已經落到了無兵可用，無將可派的地步，成了真正的孤家寡人，而那些東吳的世家大族和眾官員根本就不擔心吳國滅亡，準備等晉軍一到就開城投降。對他們來說，吳國滅亡的後果也不過是換一個皇帝，他們的財富和地位不會有絲毫影響。

西元280年，晉軍兵臨東吳都城建業。吳王孫皓走投無路，只得向晉軍上書請求投降，被晉軍接納。晉國大將王浚率領8萬士兵，擂鼓吶喊進入建業。孫皓獻上吳國的地圖和百姓戶籍，正式投降了西晉。至此，孫吳滅亡，西晉成功地實現了對全國的統一。

石崇鬥富

晉武帝統治中後期，國家無事，文恬武嬉，奢侈無度，享樂之風十分盛行。西晉的奢靡之風，在歷史其他朝代難以找到匹敵。當時朝野上下都以奢侈享樂為榮，競誇豪奢，擺闊炫富，唯恐不及他人。其中最有名的，要算石崇鬥富的故事。

石崇的父親是被稱為「嬌無雙」的石苞（石苞：字仲容，東漢末至西晉時期的官員。三國時期魏國和西晉的重要將領），曾官至大司馬。石崇是石苞6個兒子當中年齡最小的一個，也是最聰慧的一個。石苞臨死之前，將財產全部分給兒子，唯獨沒有給最小的兒子石崇留下分文。石崇的母親覺得這樣的分配很不公平，石苞卻說：「我們的這個兒子雖然小，但是極為聰敏，將來他自然會得到財富，無需我們留給他。」

後來石崇出來為官，因為伐吳有功被封為列侯。在攻破東吳之後，石崇率人進入東吳皇宮，搜刮到許多金銀財寶。後來石崇升任荊州刺史，荊州繁華富庶，交通便利，經常有富商巨賈往來其間。刺史石崇作為一州最高長官，沒有悉心打理政務，反而幹起了明火執政的打劫勾當。他將出入荊州的富商巨賈劫住，將他們的財產佔為己有，就這樣，石崇的財富暴增，一躍成為全國首富。

石崇積累了大量財富後，在河陽的金谷開闢莊園供自己享樂，即著名的金谷園。他依山傍水，因地勢建造莊園，面積方圓幾十里，堆石為山，引水為湖，裡面樓閣台榭、幽林深谷一應俱全。

另外，石崇還派人帶著絲綢茶葉和銅鐵器具等物，去南洋換回珍珠、瑪瑙、琥珀犀角、象牙等貴重物品，用來裝點宅第，宛如宮殿一般。然後花錢四處搜羅美女，有的被納為姬妾，有的則充當婢女。這幾百個女子個個都穿著刺繡精美無雙的錦緞，身上裝飾著璀璨奪目的珍珠美玉。

不但房屋裝飾得富麗堂皇，就是石崇家的廁所也是修建得奢華無比，裡面準備了各種香水和香膏供客人洗手洗臉。另外有十幾個穿著豔麗的婢女恭敬地站在一旁，列隊伺候客人上廁所。客人方便之後，這些婢女就會把客人身上的衣服脫掉，然後換上新衣才讓他們出去。這種待遇，有很多人消受不了。有一個叫劉寮的官員，年輕時家境貧窮，無論是騎馬還是徒步外出，每到一處都不勞煩主人，砍柴挑水都親自動手。為官之後，仍然保持著這種勤樸的作風。劉寮一次去石崇家拜訪，上廁所時，看見裡面的陳設極為講究，而且還有十幾個美貌的婢女在一旁伺候，忙退了出來，他對石崇說：「我誤闖你的臥室了。」石崇說：「那是廁所。」劉寮說自己享受不了，於是改去別處上廁所。

石崇每次設宴請客，都會讓美貌的婢女在席上斟酒勸客。如果哪位婢女伺候的客人不肯喝酒，那麼這個婢女就會被石崇殺死。一次，王導和王敦去石崇家赴宴。王導向來不勝酒力，但是不想看到石崇因此殺人，於是勉強喝下。王敦善飲酒，可偏偏不喝，結果給王敦斟酒的3個婢女全被石崇殺死。

石崇在金谷園內縱情娛樂，歌舞日夜不息。石崇想要召來姬妾服侍，都不用喊姓名，只聽玉佩的聲音以及看玉釵的顏色。佩聲輕的居前，釵色豔的在後，次第而進。石崇又在象牙床上撒上沉香屑，讓寵愛的姬妾踏在上面，沒有留下腳印的賞賜珍珠一百粒，否則就會被要求節食瘦身。

石崇如此豪奢，偏偏有人不服。晉武帝的親舅舅王愷自恃皇親國戚，想要和石崇一較高低。王愷為了炫富，在飯後用糖水洗鍋，石崇自然不甘落後，便用蠟燒飯；王愷做了四十里的紫絲布步障，石崇便做五十里的錦步障。儘管晉武帝在暗中對王愷多有幫助，但王愷還總是落在下風。

一次，晉武帝賜給王愷一棵近兩尺高的珊瑚樹，枝條繁茂，堪稱稀世珍寶。得到寶貝的王愷想要憑此扳回一城，他跑到石崇家向石崇展示了自己的寶貝。沒想到石崇看後，不以為意，用手中的鐵如意將珊瑚樹擊碎。王愷感到惋惜而又憤怒，認為石崇這是在嫉妒自己的寶貝，石崇卻說：「這不值得發怒，我賠給你就是。」於是命下人把家裡的珊瑚樹全部拿出來，這些珊瑚樹當中，高達三尺四尺的有數棵，而像王愷那樣的珊瑚樹足有二三十棵。王愷看後，感到非常失意。

石崇不但是跟王愷鬥富，他甚至跟皇帝也較勁。據《耕桑偶記》記載：外國向晉武帝進貢火浣布，晉武帝製成衣衫，穿上後就去了石崇家。石崇故意穿著平常的衣服，卻讓家裡的五十個下人身著火浣衫迎接晉武帝。

晉武帝死後，史上有名的白癡皇帝司馬衷即位，不久便爆發了「八王之亂」。在亂戰中，石崇因為財富太多被趙王倫派兵殺死。臨死之前，石崇感嘆說：「這幫奴輩是貪圖我的家財啊。」押送者說：「知道是財富害了你，為何不早把財富散了？」石崇無言以對。

八王之亂

西晉建立後，晉武帝認為魏朝的滅亡，是因為沒有給皇族子弟權力，使皇室孤立了。所以，他在即位以後，封了二十七個同姓王。每個王國都有自己的軍隊；王國裡的文武官員，都由諸侯王自己選用。他以為這樣一來，有許多親屬子弟支持皇室，司馬氏的統治就可以穩固了。哪裡知道這一來，反而種下了禍根。

晉武帝死後，司馬衷即位為晉惠帝。晉惠帝是個呆傻兒，情理不分，只會玩耍。有一次他在華林園聽到蛤蟆叫，竟問左右牠是為官叫還是為私叫，隨從的人知道跟他說不清，就隨口回答說：「在官家的地裡叫喚的，自然是官叫；在私人地裡叫喚的，就是私叫。」還有兩次，臣子把老百姓沒有飯吃，到處餓死的情況向他彙報，希望他下令賑濟災民，結果他說了句令人哭笑不得的話：「沒有飯吃，為什麼不去吃肉粥？（何不食肉糜）」這樣的人當然不會管理國家，於是軍政大權就落到楊太后的父親楊駿手中。楊駿結黨營私，排除異己，引起皇后賈南風與晉宗室的強烈不滿。

賈皇后不甘心讓楊太后和太后娘家的人掌權，就暗中等待時機。機會終於來了。皇宮衛隊頭目孟觀、李肇因為楊駿對他們高傲無禮，想殺掉楊駿，賈后心腹太監董猛將二人引薦給賈后，為了慎重，賈后叫他們聯繫宗室諸王。諸王早已心懷鬼胎，楚王瑋隨即請旨進京。楚王瑋一到京城，賈后即以惠帝名義下詔，宣佈楊駿謀反，很快皇宮衛隊配合楚王瑋兵圍楊駿太師府。楊駿措手不及，被亂兵殺死，凡依附楊家的官員，無一倖免。

楊駿被殺之後，汝南王亮進洛陽輔政。他想獨攬大權，可是兵權在楚王瑋手裡。兩人之間就起了衝突。賈后嫌留著汝南王亮也礙事，就假傳晉惠帝密令，派楚王瑋把汝南王亮抓起來殺了。

楚王瑋本來是賈后的同黨，但是賈后怕他連殺兩王之後，權力太大。當天晚上，她又宣佈楚王瑋假造皇帝詔書，擅自殺害汝南王，把楚王瑋辦了死罪。楚王瑋知道上了賈后的當，大叫冤枉，已經沒有用了。

自那以後，朝廷上沒有輔政的大臣，名義上是晉惠帝做皇帝，實際上是賈后專權。賈后掌權七、八年，驕橫跋扈，胡作非為，名聲壞透了。太子不是賈后生的。賈后怕他長大後，自己的地位不保，就千方百計想除掉太子。

有一回，賈后事先叫人起草一封用太子口氣寫的信，內容是逼晉惠帝退位。賈后把太子請來喝酒，把他灌得爛醉，趁太子昏昏沉沉的時候，騙他把那封信抄了一遍。第二天，賈后叫晉惠帝召集大臣，把太子寫的信交給大家傳看，宣佈太子謀反。大臣們懷疑這封信不是太子寫的。賈后要大家核對筆跡。大家一看果然是太子的親筆，不敢再說。賈后就把太子廢了。

朝廷大臣對賈后的兇狠本來十分不滿，現在見她廢掉太子，背地裡十分氣憤，議論紛紛。掌握禁軍的趙王倫覺得這是個好機會，想起兵反對賈后，但他又怕讓太子掌了權，也不好對付，就在外面散播謠言，說大臣正在秘密打算扶植太子復位。賈后聽到這個謠傳，真的害怕起來，派人毒死了太子。這樣一來，趙王倫抓住了把柄，與齊王冏（冏ㄐㄩㄥˇ）密謀帶兵進宮逮捕賈后。

專門玩弄陰謀的賈后，這一下也中了別人的計。她一見齊王冏帶兵進宮，大吃一驚，說：「你們想幹什麼？」齊王冏說：「奉皇上的詔書，特來逮捕妳。」賈后說：「皇上的詔書都是我發的，哪裡還有什麼別的詔書！」賈后大叫大鬧，指望惠帝來救她。趙王倫把她抓起來立刻殺了。

趙王倫掌握了政權，野心更大。他當了相國還不滿足。過了一年，乾脆把晉惠帝軟禁起來，自己稱起皇帝來。他一即位，就把他的同黨，不論文官武將，或是侍從、兵士，都封了大大小小的官職。那時候，當官的戴的官帽上面都用貂的尾巴做裝飾。趙王倫封的官實在太多太濫了，官庫裡收藏的貂尾不夠用，只好找些狗尾巴來湊數。所以，民間就編了歌謠來諷刺他們，叫做「貂不足，狗尾續」（即成語「狗尾續貂」的典故由來）。

趙王倫篡奪了帝位，馬上激起了其他宗室諸王的反對，出鎮許昌的齊王冏首先起兵討伐趙王倫，並得到成都王穎、河間王顒（顒ㄩㄥˊ）的回應。三王聯軍與趙王倫兵在洛陽附近戰鬥了兩個多月。結果，趙王倫兵敗被殺。同時，趙王倫的親信將領王輿也在京城內起兵反倫，迎惠帝復位。齊王冏入京輔政，掌握了朝廷大權。

齊王冏自輔政後，為了鞏固自己的地位，久專朝廷大權，把本來可以立為皇太弟的成都王穎和長沙王乂（乂ㄧˋ）撇開，立惠帝弟清河王之子，年僅8歲的司馬覃為皇太子。這一招，不但導致成都王穎與齊王冏關係的破裂，而且也引起長沙王乂的不滿。

西元302年十二月，成都王穎聯合西鎮關中的河間王顒反對齊王冏。河間王顒出兵進攻洛陽，軍抵新安。在洛陽的長沙王乂也舉兵討齊王冏，雙方軍隊在京城內展開激戰。一時間，飛矢如雨，火光衝天，混戰了3天3夜，齊王冏戰敗，為長沙王乂所殺。長沙王乂掌握了政權。

西元303年八月，河間王顒派大將張方率領精兵7萬聯合成都王穎的20多萬大軍，藉口長沙王乂「論功不平」對京城發動進攻。由於雙方兵力懸殊，洛陽城危在旦夕。這時城內的統治集團開始分裂。西元304年正月，東海王越勾結部分禁軍。拘禁長沙王乂，向外兵求和，並把長沙王乂交給張方用火活活烤死了。成都王穎進入洛陽，雖然當了丞相，但他仍然回到自己的根據地鄴城（今河北臨漳縣西南），遙執朝政，廢太子覃而自兼皇太弟，一時政治中心由洛陽移到鄴城。

成都王穎在鄴城遙執朝政期間，政治腐敗，比以前齊王冏、長沙王乂執政時還要壞，大失人心。因此，東海王越統率洛陽禁軍，擁戴惠帝討伐成都王穎，結果在蕩陰戰敗，惠帝被俘至鄴城。

東海王越逃往自己的封國。河間王顒命部將張方率兵佔領了洛陽。不久，幽州刺史王浚與并州都督司馬騰聯兵攻破鄴城，戰爭進一步擴大。成都王穎挾惠帝出奔洛陽，皆落入張方之手，又被迫前往長安。

西元305年七月，東海王越在山東再次起兵，西向進攻關中。次年攻入長安。河間王顒和成都王穎敗走，相繼被殺。東海王越迎惠帝還洛陽，隨後把惠帝毒死，另立惠帝的弟弟豫章王熾為帝，是為晉懷帝。晉朝大權最後落入司馬越手中。至此，「八王之亂」才告結束。

奴隸皇帝依——石勒

石勒是中國古代五胡十六國時期後趙的建立者，也是中國歷史上唯一一位從奴隸一躍成為帝王的人。石勒本是上黨武鄉縣羯（羯，ㄐㄧㄝ，是中國古時的一個少數民族，源於小月支，曾附屬匈奴。魏晉時期散居在上黨郡，與漢人雜處，從事農業生產，又被稱為「羯胡」）人，他不但精於騎射，而且為人沉著有膽略。

西晉在經歷「八王之亂」後，國勢一蹶不振，百姓生活困苦，身處水深火熱。太安年間，并州發生嚴重饑荒，國家軍隊用糧也捉襟見肘，士兵有時沒飯吃，更不用說廣大平民百姓了。於是為了補充軍糧，有人向并州刺史司馬騰建議，將境內各族胡人全部抓來賣掉，以換取糧食。司馬騰聽從建議，將境內各族胡人盡數抓起來，石勒不幸地成為其中一個，被賣給一個叫師歡的人為奴。師歡見他長相非凡，料定他日後必成大器，於是將他放了，石勒便投奔了一個叫汲桑的牧場主。等到公師藩自立為將軍，起兵反晉的時候，石勒隨汲桑投奔軍中，在其帳下效力。

不久之後，公師藩戰死，汲桑便自稱大將軍，以石勒為前鋒，打著為成都王司馬穎報仇的旗號討伐司馬騰。這支部隊實力尚弱，輾轉各地，汲桑也在一次戰鬥中喪生，於是石勒又投奔到了胡人首領張督的帳下，深得其信賴，並順利說服張督歸順正準備攻打西晉的匈奴首領劉淵。劉淵高興地接納了他們，並封石勒為輔漢將軍。

歸附劉淵的第二年，石勒被派去攻打西晉。石勒自領一支軍隊後，開始發展自己的勢力，因為在對西晉的作戰中立下赫赫戰功，所以勢力迅速擴大。劉淵去世後，他的第四子劉聰即位稱帝。這時候的石勒雖然有野心，但是因為時機未到而繼續韜光養晦。

西元311年，石勒率領3萬精騎與劉聰派遣的劉曜（曜ㄧㄠˋ）和王彌會師，合力攻陷西晉都城洛陽，俘獲晉懷帝。在追擊西晉殘兵之時，石勒設計除去王彌，將他的部下全部收編，然後上奏劉聰，稱王彌反叛，自己只得先斬後奏。劉聰知道石勒的野心，大為惱怒，但知道石勒羽翼已豐，已經對他奈何不得，只得忍怒冊封他為鎮東大將軍。自此之後，雖然石勒在名義上仍然是劉聰的臣子，但實際上石勒已經自立門戶，獨霸一方，並且石勒一直尋找機會繼續向南擴張。

在一次戰鬥中，石勒的軍隊遭遇大雨，軍中糧草不繼，而且疾病肆虐，士兵死亡過半，以致軍心大亂。有的將領建議石勒向敵人求和，有的將領則提出將軍隊駐紮在高處避雨然後再尋求戰機，有的將領則建議石勒偷襲敵軍，將敵軍的糧食搶為己用。石勒聽了這些建議，搖了搖頭，沒有同意。在這時，石勒的首席謀士張賓向石勒進言，建議石勒停止向南擴張。北方鄴城城防堅固，而且四面都有要塞，不如據此作為根據地，大力經營黃河以北的地區。等到黃河以北地區穩定後，天下就再也沒有和將軍匹敵的人了。石勒聽從建議，北上渡過黃河選擇幽州、并州為據點招兵買馬、積草屯糧，大力發展經濟和文化教育。

西元318年，劉聰病死，臨死前，召石勒到平陽受遺詔做輔政大臣，石勒推辭不去。這時，劉漢朝廷發生內亂，劉聰的兒子劉粲被大臣靳準所殺。靳準自立為王，遭到劉氏集團劉曜的攻擊。石勒認為這是一個好機會，於是出兵討伐靳準，在這一過程中和劉曜發生衝突，石勒放言：「劉家能稱帝，我石勒也能！」於是稱王，也就是後世所說的後趙王，並實行了一連串改革，上至宗法制度，下至百姓田租，為後趙的發展奠定了良好的基礎。石勒登基後沒有忘本，還將自己故鄉的父老鄉親請來一同宴飲，就連曾經和自己爭執打鬥的人也不怨恨，還給他授予官職。

當時，中原整體還處於動盪之中，各方勢力頻頻用兵，剛剛建立起的後趙也是戰爭不斷。石勒稱王的第三年就遇到了以收服河山為畢生志向的晉朝大將祖逖（逖 ㄊㄧˋ），使得後趙勢力被漸漸削弱。石勒想盡辦法和祖逖修好，不僅派人去幽州為祖逖修繕祖墳，還將背叛祖逖的降將斬殺。祖逖很承石勒的情，後趙的邊境也因此得以安寧。祖逖死後，石勒很快攻取了河南大片土地，並向東打擊鮮卑（鮮卑，我國古代北方的一支遊牧民族）勢力，擴展版圖。

另一邊，劉曜也在不斷發展勢力，兩股力量不可避免的產生了矛盾，劉曜大敗石勒驍勇善戰的侄子石虎，圍困後趙的軍事重鎮洛陽。石勒力排眾議，決定親征，率領步兵、騎兵4萬，渡過黃河，並抄小道突襲劉軍。

劉曜佔據洛陽後，終日只顧宴飲尋歡，直到聽說石勒親率大軍前來討伐，才倉促應戰。石勒帶兵突襲，劉軍潰敗，劉曜醉醺醺地趴在馬背上逃跑，馬兒失蹄將他扔到了地上，石勒的士兵輕易將其擒獲。第二年，石虎（石虎，是石勒的侄子，生性殘暴，因為武藝高超而且勇猛過人，所以深得石勒的寵信）又俘虜了劉曜的太子劉熙，至此，前趙的劉氏集團勢力基本被消滅。

石勒非常高興，設宴犒賞群臣。宴席上，石勒笑問群臣：「朕可以和前世的哪一等君主相比啊？」大臣回答：「陛下英明神武，無人能及。」石勒搖頭：「人怎麼會不瞭解自己，你這話太過了！朕若遇到漢高祖，當向他北面稱臣，做韓信、彭越一類的人物輔佐他。若遇上漢光武帝，將會與他共同逐鹿中原，至於鹿死誰手，也未可知。大丈夫行事應當光明磊落，不應像曹操、司馬懿之輩，欺凌孤兒寡婦，用不正當的手段奪取天下。」群臣叩首稱是，三呼萬歲。

西元333年，石勒病重臥床，石虎偽造詔命，隔絕群臣親戚，不許任何人進宮探望，石勒病情的好壞，宮外無人得知。石勒心知自已時日無多，頒佈遺詔，命太子石弘和石虎相互扶持，便去世了，石弘繼位。第二年，勢力雄勁且暗中籌畫好篡位的石虎成功的奪取了王位。

聞雞起舞：祖逖北伐

西元311年，劉聰大軍攻陷西晉都城洛陽，俘虜了晉懷帝，中原一片大亂，西晉的皇室和世族已紛紛遷到江南，政治中心也向南方轉移。西晉軍隊在長安城擁立湣（湣）帝，以延續西晉政權。晉湣帝登基之後，素有收復國土的志向，所以派當時的左丞相司馬睿率兵20萬準備北伐。

祖逖是河北范陽人，年輕時就有鴻鵠之志，曾和西晉名將劉琨一同擔任司州主簿，二人關係很好，常常同榻而眠，祖逖每每夜半時聽到雞鳴，便叫劉琨起床一起拔劍練武，為投身報國做準備。他一心想要為國收復失地，聽說這個消息就投到了司馬睿帳下做了軍諮祭酒，並進言：「晉朝的叛亂並非因為君王無道而令臣子心生怨恨，而是皇親宗室之間爭權奪勢，互相傾軋，這才使得戎狄趁虛而入，禍害中原。如今晉朝遺民遭受那些入侵者的摧殘，群情激憤，如果這時您能揮軍北上，收復失地，一定有很多的英雄好漢回應！」

祖逖哪裡知道，司馬睿僅僅致力於偏安一隅，開拓江南地區，根本就沒有北伐的志向。他聽到祖逖的話後，只是任命祖逖為奮威將軍、豫州刺史，撥了1千人的口糧以及3千匹布給他，沒有提供任何鎧甲兵器，也不派給他一兵一卒，而是讓祖逖自己想辦法。祖逖咬牙帶著自己麾下的一百多戶人家渡過長江北上，望著茫茫的江水立下誓言：「我祖逖如果不能收復失地，重整河山，就讓我像這大江一樣有去無回！」渡過長江後，祖逖在淮陰駐紮，並開爐冶鐵，鍛造兵器，還招募了兩千多兵士，為北伐做準備。

西元316年，晉湣帝被匈奴俘虜，長安失陷，西晉滅亡，司馬睿不得不將精力放在北伐上面。但北伐的形式也相當嚴峻，不僅有後趙王石勒盤踞，還有大大小小的眾多地方武裝割據勢力，祖逖在蘆洲屯兵時便遭到佔據太丘的張平和佔據譙城的樊雅的阻礙，不得不派兵強攻。後來，祖逖見

久攻不下便用離間計誘使張平的部下謝浮殺掉了張平，這才得到了太丘。但譙城仍在樊雅的掌握之中，祖逖便向南中郎將王含請求援兵，王含欣然同意，樊雅見形勢對自己不妙，便很識時務地投降了祖逖。至此，祖逖終於在豫州鞏固了自己的勢力，邁出了北伐的重要一步。

其實，在祖逖攻打樊雅時，有一個叫陳川的地方割據勢力頭子也曾派兵助戰，那個領兵的將領叫李頭，英勇善戰，很受祖逖賞識，他也常常感嘆：「要是祖逖能做我的主公，我就死無遺憾了。」陳川知道後自然大怒，派人殺了李頭，而李頭的部下竟然率眾投降了祖逖。陳川怒不可遏，為報復而大肆搶掠豫州的各郡，祖逖派兵將他打敗，陳川走投無路便投降了後趙王石勒，受其庇護。在祖逖攻打陳川時，石勒派麾下大將石虎率5萬大軍支援陳川，兩軍交戰，祖逖戰敗，只得退守淮南。石虎將陳川的舊部遷走，留下了自己的部下桃豹駐守陳川的老城。

當時，祖逖的部將韓潛和後趙的將軍桃豹分別佔據陳川老城，桃豹佔西邊，韓潛佔東邊，雙方就這樣相持了四十多天。祖逖決定用計佔領整個老城，便命人將布袋裝滿土，看起來就像裝滿了米糧的樣子，然後派一千多人將土袋運到台上，又讓一些人擔著真米，在路邊休息。桃豹的士兵追來，祖逖的部下故意丟下擔子逃走，桃豹的士兵得了米糧，又見台上堆著好些米袋，還以為祖逖的部眾糧草充沛，想到自己已經餓了好幾天，心中恐懼，軍心大亂。祖逖又派部下搶了桃豹的軍糧，桃豹只得連夜遁逃，祖逖乘勝追擊，終於佔領了陳川的老城，並命部下馮鐵守城，自己則駐守雍丘，並時常派兵截擊後趙軍隊，後趙國戍邊的兵士有不少因此歸降了祖逖，後趙的國土也日漸縮小。

祖逖為人嚴於律己，寬於待人，又能與將士們同甘共苦，同時也不斷鼓勵農業生產，安撫過來投奔自己的流民，所以很得民心，就連不少地方割據勢力也與祖逖交好，一旦後趙有什麼舉動，便會秘密告訴祖逖，再加上祖逖日夜練兵，於是總能在戰場上屢戰屢勝，以致威名遠播。

後趙王石勒深知祖逖的厲害，見他勤於練兵、積草屯糧，心中擔憂。為了和祖逖交好，石勒派專人到幽州替祖逖整修了祖墳，還殺掉了背叛祖逖投降自己的童建，並把首級送給祖逖，附通道：「叛臣逃吏，是我最為厭惡的。將軍憎惡的人，就是我憎惡的人。」祖逖很感激石勒，此後，只要是後趙叛降歸附的人，他都不接納，並約束將士，禁止騷擾後趙百姓。就這樣，兩國邊境短暫地安定下來，得以休養生息。

好景不長，豫州剛剛收復不久，上面就派來了一個叫戴淵的人來做祖逖的上司。祖逖見這個新上司全無北伐之心，又聽說朝中各派勢力勾心鬥角，知道國家將有內亂，而自己的北伐大業也無法完成，心中鬱結，一病不起，最終懷著「壯志未酬身先死」的遺憾在雍丘去世。

豫州百姓得知了祖逖的死訊都像失去了自己的親生父母一樣悲痛，不少百姓還自發地為祖逖建立了祠堂，以紀念這位為國家鞠躬盡瘁死而後已的英雄。

救危宰相：王導

晉湣帝在被俘前留下詔書，要鎮守在建康（今江蘇南京市）的琅琊王司馬睿（睿ㄖㄨㄟˋ）繼承皇位。司馬睿在西晉皇族中，地位和名望並不高。晉懷帝的時候，他被派去鎮守江南。他帶去了一批北方的士族官員，其中最有名望的就是王導。司馬睿對王導言聽計從，把他看作心腹。司馬睿剛到建康的時候，江南的一些大士族地主嫌他地位低，不怎麼看得起他，也不來拜見。為此，司馬睿心裡不踏實，要王導想個辦法。王導有個堂兄王敦，當時在揚州做刺史，頗有勢力。於是王導把王敦請到建康，兩人商量出一個主意來。

這年三月初三，按照當地的風俗，百姓和官員都要到江邊去「求福消災」。這一天，王導讓司馬睿坐上華麗的轎子到江邊去，前面有儀仗隊鳴鑼開道，王導、王敦和從北方來的大官、名士，一個個騎著高頭大馬跟在後面，排成一支十分威武的隊伍。這天，在建康江邊看熱鬧的人本來很多。大家看到這種從來沒見到過的大排場，引起一陣轟動。江南有名的士族地主顧榮等聽到這個消息，從門縫裡偷偷張望。他們一看王導、王敦這些有聲望的人對司馬睿這樣尊敬，大吃一驚，怕自己怠慢了司馬睿，一個接一個地出來排在路旁，拜見司馬睿。這一來，大大提高了司馬睿在江南士族地主中的威望。

王導接著就勸司馬睿說：「顧榮、賀循是這一帶的名士。只要把這兩人拉過來，就不怕別人不跟著我們走。」司馬睿派王導上門請顧榮、賀循出來做官，兩個人都高興地來拜見司馬睿。司馬睿親切地接見了他們，封他們做官。自那以後，江南大族紛紛擁護司馬睿，司馬睿在建康就站穩了腳跟。司馬睿剛來時，常常因為喝酒耽誤事情，王導對此進行勸說，司馬睿就命令人斟上酒，他接過酒杯後把酒倒掉，從此便戒了酒。

北方發生大亂以後，北方的士族地主紛紛逃到江南來避難。王導又勸說司馬睿把他們之中有名望的人都吸收到王府來。司馬睿聽從王導的意見，前前後後吸收了一百零六個人在王府裡做官。司馬睿聽從王導的安排，拉攏了江南的士族，又吸收了北方的人才，鞏固了地位，心裡十分感激王導。

當初，譙（譙ㄑㄧㄠˊ）國人桓彝（彝ㄧˊ）避亂渡過長江，看見司馬睿勢單力薄而且又沒有威望，便對周顗（顗ㄧˇ）說：「我因為中州地區多變故，來到這兒求安，結果這裡如此勢單力薄，將靠什麼來成就大業？」不久之後，桓彝見到王導，與他一起議論天下大事。結束談話之後，桓彝又找到周顗，對他說：「剛才我好像看到了管仲，現在我已經不再憂慮成就不了大事了。」

西元317年，司馬睿在建康即位，重建晉朝，是為晉元帝。在這以後，晉朝的國都在建康。為了和司馬炎建立的晉朝（西晉）相區別，歷史上把這個朝代稱為東晉。

司馬睿從東渡到登基，主要依賴了北方大族王導、王敦兄弟的大力支持。在此期間，王導位高權重，聯合南北士族，運籌帷幄，縱橫捭闔（捭闔ㄅㄞˇㄏㄜˊ：開合，指分化和拉攏），政令己出。王敦則總掌兵權，專任征伐，後來又坐鎮荊州，控制建康。王氏兄弟權傾內外，司馬睿不過是徒有虛名而已。登基大典那天，皇帝司馬睿突然拉住大臣王導同升御床，一同接受群臣的朝賀，表示願與王氏共有天下的意向。但天無二日，王導嚇了一跳，連忙推辭說「太陽豈能與萬物同輝，君臣名分是有區別的」，晉元帝才沒有勉強他。

王敦恃權而傲，晉元帝想要削減他的勢力，暗中命心腹做好軍事部署，名義上是北伐，其實是對付王敦。王導因此被疏遠，但是王導始終能保持常態，不作計較。王敦趁機以替王導訴冤為藉口，於西元322年自武昌舉兵，攻入建康，史稱「王敦之亂」。王導認為佞臣擾亂朝綱，同意王敦率兵前來「清君側」，但是王敦卻想篡奪政權，王導出面維護帝室。因為王導的反對，王敦沒能實現他的野心，只好退回武昌。

西元323年，晉元帝病死，晉明帝繼位，王導輔政。王敦以為有機可乘，又加緊圖謀篡奪，王導再一次站在了對立面。這時候，王敦身染重病，不能親自帶兵，就將兵權交給了自己的兄長王含。王導致信王含說：「你今天的舉動，和當年王敦的所作所為很相似，但是兩者形勢完全不同：當年朝廷有佞臣擾亂朝綱，就是我自己也想離開以求自保；但是現在，先帝雖然去世，還有遺愛在民，當今聖主聰明，並無失德之處。如果這時反叛朝廷，則會引起公憤。」王導表示「寧為忠臣而死，不為無賴而生」，並部署兵力抵抗叛軍。

王導聽說王敦病重，就率子弟為王敦發喪，將士們以為王敦真的死了，士氣大振。於是王導派遣將領趁夜渡江發起偷襲，將王含打個措手不及。王敦知道王含潰敗之後，大怒不已，不久後病重而死。

西元325年，晉明帝病死，幼主晉成帝繼位，王導與外戚庾（庾）亮同為輔政大臣。庾亮不顧王導的勸阻，執意徵召蘇峻入京，於是爆發「蘇峻之亂」。蘇峻入京後，專擅朝政，因為忌憚王導的威望而不敢加害。後來，王導聯手陶侃和溫嶠（嶠）除掉蘇峻，再一次穩定了局面。

歷經三朝，王導的威望十分崇高，晉成帝給王導的手詔總是用「惶恐言」、「頓首言」、「敬白」之類的語言，他還親自駕臨王導的府邸，禮敬王導的妻子。王導每次上朝，晉元帝都要起立相迎。王氏子弟遍佈朝中，有「王與馬，共天下」之稱。

風流宰相：謝安

謝安生於東晉年間，那時的統治階層大多是由西晉時期前來江南避難的中原世家大族組成的，他們往往獨霸一方、縱情恣意，不服朝廷管制。謝安便是出身於名門世家，從小便受到家庭的薰陶，在德行、學養、風度等方面都有很高的造詣，在很小的時候便名重一時，朝廷慕名前後多次徵召他入朝為官，都被他推辭了。

謝安寄情於山水和各類典籍之中自得其樂，喜歡與王羲之等名士出遊，琴棋書畫，樣樣精通，確是個風流人物。雖然他仍身為一介布衣，但當時很多人都認為他有做宰相的才能，並對他寄予厚望，士大夫們常常在一起議論說：「謝安不為官，教百姓該怎麼辦是好啊！」謝安的妻子見丈夫不思進取，便時常責怪他，謝安則搖頭說道：「我最為擔心的是，到最後我還是難免要做官。」

果然不出謝安所料，謝安的弟弟謝萬因為在戰爭中指揮不當而被罷了官，謝安為家族利益著想這才答應入仕為官，當時掌握朝政的征西大將軍桓（桓ㄏㄨㄢˊ）溫（桓溫，三次出兵北伐，都取得了一定的成果。晚年欲廢帝自立，未果而死）十分高興，向朝廷請求讓謝安做司馬，謝安應召就任，這時他已經40多歲了。

謝安並沒有因為桓溫的親近而被迷惑，他深知桓溫有篡位的野心。簡文帝死後，孝武帝司馬曜即位，桓溫準備策動謀反，並意欲軟禁當時已經是尚書的謝安和王坦之。王坦之非常害怕，謝安卻不變神色，坦然地對桓溫說：「我聽說有道的諸侯在四方設置守衛，可明公又何必在幕後埋伏士卒呢？」

桓溫被問得很尷尬，只得下令撤除了埋伏，之後卻又一直找不到下手的機會，只能放棄。後來，桓溫病重，卻仍幻想死前能夠得到加九錫的殊榮，於是不斷派人催促孝武帝。謝安和王坦之故意拖延時間，不斷對已經起草好的詔書進行修改，就是遲遲不予頒發，桓溫終於還是抱憾病死。

孝武帝即位後一直很倚重謝安，任命他為宰相，讓他總攬東晉的朝政。謝安深明大義，為穩定局勢而沒有趁桓溫死的機會打擊桓氏集團，而是繼續重用桓溫的弟弟桓沖，桓沖也同意冰釋前嫌，一心為國效命。當時，前秦在苻堅的治理下日漸強盛起來，東晉的北方邊境受到嚴重威脅，東晉的軍隊與前秦交戰多次卻屢遭敗績。謝安不顧凡俗的眼光，毅然薦舉自己的親侄兒謝玄前往戍邊，對抗前秦。謝玄不負所託，在西元378年前秦第一次大舉攻晉之時四戰四勝，全殲秦軍，世人這才開始稱頌謝安舉賢不避親的高尚品行。

西元383年，桓沖率領十萬大軍討伐前秦，苻堅一方面派人迎戰，一方面親自率領60多萬大軍，再次大舉入侵東晉。謝安臨危受命，任命謝石為前線大都督，謝玄為先鋒，連同桓伊、自己的兒子謝琰（琰ㄧㄢˇ）等青年將領，率領8萬兵馬，分三路迎擊秦軍。

在那個生死存亡的時期，東晉上上下下都陷入恐懼當中，就連謝玄也沉不住氣了，匆匆入朝向謝安請教應對之策。謝安卻是一副波瀾不驚的樣子，只回答自己已經另有打算，便不再多言，還拉著謝玄去自己山中的別墅裡下圍棋，謝玄心急如焚，但又沒有辦法。桓沖聽說這件事之後，長嘆道：「謝安鎮定自若的氣度確是令人欽佩，他也能夠治理好國家，但謝安根本就不懂帶兵打仗。如今都大禍臨頭了，還在盡情玩樂，派那些從來沒打過仗的年輕人前去抵抗，而且就帶那麼一點兵，怎麼可能得勝？唉，局勢已定，看來我們必將要遭受外族的統治了！」

結果完全出乎桓沖的意料，淝水一戰，晉軍以少勝多，大敗前秦軍隊。收到捷報時，謝安正在和客人下圍棋，看過捷報之後就隨手將信放到了床上，臉上一點高興的樣子也沒有。客人很好奇，問他信裡到底說的什麼，他這才慢條斯理地回答：「沒什麼，不過是孩子們已經打敗了敵軍而已。」下完棋以後，客人離去，謝安回到屋裡，邁過門檻的時候，竟然高興得連屐齒被折斷都沒有發覺。

淝水之戰勝利之後，謝安的聲望日盛，為人又正直，遭到小人的嫉恨，那些小人常常進讒言挑撥謝安與孝武帝的關係，孝武帝因而逐漸開始疏遠和猜忌謝安。謝安請求趁苻氏戰敗的時機收復中原地區，晉孝武帝卻重用小人，排擠謝安。後來，前秦王苻堅被鮮卑族背叛，向東晉求救，謝安便借助這個機會，離開東晉都城建康那個是非之地，前往鎮守廣陵，並居住在那裡。

後來，謝安因病請求返回建康，得到了孝武帝

謝安圖

的批准。他回到建康不久就去世了，朝廷以極高的禮儀安葬了他。

捫虱而談

王猛胸懷大志，好學不倦，因為不屑於繁瑣的小事，經常遭到別人的輕視。王猛年輕時曾路過後趙的都城，徐統見到他，認為是一個了不起的人物，於是便召他為功曹。王猛辭而不就，逃到華山上隱居起來。因為他認為憑自己的才能，不應該僅僅做個功曹。所以他暫時隱居，看看天下形勢的變化，等待時機。

西元354年，東晉的大將軍桓溫帶兵北伐，擊敗了苻健的軍隊，把部隊駐紮在灞上，王猛身穿麻短衣，徑直到桓溫的大營求見。桓溫請他談談對當時社會局勢的看法。王猛在大庭廣眾之下，一邊把手伸到衣襟裡去捉蝨子，一邊縱談天下大事，滔滔不絕，旁若無人。桓溫見此情景，心中暗暗稱奇。他問王猛：「我遵照皇帝的命令，率領10萬精兵來討伐逆賊，為百姓除害，可是，關中豪傑卻沒有人到我這裡來效勞，這是什麼緣故呢？」

王猛回答：「您不遠千里來討伐敵寇，長安城近在眼前，而您卻不渡過灞水把它拿下來，大家摸不透您的心思所以不來。」桓溫被王猛說中心思，默然不語，過了一會兒才對王猛說：「長江以南，沒有人能比得上你。」於是桓溫想留下王猛幫助自己，但是王猛卻拒絕了桓溫的邀請，繼續隱居華山。

王猛這次拜見桓溫，本來是想出山顯露才華，幹一番事業的，但最後還是打消了這個念頭。因為他在考察桓溫和分析東晉的形勢之後，認為桓溫不忠於朝廷，懷有篡權野心，未必能夠成功，自己在桓溫那裡很難有所作為。

桓溫退走的第二年，北方前秦皇帝苻健去世。繼位的是暴君苻生。他昏庸殘暴，殺人如麻，上下離心。東海王苻堅（苻堅：字永固，十六國時期前秦的皇帝。苻堅在位前期勵精圖治，前秦基本統一北方；淝水之戰後一蹶不振，最後被羌人所殺，終年48歲）素有聲譽，有人勸苻堅及早謀劃，否則大權就會落入他人手中。

苻堅就此事詢問尚書呂婆樓，呂婆樓認為自己的能力不足以成就大事，便向苻堅推薦了王猛。苻堅根據呂婆樓的建議，召見王猛，兩人一見如故。他們談論天下大事，雙方意見不謀而合。苻堅覺得自己遇到王猛好像三國時劉備遇到了諸葛亮，而王猛也深感遇到明主，便決定留在苻堅身邊盡力輔佐。苻堅即位後，當即任命王猛為中書侍郎，參與軍國機密。

王猛日益受到重用，引起了王室成員以及有功舊臣的嫉恨。氐（氐 ㄉㄧ）族豪強樊世曾隨先主苻健平定關中，他對王猛說：「我們辛苦耕種，你就坐享其成嗎？」

王猛針鋒相對：「不但要讓你辛苦耕種，還要讓你做成熟食端到我面前呢！」

樊世怒不可遏，大罵：「我一定要將你的人頭懸掛在長安城門之上，否則我就枉活人世。」

王猛將樊世的話告訴了苻堅，苻堅怒道：「一定得殺掉這個氐族老夫，然後群臣才會恭敬從命。」後來樊世進宮言事，當場與王猛發生爭論，竟揮拳擊向王猛，被左右拉住，接著又破口大罵，穢言不堪入耳。苻堅大怒，立命將其斬首。此後，對王猛的反對，由公開攻擊轉為暗中讒害。

朝官仇騰、席寶常常毀謗王猛，很快就被苻堅趕出朝廷。對那些讒言毀謗的氐族官員，苻堅有時甚至當堂鞭打腳踢。從此，再也沒有人對王猛趾高氣揚了。

西元359年，苻堅任命王猛為侍中、中書令，兼領京兆尹。光祿大夫強德自恃是強太后的弟弟，經常借酒逞兇，搶人財物子女，為禍百姓。王猛一上任就將他拘捕，並上奏請求處置強德，沒等回覆就將強德處死並將其屍首吊在街市示眾。苻堅得到王猛的奏章時，想要赦免強德，但是為時已晚。王猛與御史中丞志同道合，他們懲惡除暴，無所顧忌。在幾十天之內，他們依法罷黜和處死權貴20多人，朝廷上下為之震動。於是境內大治，路不拾遺，奸惡之輩屏聲斂氣。苻堅見到政治清明，感嘆地說：「我到如今才知道天下有法律了！」

苻堅對王猛的器重日益隆盛，同年又任命王猛為輔國將軍、司隸校尉，並身兼數職，權勢顯赫，風頭一時無兩，而王猛時年僅36歲。朝廷內外嫉恨王猛的人不在少數，但是他們都不敢出言詆毀，因為一旦被發現，就會受到苻堅的處置。

苻堅如此器重王猛，王猛也不負眾望。在他的治理下，前秦國一改前弊，境內一派昇平景象。百姓安定，生活富足，這些全賴王猛治理得當，當時百姓有歌讚道：「兵強國富，垂及昇平，猛之力也。」

在王猛的治理下，前秦國成為北方諸多國家最有實力的國家，在10年之間，逐漸吞併其他各國，基本統一了北方。在統一的過程中，王猛居功至偉，他親自率兵東征西討，攻必克戰必勝，匈奴劉氏部、烏桓獨孤部、鮮卑沒奕干部、鮮卑拓跋部等都先後歸服了前秦。十分天下，前秦居有七分，長江以南的東晉政權也深感到前秦的強大，無人再議北伐之事。

苻堅對王猛極為信任，軍政大事一切由其定奪，自己則端坐拱手於朝堂之上。有感於王猛的辛勞和功德，苻堅曾對王猛說：「您日夜操勞，憂勤萬機，而我好像周文王得到了姜太公似的，可以優哉游哉享清福啦！」王猛說：「沒想到陛下對臣評價如此之高，臣哪裡配得上比擬古人。」苻堅說：「據我看來，姜太公都比不上您啊！」他經常囑咐太子等皇家子弟說：「你們敬事王公，要像奉事我一樣！」

西元375年，51歲的王猛因病去世。王猛死後，苻堅極度悲痛，在半年之內便已鬚髮斑白，而此時的苻堅才38歲。

淝水之戰

前秦國在王猛的治理下，國力逐漸強盛，逐步統一了北方。但王猛死得太早了，臨死時，曾對苻堅說：「東晉雖然遠在江南，然而正統所在，民心歸附，我死之後，希望不要打算攻打東晉。」王猛說完話就死了，苻堅大哭，可是並沒有接受王猛的最後忠告。

到了西元383年，苻堅舉行御前會議，討論出兵消滅東晉。一些慣會逢迎拍馬的官員趕快奉承說：「陛下出兵去打東晉，看來一定旗開得勝，馬到成功，勝利是可以預料的。」可是大臣權翼表示反對，他說：「東晉雖說偏安江南，力量薄弱，可是他們內外齊心，君臣和睦，還有謝安、桓沖這些有名的將領，智勇雙全。依我看，目前去攻打東晉，恐怕時機還不成熟。」

苻堅一聽，不由火冒三丈，怒氣沖沖地說：「這有什麼了不起，我有百萬大軍，只要每個人把馬鞭扔進長江裡，連江水都會被攔阻。」群臣紛紛進諫勸阻。

苻堅之弟苻融說：我們內部由各少數民族組成，很不穩，萬一有變，無法應付。太子苻宏說這樣做無疑是勞民傷財，自損威名。最後，苻堅所寵愛的張夫人也說：「現在朝廷大臣幾乎都說不可攻打東晉，而陛下您堅決要這樣做，不知是什麼原因？我們要考慮人心所向，人心既然反對，強要出師，不吉祥啊！」苻堅一概不聽。反而聽希望前秦崩潰的兩個人慕容垂、姚萇（萇ㄔㄤˊ）的意見，他們假意說：「強大國家吞併弱小國家，是自然的道理。希望陛下乾綱獨斷。」苻堅只見勝，不見敗；只見外，不見內，真是自取滅亡。此後苻堅親率大軍大舉向江南進發。秦軍前鋒為30萬人，由苻融等率領，先頭到達潁口（今安徽潁上東南）。

東晉派出的將領胡彬，率領水軍沿著淮河向壽陽進發。在路上，他得知壽陽已經被前秦的前鋒苻融攻破。胡彬只好退到硤（硤ㄒㄧㄚˊ）石（今安徽鳳台西南），紮下營來，等待謝石、謝玄的大軍會合。苻融佔領壽陽以後，又派部將梁成率領五萬人馬進攻洛澗（在今安徽淮南東），截斷了胡彬水軍的後路。晉軍被圍困起來，軍糧一天天少下去，情況十分危急。

苻融向苻堅報告：「晉軍兵少容易生擒，但恐怕逃走，應盡速率軍來！」苻堅得信後，把大軍留在項城（今河南項城），只帶輕騎8千人，匆匆趕到壽陽，企圖一舉打垮晉軍。

苻堅派將軍朱序到晉軍大營勸降。這朱序本來是東晉的將領，四年前，他在襄陽和前秦軍隊作戰，兵敗被俘，留在前秦。現在他見晉秦交戰，認為自己為東晉出力贖罪的機會到了。所以他到晉營不但沒有勸降，反而向謝石提出了破秦的建議。他說：「如果秦百萬大軍全到，難以抵擋。

如今乘秦軍還沒集結的時候，趕快攻破秦軍前鋒。假若打敗了它的前鋒，便可摧毀秦軍士氣，全軍可破。」於是謝石派戰鬥力較強的北府兵將領劉牢之帶領一支兵馬，在夜晚神不知鬼不覺地來到洛澗，向秦軍陣地發起突襲。正在睡夢中的秦將梁成，聽到喊殺聲，嚇出了一身冷汗，慌慌張張地從床上爬起來，上馬迎戰，結果被劉牢之一刀砍翻，送了性命。秦軍失去主將，無心再戰，晉軍乘勝追擊。謝石帶領晉軍主力渡過洛澗，在離壽陽城只有四里地的八公山下，紮下營寨，與秦軍主力隔淝水相持。

在壽陽城裡的苻堅，接二連三地接到洛澗方面失利的消息，再也沉不住氣了。他忐忑不安地和苻融登上壽陽城樓，瞭望晉軍的動靜，只見晉軍陣營嚴整，旌旗如林，八公山上密密麻麻，不知道有多少晉軍在東奔西突苦練殺敵本領。他把八公山上被風吹得左右搖晃的草木都看成晉兵了，於是對苻融說：「這也是勁敵，怎能說晉軍軟弱呢？」開始露出了恐懼的神色。

這時，東晉將領謝玄乘敵不穩，抓住戰機，派人用激將法對苻融說：「將軍率領軍隊深入晉地，沿淝水佈陣，這是持久作戰的辦法，不是速決戰的打算。如果你把軍隊後撤一下，讓出一塊地方，讓我軍渡過淝水，決一勝負，不是很好嗎？」

於是，苻融命令軍隊後退，打算乘晉軍渡水的時候，回軍砍殺，取得勝利。謝石、謝玄得到苻堅答應後撤的回音，迅速整好人馬，準備渡河進攻。

約定渡河的時刻到來了，苻堅一聲令下，苻融就指揮秦軍後撤。他們本來想撤出一個陣地就回過頭來總攻。沒料到許多秦兵一半由於厭惡戰爭，一半由於害怕晉軍，一聽到後撤的命令，撒腿就跑，再也不想停下來了。謝玄率領八千多騎兵，趁勢飛快渡過淝水，向秦軍猛攻。

這時候，朱序在秦軍陣後叫喊起來：「秦兵敗了！秦兵敗了！」後面的兵士不知道前面的情況，只看到前面的秦軍往後奔跑，也轉過身跟著邊叫嚷，邊逃跑。

苻融氣急敗壞地揮舞著劍，想壓住陣腳，但秦兵像潮水般地往後湧來，哪裡壓得住。一群亂兵衝來，把苻融的戰馬衝倒了。苻融掙扎著想起來，晉兵已經從後面趕上來，把他一刀砍了。主將一死，秦兵更是像脫了韁繩的驚馬一樣，四處亂奔。

陣後的苻堅看到情況不妙，只好騎上一匹馬拚命逃走。不料一支流箭飛來，正好射中他的肩膀。苻堅顧不得疼痛，繼續催馬狂奔，一直逃到淮北才歇了口氣。

晉軍乘勝追擊，秦兵沒命地潰逃，被擠倒的、踩死的兵士，滿山遍野都是。那些逃脫的兵士，一路上聽到風聲和空中的鶴鳴聲（成語「風聲鶴唳」的典故），也當作東晉追兵的喊殺聲，嚇得不敢停下來。

「風聲鶴唳，草木皆兵」的成語，就是這樣來的。

在淝水之戰中，兵力較少的晉軍利用對方的錯覺和不意，打敗了比自己多十倍的秦軍，成為我國古代以少勝多的著名戰例。淝水之戰，是決定南北朝對峙局面的一次大戰。苻堅在淝水吃了敗仗，國內矛盾加劇，導致前秦的政權很快瓦解了。中國北部又分裂成許多小國。經過50多年的各國混戰，到西元439年，由鮮卑拓跋部貴族建立的北魏統一了北方。

北魏崛起

南北朝時期的北魏由鮮卑族拓跋氏建立，北魏的崛起有賴於開國之初的三位英明君主：拓跋圭、拓跋嗣、拓跋燾（拓跋燾）。拓跋氏的先祖曾經建立過代國，這個國家在西元376年為前秦苻堅所滅。此後，拓跋氏不得不處於苻堅的統治之下，直到西元383年苻堅在淝水之戰中慘敗，前秦勢力受到毀滅性打擊，統治瓦解，拓跋圭這才得以恢復代國政權，並改國號為魏，也就是歷史上所說的「北魏」。

拓跋圭驍勇善戰，且極有軍事才能。他登上王位後，收服了很多少數民族部落，這些部落大多都甘心臣服，只有柔然部落拒不接受北魏的統治。拓跋圭帶兵前去攻打，柔然部落全數逃亡，拓跋圭帶兵緊追不捨，一直追了6百多里，軍中的糧草全部用盡。有的將領建議放棄追擊，拓跋圭卻問：「如果宰殺備用的馬匹充當口糧，我們3天之內能不能追上他們？」各位將領都回答說可以追上，於是拓跋圭便下令殺馬為食，加緊追擊，果然追上並將柔然部落的逃兵打得大敗。事後，拓跋圭向眾將領解釋：「我之所以提出3天之內追上柔然部落，是因為他們需要驅趕家畜奔逃，到了有水的地方一定要停留，而我們以輕騎兵追擊，不超過3天一定能追上他們。」眾將聽了這話都很佩服拓跋圭的有勇有謀。

當時，佔據黃河河套地區的劉衛辰派八、九萬大軍侵犯北魏，拓跋圭帶領五、六千人馬迎戰，結果拓跋圭以寡擊眾，取得大勝。劉衛辰、劉勃勃（劉勃勃，鐵弗匈奴（南遷匈奴的一支）人，西元413年改姓赫連。西元418年，趁東晉大將劉裕南歸，攻佔長安城後稱帝，建立夏國）父子倉皇逃走，拓跋圭率兵乘勝追擊，於是繳獲30多萬匹馬、4百多萬頭牲畜，黃河以南各部落盡數投降北魏，北魏由此強大起來。

西元395年，後燕（後燕，是五胡十六國時鮮卑慕容氏建立的政權。前秦苻堅經歷淝水兵敗後，北方大亂，投降苻堅的慕容垂趁機集合鮮卑人於西元384年建國，歷7主，共26年）國主慕容垂派8萬大軍進寇北魏。北魏長史張袞（袞）聽說後便向拓跋圭獻計：「後燕剛剛打過幾場仗，雖然勝利了，但是勞民傷財，本不應該前來進攻我們。他們勉強出兵，可見已經有了輕視我們的心理。我們不如表現得疲憊孱弱，令他們更加驕縱，到時他們必敗無疑。」拓跋圭聽從了他的意見，為了向後燕示弱，他命令將所有的牲畜資產全部遷走躲避。後燕將士果然更加驕縱，再加上後燕國主慕容垂病重，軍心不穩，北魏一舉擊敗後燕，佔領了黃河以北地區，成為北方最為強大的幾股勢力之一。

西元398年，魏王拓跋圭正式登皇帝位，實行大赦，並開始學習漢族的文化傳統。拓跋圭曾向博士李先詢問：「天下什麼東西可以補益人的智慧？」李先回答：「書籍。」拓跋圭便命人大規模搜集書籍。當然，北魏並沒有放棄對外擴張，仍不斷進攻高車諸部。

西元409年，北魏常有災禍怪事發生，拓跋圭占卜後認為，這預示著要有什麼不詳之事發生在自己身上，再加上他服食寒食散，性情變得喜怒無常，而且特別多疑，一旦見到身邊的人面色稍變或話語出錯，就認為是居心不良，往往親手把他們刺死，致使朝中內外人心惶惶。他甚至囚禁了自己曾經最為寵愛的賀夫人，想要殺掉她。賀夫人偷偷派人向自己的兒子拓跋紹求救，拓跋紹於是動了篡位的念頭，在一個夜晚將拓跋圭殺死。最後，太子拓跋嗣殺掉了拓跋紹和賀夫人後即位並大赦天下。

拓跋嗣很有識人之能，任用了不少有作為的官員，其中不少是漢人，促進了拓跋貴族與漢人世家的聯合。他還很關心民生，經常親自到各州巡察。

西元423年，拓跋嗣進攻劉宋國，取得勝利，佔領了軍事重地虎牢關，但因積勞成疾而英年早逝。同年，太子拓跋燾登基。柔然部落聽說拓跋嗣去世，便率騎兵6萬攻擊北魏邊境，拓跋燾親自率騎兵前往討伐，不料陷入柔然騎兵的包圍之中。北魏將士極為恐懼，但見到拓跋燾神情自若，軍心也快速安定下來，不僅成功突圍，而且將柔然騎兵打敗。

拓跋燾生性節儉，只要吃穿夠用就已滿足，從不大興土木建造宮殿。他將財物視為軍隊和國家壯大的基礎，絕不會輕易浪費。拓跋燾知人善任，有時甚至會在普通士兵當中選拔將領，只重才幹，不重出身，而且賞罰得當，即使是對待自己所寵愛的人也絕不偏私。

不僅如此，拓跋燾更是一個能征善戰的帝王，無論是攻打城池，還是兩軍對陣都能身先士卒，軍中將士無不欽佩，都願誓死效忠。他多次北上進攻柔然，幾乎次次都大獲全勝。西元429年，拓跋燾大破柔然軍，柔然許多部落先後投降了北魏，北魏軍所繳獲的戰馬將近1百萬匹，牲畜、車輛、輜重不計其數。

西元426年，拓跋燾親自率兵攻打夏國，恰逢天氣酷寒，黃河冰封，拓跋燾的軍隊踏冰渡過黃河，奇襲夏國，夏國上下驚恐萬分，被打得大敗。北魏軍隊四處搶掠，斬殺、俘虜夏國軍民數萬，繳獲牛馬十餘萬頭，之後班師回國。第二年，拓跋燾第二次進攻夏國，僅以3萬騎兵攻破了堅不可摧的夏國都城，滅亡了夏國。之後，他又先後滅掉了北燕（北燕，後燕皇帝慕容寶死後，新任皇帝慕容熙因為荒淫無道於西元407年被馮跋殺死，改立慕容寶的養子慕容雲（即高雲，高句麗人）為帝。西元409年，慕容雲被寵臣所殺，馮跋殺死兇手後自稱燕天王，仍以「燕」為國號，史稱「北燕」）、北涼，基本統一了北方，結束了多年來中原混戰的局面。而在對南方的作戰中，他則佔據了劉宋的河南之地。

在拓跋圭、拓跋嗣、拓跋燾的努力之下，北魏統一了北方，並為其後的發展奠定了良好基礎。

宋武帝劉裕

宋武帝劉裕出身平民，剛剛生下來母親便死了，他的父親劉翹因為家境貧苦，覺得難以撫養他，所以想把他扔掉。幸好劉裕的姨母將他帶回家中餵養，劉裕這才保住了性命。劉裕長大以後十分英武勇敢，而且年輕時就有鴻鵠之志，但識字不多，靠販賣鞋子來維持生計。因為平常很喜歡賭博，劉裕被村裡面的人瞧不起。後來，他投身東晉軍隊，成了一名下級軍官。

當時，東晉的統治已經腐朽，周圍的世家大族都蠢蠢欲動，計畫著取而代之。西元399年，野心勃勃的孫恩起兵反抗東晉，朝廷派劉牢之前去鎮壓，劉裕也被徵召。

一次，劉牢之派他帶領幾十個人前去打探敵軍的情況，不幸遇上一支近千人的敵軍。劉裕毫無懼色，竟然拍馬上前迎戰。在這次戰鬥中，與劉裕同行的戰士全部戰死，劉裕因為跌入河澗而免於一死。但是敵軍並沒有打算放過劉裕，對他窮追不捨。劉裕越戰越勇，斬殺幾名敵兵之後登上河岸，而後又大聲吼叫著追殺敵人。敵軍雖然人多勢眾，但是看見劉裕如此驍勇善戰，都心生怯意，竟然盡數潰逃。

在軍中等待消息的劉牢之見劉裕許久沒來，覺得奇怪，於是親自帶兵前去尋找。劉牢之趕到時，眼前的一幕讓他震驚不已，他看見劉裕單槍匹馬追殺數千敵軍，不由得感嘆劉裕的英勇。劉牢之立即拍馬上前助戰，與劉裕一起追殺敵兵，獲得大勝。因為此戰，劉裕受到劉牢之的重用。在以後的戰鬥中，劉裕英勇善戰，屢立大功，很快被封為將軍，並繼續與叛軍孫恩作戰，幾乎每戰必勝，最終迫使孫恩投海而死。

孫恩起兵反叛，大大削弱了東晉的勢力，曾經意圖篡位未果的桓溫死後，他的兒子桓玄趁機解除了劉牢之的兵權，矯詔任命自己為太尉，掌控國政，而後又逼迫東晉安帝禪位，正式稱帝。劉裕審時度勢，暫時投靠了桓玄，而桓玄在極為賞識劉裕的同時，對他也非常忌憚，認為他風骨非凡，異於常人，必不會長久地屈於人下。

事實上，劉裕也一直在策劃如何對付桓玄。西元404年，劉裕號召四方討伐桓玄，各地紛紛響應。桓玄見形勢不利，便挾持晉安帝逃跑。劉裕坐鎮京師，指揮人馬追擊桓玄，將其斬殺，迎回東晉安帝復位。安帝非常感激劉裕，讓他全權處理朝中大小事務。

西元409年，劉裕上表請求討伐南燕（南燕，五胡十六國時鮮卑慕容德建立的政權。慕容德是後燕皇帝慕容寶的叔父，鎮守鄴

城。西元397年，後燕都城遭受北魏侵犯，皇帝慕容寶棄城而逃，後燕被截為兩部。慕容德率4萬戶南遷，自稱燕王，史稱南燕，西元400年改稱皇帝。9年後，被劉裕所滅），多數大臣們都以為不可輕舉妄動，劉裕還是執意率兵前往。途中，劉裕下令將船艦、笨重的軍用物資留下，而且所過之處都會修築城池，並留下軍隊把守。有的將領很擔心這樣分散兵力，深入敵國過於冒險，劉裕卻很自信，認為燕人生性貪婪，沒有長遠的計畫，進攻時只顧著多搶東西，後退時又吝惜糧食，必定以為東晉軍隊孤軍深入而無法堅持，所以不會用心佈防。

果然像劉裕所預料的，燕軍因大意而被東晉軍隊打敗。劉裕乘勝追擊，活捉了南燕國主慕容超。就在這時，孫恩的女婿盧循乘劉裕北上攻打南燕、東晉國中空虛的機會，率軍襲擊東晉的都城建康。劉裕不得不停止北伐，領兵南歸，迅速撲滅盧循，並殲滅了佔據長江中上游的幾股勢力，使南方出現了百年來未有的統一局面。

西元416年，劉裕率軍攻打後秦（後秦，五胡十六國時羌人姚萇建立的政權。淝水之戰後，北方大亂，曾經投降前秦的姚萇起兵反叛前秦。西元384年，姚萇自稱大將軍、大單于、萬年秦王，史稱「後秦」。西元385年，姚萇擒殺苻堅，一年後，在長安城稱帝），一年後滅掉了後秦。這時，好友劉穆之病故的消息傳至軍中，劉裕又悲痛又擔心。劉穆之是劉裕安排在朝中的心腹，劉穆之一死，劉裕擔心朝廷局勢發生變故，於是立即統軍倉促南歸，只留下12歲的兒子劉義真留守剛剛攻下的長安城。夏國得知消息後，待劉裕一撤兵就攻打長安，長安失陷，東晉軍隊損失慘重，劉裕辛苦取得的北伐成果毀於一旦。

西元418年，劉裕派心腹密謀毒死安帝，另立司馬德文為帝。劉裕很希望司馬德文能把帝位禪讓給自己，但又無法啟齒，便召集朝臣赴宴，在宴會上暗示自己的豐功偉業，並感慨自己年事已高，想要將爵位奉還皇上，好好回家頤養天年。群臣聽得一頭霧水，不知道劉裕究竟什麼意思，只得順口稱頌他的功德，只有中書令傅亮明白劉裕的用心，並將劉裕的目的委婉地轉達給了司馬德文。司馬德文心知其中利害關係，便於西元420年將帝位禪讓給了劉裕，劉裕即位，改國號為宋，史稱「劉宋」。

當上皇帝的劉裕仍然放心不下，擔心司馬氏復辟。每當司馬德文的妻妾生下男孩，他都會命人將其殺掉。最後，索性命人去殺死司馬德文，而自己則假裝傷心，帶領文武百官在朝堂上哭泣哀悼司馬德文整整3天，並親自護送其靈柩入土。

劉裕清心寡欲，生活很是簡樸，著裝和住所都很樸素，也很少出遊宴飲，就連後宮嬪妃也不多。他將自己全部的財產都放在國庫裡面，宮內沒有任何私藏。嶺南曾經進貢一種極其精細的布，劉裕嫌這種布太過精美，耗費人力，就命人彈劾了嶺南太守，並下令禁止嶺南再紡織這種細布。在劉裕的影響下，宮裡宮外都形成了節儉的風氣，沒有人敢奢靡浪費。

西元422年，劉裕病重，朝中大臣們打算為他向神靈祈禱，劉裕一向不信怪力亂神，所以堅決不許，只是派人到宗廟焚香，將自己的病情告訴先祖。不久之後，在位短短數年的劉裕病重不治去世。

元嘉之戰：劉宋國力從此不振

「元嘉之戰」又稱「元嘉北伐」，是指西元430年開始的劉宋討伐北魏的戰爭，其中，「元嘉」指的是劉宋文帝的年號。

自從劉宋文帝劉義隆即位之後，就一直計畫著收復被北魏佔領的黃河以南失地。西元429年，北魏國主拓跋燾率軍進攻柔然汗國，劉義隆認為這是一個千載難逢的好機會，於是決定出兵攻打北魏。他先派遣大臣出使北魏，與北魏國主拓跋燾交涉：「黃河以南的土地本來就是屬於劉宋的，可是卻被北魏侵佔了。現在，我們將要收復失地，這與你們毫無關係。」拓跋燾大怒，吼道：「胡說八道，我生下來頭髮還沒乾的時候，就已經聽說黃河以南的土地屬於我們北魏。你們要是妄想佔領，我們會暫時撤軍相避，但等到冬天天寒地凍，黃河結冰之時，我們一定會踏冰而回，重新奪回本來就屬於我們的土地。」

西元430年春天，宋文帝下詔挑選精兵5萬，令右將軍到彥之領兵向黃河進發，同時又派驍騎將軍段宏率領精銳騎兵8千人，直指虎牢關。

北魏守衛南方邊境的將領們收到劉宋大軍北上的情報，立即上書拓跋燾，要求主動出擊，先發制人。拓跋燾的謀士崔浩卻認為，北魏大軍長期在北方作戰，不習慣南方低窪的地形和潮濕的天氣；再者，孤軍深入敵人腹地，則糧草難以接濟，不如以逸待勞，等到秋天天氣涼爽、戰馬肥壯之時，奪取敵人的糧食，再進行反擊。拓跋燾採取了崔浩的建議，並考慮到北魏在黃河以南的駐軍兵力不足，索性命令將駐軍全數撤回黃河以北。這樣一來，滑台、鄴城、洛陽、虎牢四座北魏軍事重鎮的守將全部棄城而去。

同時，劉義隆和夏國結成聯盟，相約一同攻打北魏。不料拓跋燾對柔然汗國的戰爭很快取得決定性勝利，之後又親自帶兵攻打夏國，一路上戰無不勝，攻無不克，夏軍節節敗退，就連夏國國主赫連定也身負重傷，孤身一人逃跑。魏軍生擒了一百多個夏國貴族和大臣，夏軍自身難保，不敢再輕舉妄動。

劉宋這邊的形勢似乎大好，大軍剛剛開到就非常順利地進入了被北魏放棄的城池。各路軍隊都大喜過望，以為這次北伐定然能夠成功，只有少數能夠看清形勢的將領知道，北魏現在棄城北歸，一定正在暗中集結力量，一旦天氣轉寒，黃河冰封，魏軍必定會再次南下，那時便有一場硬仗要打了。

到彥之不費吹灰之力就取得勝利，佔得城池，十分得意，命令軍隊沿著黃河佈防。由於防線過長，兵力被嚴重分散開來。寒冬一到，河水結冰，北魏軍隊踏冰渡河，如期而來。北魏鐵騎來勢洶洶，兵力分散的劉宋軍隊難以抵抗，全線潰敗，洛陽、虎牢相繼失陷。到彥之見形勢不妙，決定撤軍南歸。許多將領認為，如果現在放棄抵抗，北魏軍隊就會長驅直入，深入劉宋腹地，於是紛紛請求死戰，以報國恩。殿中將軍垣護之寫信勸阻到彥之：「前世的名將即使再損兵折將、糧草斷絕的情況下仍然拚死戰鬥，不肯輕易後退一步。如今我們兵強馬壯，糧草充沛，戰鬥力仍舊很強，怎麼能說退就退？你這麼做，豈不是辜負了朝廷對你的信任和託付嗎？」

可惜的是，被北魏鐵騎嚇破膽的到彥之並沒有聽從這些主戰將士們的意見，仍舊一意孤行，下令撤軍。當初，到彥之率大軍北伐之時，浩浩蕩蕩，綿延數十里；如今大敗而回，惶惶如喪家之犬，各種軍用物資一路上拋棄殆盡。經此一戰，劉宋的國庫和武器庫變得空虛。劉宋文帝劉義隆收到己方不戰而敗的消息後，雷霆震怒，將到彥之等指揮不力的將領全部免職，逮捕入獄，而那些棄軍而逃的官員則全部被斬首。

劉宋軍隊不戰而逃，北魏軍隊果然緊追不捨，長驅直入。為了阻止北魏軍隊進入腹地，宋文帝急命名將檀道濟率軍北援。檀道濟與北魏軍隊前後交戰30多次，在兵力不敵的情況下，仍然保持勝多敗少。因為糧草不繼、軍資不足，檀道濟無法繼續北上。而這時，拓跋燾也已經打敗了夏國軍隊，得勝回到北魏都城，形勢對劉宋更為不利。好在檀道濟驍勇善戰、智謀過人，先後設下奇謀妙計，順利帶領劉宋殘兵突圍而歸。

北魏國主拓跋燾派人出使劉宋，並且請求通婚，劉宋文帝含糊其辭，並沒有立即做出回答。幸好拓跋燾認為，北魏剛剛與夏國和劉宋發生戰事，需要休養生息，所以沒有繼續對劉宋用兵。

劉宋文帝劉義隆的「元嘉北伐」，就這樣以失敗告終。北魏在雙線作戰的情況下仍舊取得了勝利，而劉宋國力從此一蹶不振。

自毀長城：劉宋文帝

「自毀長城」這個故事的主人公是劉宋著名將領的檀道濟和劉宋文帝劉義隆。檀道濟在劉宋開國皇帝劉裕的時代就屢立奇功，威名遠播。劉裕對他評價很高，認為他不僅有才幹，精於謀略，而且並無野心。檀道濟不但自身能力很強，他的心腹愛將也個個身經百戰，幾個兒子也都很爭氣，頗有其父的風采。

劉宋文帝劉義隆繼位之後不久，就開始謀劃收復被北魏奪去的黃河南邊的軍事重鎮，恰好那時北魏與北方柔然部落正在交戰，於是文帝決定乘這個機會大舉進攻北魏。當時的北魏皇帝是以能征善戰而著稱的拓跋燾，北魏也正處於兵強馬壯、所向披靡的軍事鼎盛期。因此，在這場戰爭中，劉宋將領大多節節敗退，唯有檀道濟頗有戰績，先後與魏軍交戰30多次，多半取勝。後來檀道濟軍隊的糧草被毀，無法繼續前進。有個投降北魏軍的劉宋逃卒，將劉宋軍缺糧的困境告知了魏軍，魏軍便趁機追擊劉宋軍，劉宋軍軍心渙散，人人自危。

在這種危急形勢下，檀道濟心生一計，在夜色的掩護中命士兵將沙子一斗斗稱量好，一邊稱量還一邊報出具體數字，再用軍中僅剩下的一點米糧覆在沙子上，看起來就像是一斗斗的糧食一樣。第二天早晨，北魏軍看到這種情況，還以為劉宋軍米糧十分充足，不敢再輕舉妄動，同時還將那個降卒以謊報軍情之罪處以死刑，檀道濟的軍隊因此得到了喘息之機。

當時，檀道濟手下的將士並不多，而北魏兵又人多勢眾，他們的騎兵部隊將劉宋軍四面包圍，情勢十分危急。檀道濟鎮定自若，命令軍士們都披上鎧甲，而自己則輕裝上陣，只穿著白色的便服，然後命令軍隊緩緩地出城。北魏軍見此情況，以為檀道濟設有伏兵，不但不敢貿然上前攻擊，甚至還稍稍撤退。就這樣，檀道濟的軍隊得以安全撤離，全軍無一損傷。

檀道濟有膽有識、足智多謀，為劉宋王朝屢立大功，因此劉宋文帝既很賞識他的才能，同時又對他頗為猜忌。一次，劉宋文帝生了病，任御醫如何診治，病情始終不見好轉。有一個叫劉湛的將軍乘機進讒言說：「皇上一旦駕崩，檀道濟將不可控制，到時候劉宋可就危險了！」就連文帝的弟弟劉義康也這麼認為，勸自己的哥哥早作打算。恰巧那時文帝的病情繼續加重，便聽信了劉湛的話，下旨徵召檀道濟入京覲（覲ㄐㄧㄣˋ）見。檀道濟接到旨意後，他的妻子對他說：「自古以來，那些功高蓋主的大臣們一定會受到猜忌，如今並沒有戰事，而皇帝卻偏偏在這時召你入京，看來是要大禍臨頭了。」

儘管心有疑慮，但檀道濟還是奉旨去了都城建康，文帝留他在建康待了一個多月。這一個月裡，文帝病情漸漸有了好轉，於是決定不殺檀道濟，遣送他回去。檀道濟都已經坐上了船，船正準備要出發，文帝的病情突然再次加重。這時，劉義康假傳聖旨召回檀道濟，說要為他設宴餞行，趁機將檀道濟抓了起來。被逮捕時，檀道濟怒不可遏，眼睛氣得都要噴出火來。他將頭巾狠狠地往地上一摔，大吼道：「你們這是在自毀長城啊！」

檀道濟被抓後，劉宋文帝下詔公告天下，說在自己病重期間，檀道濟暗中散發金銀財物，招募地痞流氓，意欲圖謀不軌，並將檀道濟交給了專管司法的廷尉處理。廷尉審理之後，將檀道濟以及檀道濟的幾個兒子，連同他的幾名得力手下共13人，一併誅殺，僅僅饒過了檀道濟年幼的孫子。被殺的將領大多才能出眾、驍勇善戰，特別是兩個叫薛彤、高進之的人，被比作是當時的關羽、張飛，讓許多人為之扼腕嘆息。

北魏人聽到檀道濟被殺的消息，自然非常高興，個個都說：「太好了，檀道濟一死，東吳那些無能小兒根本就不值得我們忌憚了。」

後來，劉宋進攻北魏的戰況一直不佳，不僅沒有收復失地，還被北魏軍長驅直入，進兵江淮。文帝心中抑鬱，嘆氣道：「當初我決定北伐的時候，贊同的人本來就不多。如今落入這步田地，將士、百姓都怨聲載道，這都是我的過錯啊！」又說：「如果檀道濟仍然在世，局面會不會好一些，至少一定不會讓北魏的軍馬跑到我們的國土上來。」言下之意，對殺掉檀道濟頗為後悔。

鍾離之戰：北魏大敗

鍾離（今安徽鳳陽東北）之戰發生在西元507年，是南梁武帝蕭衍征伐北魏的著名戰役。西元505年冬天，梁武帝審時度勢，認為北魏朝廷腐敗，連續多年對南方用兵，國中百姓不堪負擔沉重的徭役和賦稅，各地紛紛出現民變。梁武帝認為這正是出兵討伐北魏的大好時機，於是徵調大軍，任命其弟蕭宏為此次北伐戰役的總指揮。北魏得知消息後，立即調兵應戰，以名將中山王元英為諸軍統帥。於是雙方戰爭拉開序幕，均號稱百萬之眾。

蕭宏督軍北上，軍容之盛，前所未見。梁軍迅速攻克梁城，諸位將領想乘勝深入，但是蕭宏生性膽怯，不肯同意。北魏中山王元英想要奪回梁城，欲以重兵攻城，蕭宏聞訊，大為驚恐，召集諸位將領商議撤兵，呂僧珍迎合說：「知難而退，不是非常對嗎？」諸將極為憤怒，均表示願意一戰，老將昌義之更是怒髮衝冠，叫道：「百萬之師，還沒與敵人接戰就望風而逃，我們還有什麼臉面領兵打仗呢？」因為不敢拂逆諸將，蕭宏只好按兵不動。北魏人知道蕭宏膽怯，給他送去婦女服飾以羞辱他，並編了一首歌：「不畏蕭娘與呂姥，但畏合肥有韋虎。」韋虎指的是豫州刺史韋睿，此時正駐紮在合肥。

一個夜晚，天作狂風暴雨，軍中一片慌亂，蕭宏在慌亂中棄軍而逃。將士們見主帥已逃，紛紛潰散，盔甲兵器丟得遍地，因潰逃而死的士兵就將近5萬人。北魏軍抓住時機，一路南下。昌義之當時駐守梁城，聽到潰敗的消息後，於是撤兵退守鍾離。元英率軍一路南下，與楊大眼軍在鍾離城下會合，兵力達數十萬。

鍾離城守軍只有3千人，但是鍾離城北邊有淮水作為天險，易守難攻。元英對鍾離城勢在必得，在兩岸架橋。元英在南岸攻城，楊大眼在北岸修築堡壘，以疏通糧道。面對數十萬的敵軍，昌義之督率3千將士頑強抵抗。北魏士兵用衝車撞擊城牆，城牆上的土塊大片大片地往下掉。昌義之見城牆有所損壞，當即命人用泥巴不斷補上，所以城牆不至於被北魏毀壞。北魏軍隊晝夜苦戰，輪番攻城，士卒前仆後繼。雙方每天交戰數十次，死傷無數，北魏軍的死屍堆起來幾乎和城牆一樣高。

鍾離形勢危急，梁武帝詔令曹景宗率領20萬軍隊援救鍾離。曹景宗駐軍在道人洲，等待各路人馬會合後一齊進發。不久之後，梁武帝又令豫州刺史韋睿率兵前往救援。韋睿接到命令後，火速從合肥趕赴鍾離，一路設橋鋪路。韋睿手下將士擔心北魏兵強馬壯，建議緩慢行軍，韋睿拒絕說：「鍾離城裡的軍民現在挖穴而住，背著門板外出汲水，處境十分危急。就是現在奔馳而去還怕來不及，怎麼能緩慢新軍呢！」10日之內，韋睿與曹景宗會合。

兩人合兵後，火速前往救援鍾離，在卲陽洲停軍駐紮。韋睿命令士兵連夜在營地前20里處挖掘長溝，將樹木插在溝中，作為防禦，因為兩軍相距僅有1百多步遠。第二天天亮，元英見後面突然出現一座軍事堡壘，大為吃驚，以杖擊地說：「這是何方神仙啊！」北魏將士見南梁援兵軍容強盛，心中畏懼，氣勢大衰；而鍾離城中的將士得知援兵感到，立即士氣大增。

楊大眼是北魏驍將，勇冠三軍，他率領騎兵1萬多突擊韋睿軍，所到之處，無不披靡。為了阻止楊大眼的銳勢，韋睿將戰車連在一起，排成陣勢，將楊大眼的騎兵圍住，然後用兩千支強弩射殺北魏騎兵。北魏騎兵傷亡慘重，楊大眼被流矢貫穿右臂，只得退卻。

第二天清晨，元英親率一軍前來挑戰，韋睿乘坐木車，手執白角如意臨陣指揮。一日之內，雙方交戰數次，元英不能取勝，被迫撤軍。夜晚，北魏去而復返，集中兵力發起猛攻。箭矢如暴雨一樣射向城中，韋睿的兒子韋黯請求下城避箭，韋睿堅決不下去，將士被將軍的勇氣所感，奮力抗敵，終於打退北魏的攻擊。

梁武帝事先曾經命令曹景宗等人修築高大的船艦，這種船艦與北魏架起的橋一樣高。曹景宗和韋睿各攻一座橋，曹景宗攻北橋，韋睿攻南橋。三月，淮水暴漲六、七尺，韋睿派人用小船裝滿草料，草上澆上膏油，縱船放火去燒橋，風借火勢，火借風威，一時間煙塵遮天蔽日。又有南梁勇士奮勇出擊，砍伐橋墩，北魏的兩座橋樑搖搖欲墜，這時的水流又格外湍急，兩座橋最終垮塌。北魏軍隊全線崩潰，將士們丟盔卸甲、四散投水奔逃，被淹死和殺死的人有數十萬之多。元英見大勢已去，只得棄軍而逃，楊大眼也放火燒了營地離去。梁朝軍隊乘勝追擊，生擒北魏軍隊5萬多人，繳獲的兵器、軍用物資堆起來像山一樣高，各種牲畜不計其數。鍾離解圍之後，昌義之悲喜交加，激動的連話都說不上來，只是叫道：「得以再生，得以再生！」

鍾離之戰，北魏軍幾乎全軍覆沒，南梁大獲全勝，曹景宗和其他將帥都爭著去告捷請功，只有韋睿居於眾人之後，世人因此愈加敬佩韋睿。梁武帝下詔增加曹景宗和韋睿的爵邑，又重重賞賜了昌義之等人。

陳慶之伐魏

北魏後期，朝政腐敗，朝中許多有實力的大臣紛紛割據一方，朝廷不能駕馭。在這種情況下，北魏皇室元顥（顥[厂幺]）投降南梁，請求梁武帝出兵助其回國稱帝。於是梁武帝封元顥為魏王，命東宮直閣將軍陳慶之領兵7千護送元顥北上稱帝。

陳慶之出身寒門，長期不得重用，一直陪著梁武帝下棋，直到42歲才得到獨立帶兵的機會。

這次只派出區區7千人，可以看出梁武帝是出於敷衍，然而正是梁武帝的敷衍成就了陳慶之神奇的北伐之戰。

北魏上黨王元天穆見元顥率軍來犯，而境內又出現邢杲（ㄍㄠˇ）作亂，於是召集將領商議對策。大多數將領認為只有7千人的元顥勢單力薄，不足為慮，於是元天穆將兵力調去攻打邢杲。元顥與陳慶之趁北魏防守空虛，迅速攻佔滎（ㄒㄧㄥˊ）城，兵臨梁國城。梁國城駐軍7萬，守將是丘大千。丘大千曾經領教過陳慶之的厲害，雖然現在10倍於梁軍，但是仍然不敢貿然出擊，而是構築了9座堡壘進行防守。陳慶之率領這7千人發動攻擊，只一個上午，就攻克3座堡壘。丘大千鬥志全無，請求投降。

北魏濟陰王元暉業率領2萬羽林軍據守考城以阻擋陳慶之，考城四面環水，易守難攻。陳慶之浮水設橋，攻下考城，生擒元暉業，繳獲無數戰利品。之後，陳慶之揮軍西進，兵鋒直指北魏都城洛陽。

經過幾戰後，北魏皇帝深刻意識到了這7千人馬的恐怖，於是調集重兵扼守滎陽、虎牢等地，以保衛洛陽。楊昱督兵7萬，拒守滎陽，滎陽城防堅固，陳慶之一時未能攻克。而此時，元天穆和爾朱吐沒兒也各率大軍相繼趕往滎陽，魏軍合計30萬。梁軍士卒十分驚恐，陳慶之對士卒們說：「我們一路攻城掠地，有過不少殺戮，北魏士兵把我們視為仇敵。現在我們只有7千人，而敵軍有30多萬，大家只有抱著必死之心才有可能免遭一死。敵軍騎兵眾多，我們不能與他們在野外作戰，應當趁敵軍全員到達之時，迅速攻下滎陽作為據點。」說完親自擂鼓助戰，士卒們一鼓作氣，攻克滎陽，活捉楊昱（昱ㄩˋ），而梁軍只損失5百人。

元天穆率領20多萬援軍趕到滎陽時，滎陽已經落入陳慶之手中，於是將滎陽城層層包圍。面對眾多敵軍，陳慶之毫無畏懼，率3千人出城攻擊。陳慶之背城而戰，大敗北魏軍，元天穆、爾朱吐沒兒落荒而逃。陳慶之乘勢進攻虎牢，守將爾朱世隆不戰而逃。

北魏皇帝見滎陽和虎牢相繼失守，大為驚恐，於是逃出洛陽，北渡黃河，詔令大將軍元天穆、大丞相爾朱榮合剿梁軍。於是，元顥在陳慶之的護送下順利進入洛陽，稱帝改元，大赦天下。

不久，元天穆率軍4萬攻克大梁，然後令費穆領2萬人攻打虎牢。陳慶之得知後，出兵掩襲元天穆。元天穆心生畏懼，北渡黃河而逃。費穆將要攻下虎牢，得知元天穆北渡黃河，於是無心再戰，向陳慶之請降。陳慶之率兵進攻大梁、梁國兩城，旦夕而下。陳慶之僅憑7千之眾，從銍（銍ㄓˋ）縣出發至洛陽，攻佔城池32座，大小47戰，所向無敵。陳慶之和部下皆穿白袍，所以洛陽城中有童謠唱道：「名師大將莫自牢，千兵萬馬避白袍。」

元顥奪得北魏政權後，便想要反叛梁朝，但因為局勢尚未平定，仍需要依靠陳慶之的力量，所以不敢公開與梁朝決裂。陳慶之對此有所察覺，他勸說元顥：「我們遠道而來，人心還未歸服。如果他們知道我們的虛實，必定會聯合兵力圍剿我們，那時我們如何應付呢？不如上奏梁朝天子，請求增兵。」

元顥打算採納意見，但是有人卻阻止說：「陳慶之不過數千兵力，您就駕馭不了他，如果再增加兵力，他還會聽你的嗎？」元顥聽後，改變主意，給梁武帝上書說：「現在黃河南北已經盡數平定，只剩爾朱榮負隅頑抗，我與陳慶之就能將他擒獲，無需增兵。況且各州縣剛剛歸服，需要安撫，不宜增兵驚擾他們。」梁武帝於是下令北上增援的各路部隊停止前進，駐紮在兩國邊境上。

爾朱榮聽說北魏皇帝出逃，前去面見，並一路佈署軍隊。北魏皇帝在爾朱榮的護送下南歸洛陽，10天之內，就集結百萬之眾人。而元顥自奪得政權後，驕傲怠惰，獨斷專行，而且將以前的親朋故友全部安排在朝中擔任要職，終日與他們飲酒作樂，毫不體恤軍國大事，使朝野上下大失所望。所以爾朱榮南下之時，一路上各州縣紛紛反叛，重投北魏。

爾朱榮率百萬之眾席捲而來，與元顥的軍隊在黃河兩岸相持。陳慶之率領7千白袍軍鎮守洛陽的門戶北中城，元顥則據守河橋南岸。陳慶之在3天內，交戰11次，7千人軍隊將爾朱榮的百萬之眾打得傷亡慘重。爾朱榮非常絕望，想要下令退兵，等有機會再來攻打洛陽。

這時，爾朱榮身邊的謀士勸阻說：「用兵之事，被打散了就重新聚集起來，戰瘡痊癒了再重新戰鬥，何況我們損失並不大！此次出征，百姓延頸相望，怎麼能沒有任何成就便會師呢，百姓豈不是大失所望！不如徵調百姓的木材，做成木筏，繞過陳慶之直接攻打元顥。」爾朱榮聽從建議，大造木筏，趁夜色渡過黃河，襲擊元顥的軍隊。元顥軍潰逃，元顥則率部數百人南逃。

元顥失敗後，陳慶之以及他的7千白袍軍成了一支孤軍，局勢無可挽回，於是陳慶之率領部隊向東逃走。陳慶之先前奪取的城池，又盡數投降北魏。爾朱榮親自率大軍追趕陳慶之，但是擔心追得太近會遭受陳慶之的反擊，離得太遠又擔心追不上，放棄追趕又不甘心，所以就這樣保持距離地跟著陳慶之。

陳慶之來到嵩高河，恰逢河水大漲，7千白袍軍全軍覆沒，只剩下陳慶之一人。於是陳慶之剃光鬚髮假扮和尚，才得以逃回建康，華麗的北伐就此結束。

侯景之亂：梁武帝被擒

西元528年，爾朱榮趁北魏孝明帝元詡（詡ㄒㄩˇ）被胡太后毒死的機會，奪取了北魏的軍政大權。當時，很多人都前去依附他，侯景也是其中之一。後來，高歡消滅了爾朱氏集團，掌握了北魏的大權，侯景又依附了高歡。西元534年，北魏內部矛盾激化，分裂成東魏和西魏，高歡掌握東魏政權，並很看重侯景，侯景也成為了東魏的重要將領。

侯景這個人確實有才華，英勇善戰、足智多謀，但為人狡詐、兩面三刀，又自恃其才，看不起別人，就連對高歡之子高澄也是一副高高在上的姿態，所以雖然得到高歡的器重，但與整個高氏集團並不和睦。高歡一死，他就意識到事情不妙，於是反叛了東魏，投降了西魏，同時又上書南梁武帝，表示願意幫助南梁攻打東魏。梁武帝便任命侯景為大將軍，又封他為河南王。當時，有擅長觀天象預測吉凶的人曾說：「幾年之後南梁就會有兵戈之亂，而侯景就是禍亂的根源。」

東魏高澄因侯景叛亂而派兵前去攻打他，那時梁武帝派去援助侯景的援軍還沒有到，侯景情急之下便將本來許諾給南梁的四座城池割讓給了西魏，以此作為賄賂，取得了西魏的援助。之後他又擔心梁武帝會責怪自己，便寫信給梁武帝解釋，信中字字血淚，傾訴了當時自己的處境如何艱難，向西魏求救是如何的不得已，自己對南梁又是如何忠心耿耿。梁武帝被侯景迷惑，並沒有怪罪他。

後來，西魏終於還是看透了侯景狡詐的用心，將所有援軍全數撤回，這時侯景才下定決心投降南梁。高澄仍想要給侯景一次機會，便寫信給他：「你的母親和妻子兒女都還在東魏，如果你肯回來，我保你官復原職，對你手下的文武官員，也既往不咎。」

侯景卻回信說：「當初劉邦的父親被項羽囚禁，項羽威脅劉邦要殺掉其父，劉邦卻坦然地向項羽討要煮自己父親的肉湯喝，這才是大丈夫所為。你想要殺掉我的家屬就殺吧，這和我一點關係也沒有！」

梁武帝命自己的侄子蕭淵明和侯景一同帶兵北上進攻東魏，東魏將領慕容紹宗大敗蕭淵明，將其生擒，又與侯景對戰，侯景命人從背後偷襲，東魏軍隊潰敗。這一戰之後，兩軍互有勝負，相持了幾個月，侯景的糧食吃完了，其手下的將領投降了慕容紹宗，軍心渙散，侯景只得帶領剩下的士兵敗逃。

侯景兵敗，無處可去，有人獻計讓侯景佔領了壽陽，侯景聽從了。侯景上表將自己戰敗的事啟奏朝廷，又請求朝廷為他補充財物和給養，梁武帝竟然念著侯景的軍隊剛剛戰敗同意了，不但不怪罪侯景強佔壽陽，還任命為他南豫州牧。有位大臣知道此事便上奏道：「侯景打了敗仗，損兵折將，您竟然不怪罪他。惡人的秉性是不會改變的，當年呂布殺死了丁原投降了董卓，而最終又將董卓殺掉了，狼子野心，最終也不會被馴服。侯景憑藉他那兇狠與狡猾的才能得到高歡的保護，得以身居高位，高歡死後他立刻就反叛了高氏，西魏沒有收容他，他這才投靠了我們。現在他又戰敗了，可見是個無才無德之人，陛下卻要為他破壞和東魏之間的關係，您這是養虎為患啊！」但梁武帝並沒有聽從這位大臣的忠言。

東魏多次派使者前來南梁，希望恢復兩國的友好關係，並附上被俘的蕭淵明的書信，梁武帝開始鬆動，準備重建兩國之間的和睦關係。侯景知道了這件事，兩次三番寫信給梁武帝勸他打消這個念頭，梁武帝都沒有答應。侯景竟然假造了一封東魏的書信，信上要求用侯景交換被俘的蕭淵明，梁武帝打算答應這一要求，並派人去招侯景，準備把他抓起來。於是侯景開始著手準備反叛南梁，將壽陽城內所有的居民，都招募為士兵，百姓之女，全都分派給將士們來收買人心。

梁武帝的侄子蕭正德為人貪婪殘暴，多次受到梁武帝的斥責，於是懷恨在心，暗中豢養一批死士，儲存糧食、財物，有謀反之心。侯景知道後和他一拍即合，兩人一同開始策劃謀反。

西元548年，侯景在壽陽起兵反叛，梁武帝知道後不屑一顧：「這些人能幹什麼大事？我折一根木棍就能打敗他們。」下令懸賞，殺掉侯景的人封為三千戶，又派兵前去平亂。

侯景得知朝廷派軍來鎮壓自己，便揚言進攻合肥，實際上卻突襲譙州，譙州城侯蕭泰不得民心，譙州助防打開城門，投降了侯景。南梁連續安定多年，百姓不習慣作戰，侯景所到之處，有時不費一兵一卒就能奪取城池。梁武帝知道已有多處失守，這才慌了手腳。

侯景搶佔軍事重地采石，揮軍直逼都城建康，朝野上下震動，人人自危，沒有人敢應募出征。朝廷還不知道蕭正德已暗中投降了侯景，竟然命他把守皇城的朱雀門，結果侯景部隊一到，蕭正德的軍隊就與其會合，一同攻打皇城。

這時，朝廷中沒有老將，晉升的青年將領都在外面征戰或防守邊境，軍隊完全由羊侃（侃ㄎㄢˇ）一人指揮，羊侃有膽有謀，太子很仰仗他。侯景放火燒城門，羊侃就派人在門上鑿洞，用水灌入滅火；侯景又讓人用斧子砸城門，羊侃命人在門扇上鑿孔，用槊（槊ㄕㄨㄛˋ，長矛的一種；長兵器）刺殺敵人。雙方就這樣僵持著。侯景當初以為能很快攻克建康，所以約束士兵不侵擾百姓。如今久攻不下，人心離散，又缺糧草，就縱容士兵掠奪百姓，百姓苦不堪言。

救援建康的軍隊從四面八方彙集而來，雖然人數眾多卻沒有統一指揮，軍紀渙散，難以與侯景對抗。侯景糧草缺乏，又見援軍人多勢眾，便假意與蕭衍歃血為盟停戰，趁機四處劫掠軍糧、武器，而後撕毀盟約重新開戰，建康被攻破，梁武帝蕭衍和太子蕭綱都被侯景所擒獲。

隋文帝楊堅滅南陳

西元581年，北周靜帝將帝位禪讓給當時的丞相楊堅，於是楊堅稱帝，定國號為大隋，建立隋朝。隋文帝素有大志，他先於西元587年滅掉了後梁，又將矛頭轉向了南陳。

西元588年，隋文帝楊堅下詔：「南陳之主陳叔寶窮奢極侈，晝夜尋歡作樂，誅殺忠言之士，劫奪鄉民百姓，罪惡多端，朕深深地為那些被他魚肉的百姓痛苦，所以決定出師討伐南陳，誅滅這個暴君，為民除害。」之後在太廟祭告了祖先，任命晉王楊廣、秦王楊俊、清河公楊素三人為行軍元帥，率軍攻打南陳。

楊素率領水軍順流而下，越過三峽，進至南陳管轄區域，南陳將軍戚昕（昕ㄒㄧㄣ）率領一百餘艘戰船防守此處，隋朝將士憂心忡忡。楊素說道：「成敗在此一舉。我軍如果白天進攻，敵軍就會知道我們的虛實，不如夜裡突襲。」於是親自率領戰船趁夜色順流而下，黎明時襲擊了敵軍，戚昕戰敗逃走，隋軍俘獲許多南陳將士，並將之慰勞後全部遣返。

陳叔寶（陳叔寶：南北朝時期南朝陳國皇帝，在位時大興土木，生活奢靡，日夜與妃嬪遊宴，書寫豔詞。隋軍南下時陳叔寶被俘，後在洛陽城病逝）知道隋軍打來，一點也不擔心，若無其事地對侍從說：「我們陳國是具有帝王氣數的。開國以來，齊軍曾經三次大規模進犯，周軍也曾經兩次強兵壓境，不都是慘敗而回？現在隋軍又能把我們怎麼樣！」

身邊的奸佞小人也趁機附和：「我們佔有長江天險，敵軍難道能飛渡過來不成！」陳後主聽後深以為然，就更加不重視前方戰事，整日只是飲酒作樂，宴飲觀舞，好不快活。

隋軍大將賀若弼統率軍隊準備渡過長江攻擊南陳，他用賣掉軍中老馬的錢，大量購買陳朝的船隻，並將這些船藏了起來，只把買來的破船停泊在外面，讓陳朝的探子以為隋軍並沒有可以渡河的船隻。賀若弼又時常派遣軍隊沿江打獵，每次都鬧得人歡馬叫，漸漸南陳軍隊習以為常，對隋軍的動靜也不再加以戒備，以至於後來賀若弼渡江時，南陳守軍竟然都沒有發覺。就這樣，南陳所依賴的長江天險被打破了。陳後主得到隋軍渡江的消息才有些慌了手腳，下令召集大臣進宮商議軍政，並調兵遣將，加強防務。

不久，賀若弼又率軍攻克了京口。賀若弼軍紀嚴明，大軍所到之處秋毫無犯，對南陳俘虜也很寬容，不僅全部予以釋放，還好言安慰，發放糧食、財物，並給他們隋文帝的詔書，讓他們幫忙宣傳，使南陳的百姓都知道隋軍這次攻打南陳完全是因為南陳國主昏庸無能，是為了南陳百姓著想。因此，隋軍所到之處，陳朝軍隊望風披靡，往往潰不成軍。

另一路，隋軍將領韓擒虎率軍夜渡采石，而陳朝守軍因為喝醉了酒喪失了戰鬥力，被隋軍輕鬆打敗。隨後，韓擒虎又用了半天時間攻下了姑孰城。江南百姓早就聽說過韓擒虎的威名，在軍營前等待拜見他的人絡繹不絕。

就這樣，賀若弼率軍從北道，韓擒虎率軍從南道，準備一同夾擊南陳都城建康，南陳各處守軍不是望風而逃，就是開城投降。當時，建康還有軍隊十餘萬人，可是陳叔寶生性怯懦，根本不懂軍事，只知道日夜哭泣，把建康所有的軍情和佈防事宜全部交給身邊的一個奸佞小人，那個小人知道自己平日所作所為遭人厭惡，將士們不可能聽他指揮，又擔心那些將帥立了功後取代自己，於是就向陳後主上奏說：「那些將帥個個心懷不滿，一向不甘心臣服陛下，現在到了危機時刻，我們不能信任他們。」陳後主果然不再信任身邊的將士了。結果，當賀若弼進攻京口時，朝中大將蕭摩訶請求率軍迎戰，陳後主不許，等到賀若弼進軍鍾山，蕭摩訶又上奏說：「賀若弼孤軍深入，若乘機出兵襲擊，一定會勝利的。」陳後主還是不許，就這樣白白延誤了戰機。

賀若弼兵臨城下，陳後主只得派蕭摩訶迎敵，因為陳後主私通蕭摩訶的妻子，所以蕭摩訶一開始就不想為他打仗，再加上陳軍軍心渙散，自然一敗塗地。陳後主得知戰敗，非常

驚慌，想要躲起來，袁憲卻很嚴肅地說道：「隋軍進入皇宮後，一定不會傷害和侮辱陛下。事已至此，陛下還能躲到哪裡去呢？我請求陛下穿戴整齊，端坐正殿，就像當年梁武帝見侯景時做的那樣。」陳後主根本不聽，跟著十餘個宮人逃出了皇宮，還要跳進井裡躲藏，袁憲苦苦哀求，旁邊的人又用身子遮擋住井口，陳後主還是拚命往井裡跳。不久，有隋軍兵士向井裡大聲喊叫，井下無人回答，之後士兵揚言要落井下石，這才聽見有人在井下叫喊，於是拋下繩索往上拉人，終於抓到了陳後主。

至此，南陳滅亡，隋統一了全國。

瓦崗起義

西元*611*年，隋煬帝楊廣下詔準備征討高麗，要求全國往高陽運送糧食、武器以及各種軍需，運載裝備的人往來於道路上常常有幾十萬人之多，晝夜不停，擁擠非常，途中病死累死者的屍體到處都是，還散發著臭氣，大隋百姓都被攻打高麗這件事鬧得苦不堪言。而且這一年山東、河南發大水，淹沒了很多地方，黃河河道又被堵塞，河水逆流幾十里，兩岸居民背井離鄉，四處逃亡。再加上官吏暴虐貪婪，藉各種機會魚肉百姓，百姓終於無法忍受，開始聚眾鬧事，自鄒平民王薄開始，各地紛紛舉起了貧民起義的大旗。

翟（翟，ㄓㄞˊ）讓本來是個小官，因為犯罪要被處死，監獄長卻認為翟讓不是平常人，有拯救黎民百姓的才能，於是偷偷把他給放了。翟讓逃亡到瓦崗做強盜，與他一同前去的還有單雄信，他們常常藉由搶掠船隻來補充供給，聲名日漸壯大，前來投奔他們的人越來越多，最後整個瓦崗寨達到一萬餘人。

李密是名門之後，年輕時就有遠大的抱負，投靠了當時起兵反隋的貴族首領楊玄感，後來楊玄感被殺，李密只得四處流亡。當時已經有很多平民起義軍，但因為沒有受過教育大多胸無大志，只想著怎麼能填飽肚子，李密便四處遊說各個起義軍首領之間，向他們講述奪取天下的謀略，所以各路起義軍漸漸開始敬重李密，其中，翟讓與李密的交情就很密切，李密勸翟讓說：「瓦崗寨的兵馬雖多，但一直是靠外出搶掠為補給的，沒有糧食倉儲，這不是長久之計。不如攻取滎陽，這樣不僅有了一個較大的根據地，還可以儲備糧食，慢慢等到兵強馬壯，然後再與他人爭奪。」翟讓聽從了這個建議。

在攻打滎陽的過程中，他們遇到了隋煬帝派來的官兵鎮壓，翟讓曾與其主將張須陀交過手，次次慘敗，所以很害怕。李密卻認為張須陀驕兵必敗，於是從容部署，一舉打敗了張須陀。這之後，翟讓命李密建立自己的部隊，李密善於管理，軍紀嚴明，而且為人樸素，獲得的財物全都賞賜給部下，因此大家都願為他效力。

翟讓感到自己的地位受到威脅，便對李密說：「如今我們的糧食很充足，我打算回瓦崗了。如果你不回去，我們就在這裡分手吧！」於是便帶著搶來的輜重離去，李密則繼續向西行軍，還勸降了好幾座城池，獲得了大量的糧食軍資。翟讓知道後很後悔，又真心敬佩李密，便率兵回來繼續跟隨他。

李密本來打算攻打東都洛陽，但前去打探虛實的士兵被守軍發現，守軍立刻開始佈防，並將這一情況飛馬報告了隋煬帝。李密便又向翟讓提議攻打離洛陽很近的洛口倉，認為洛口倉糧食充足，而現在百姓饑饉，瓦崗軍打下洛口倉，將糧食發放給貧苦的百姓，一定會得到百姓的支持，壯大瓦崗軍，那時候，糧也有了，人也有了，聲望也有了，還愁無法推翻隋朝？翟讓聽從了李密的意見，兩人帶兵攻破了洛口倉，開倉放糧，前來取糧的百姓絡繹不絕。而洛陽兵將都以為瓦崗軍不過是一群餓急了去搶糧的烏合之眾，沒吃飯去交戰，結果被李密、翟讓打得大敗，輜重、兵器全被瓦崗軍繳獲，瓦崗軍從此威名大振。

翟讓終於明白李密才智過人，甘願尊李密為主。西元*617*年，李密自立為魏公，手下的將領各有官職和封賞。很多起義軍聽到這個消息都來投奔，李密都欣然接納，讓他們各自統率本部人馬，其中比較有名的如秦叔寶、程咬金等。就這樣，李密的勢力日益壯大，部眾達幾十萬人，河南大部分地區歸其所有。

翟讓的部下勸說翟讓奪取李密的權力，翟讓不聽，翟讓的哥哥為人愚昧，對翟讓說：「當天子多好啊，幹嘛要讓給別人？你不當我來當！」翟讓哈哈大笑，並不放在心上。

李密知道這件事後就開始防備翟讓。後來又有小人挑撥，李密認為自己人互相殘殺會落人口實，那個小人卻說：「壯士斷腕只為自保，您不先下手為強，一定會後悔啊。」李密聽信讒言，擺酒宴召翟讓赴宴。還沒開席，李密拿出一把上好的弓和翟讓比射箭，翟讓剛拉滿弓，李密的手下就從背後將他砍死了。兩旁的人都十分驚恐，李密大聲說道：「我們起義的目的就是剷除暴虐，翟讓專行暴虐，性情殘忍，不分尊卑，所以被我殺了，今天的事情與各位無關。」雖然李密這麼說，但大多將領都很心寒，不安定的情緒開始漸漸滋長起來。

西元618年，宇文化及兵變，殺掉了隋煬帝，留守洛陽的越王楊侗（侗 ㄊㄨㄥˊ）稱帝，並招降李密命他去討伐宇文化及。戰鬥十分慘烈，最終李密打敗了宇文化及，但也喪失了很多精兵良將，王世充乘李密軍隊疲困時前來襲擊。李密剛剛打敗了宇文化及，有些輕視王世充，王世充趁著李密大軍沒有排好陣形的時機攻擊，又找了一個長得很像李密的人，戰鬥到緊急關頭就將那個人捆起來推到陣前，大喊：「已經生擒李密了！」李密軍因而大亂。

王世充再派出埋伏的騎兵從高處衝擊李密的營地，李密軍終於全線潰敗，李密領一萬多人逃亡，單雄信等投降了王世充，曾經聲名顯赫的瓦崗軍從此一蹶不振。

玄武門之變：李世民確立太子

玄武門之變是發生在西元626年的一次政變。秦王李世民在長安城皇宮的北宮門宣武門發動政變，將其長兄太子李建成和四弟齊王李元吉殺死，取得太子地位，並即皇帝位。

唐高祖李淵即皇帝位後，一統天下，將自己的三個兒子李建成、李世民、李元吉分別封為太子、秦王、齊王。在這三個人當中，李世民的功勞和威望都是其他兩個人沒法比的。

當初李淵在太原起兵之時，是李世民的建議打消了李淵的疑慮，李淵曾向李世民許諾：「如果能成就天下大業，功勞都是你的，應該立你為太子。」在統一全國的過程中，李世民又受命領兵東征西討，平定各路諸侯，立下大功。而李建成則建樹微薄，只因為是李淵的長子而被立為皇儲。

李建成生性怠惰，貪酒好色，而李元吉常有過失，因此兩人都不受李淵的寵愛。李世民功勳名望與日俱增，所以李淵就有改立太子的念頭。李建成自知功勞和聲望都比不上李世民，擔心自己太子地位受到威脅，於是聯合齊王李元吉，壓制李世民。他們討好李淵寵愛的妃子，透過她們在李淵面前抹黑李世民。於是李淵打消了改立太子的念頭，對李世民逐漸疏遠，而對李建成、李元吉卻日益親密了。

李世民

李建成、李元吉多次詆毀李世民，李淵信以為真，想要罷黜（黜ㄔㄨˋ）李世民，因為大臣的規諫才算作罷。後來，李元吉又建議李淵殺掉李世民，李淵因為沒有藉口而拒絕。這些陰謀詭計，讓李世民的部下十分擔憂。房玄齡對長孫無忌（長孫無忌，唐朝開國功臣，是唐太宗的內兄，後因反對唐高宗李治立武則天為后被流放，最後被迫自縊，被列為開唐凌煙閣24功臣之首，24功臣分別為：長孫無忌、李孝恭、杜如晦、魏徵、房玄齡、高士廉、尉遲敬德、李靖、蕭瑀、段志玄、劉弘基、屈突通、殷開山、柴紹、長孫順德、張亮、侯君集、張公瑾、程知節、虞世南、劉政會、唐儉、李勣（勣ㄐㄧ）、秦瓊）說：

「仇恨已經釀成，一旦爆發，不只是秦王府風波不斷，整個國家都會受到震動。為了國家的安定，不如勸說秦王先下手為強。」長孫無忌也早有這樣的考慮，於是和房玄齡、杜如晦一同面見李世民商議誅殺李建成與李元吉。

李建成和李元吉也早有除掉李世民的打算，但是李世民有勇有謀，而且秦王府擁有一大批驍勇善戰的將領，不易下手。於是他們就賄賂這些將領，企圖將他們引為己用。李元吉暗中送給尉遲敬德（尉遲敬德，名恭，字敬德，是唐朝開國功臣，以武勇著稱）許多金銀財寶，並寫信表明結交之意，但是遭到尉遲敬德的拒絕。李元吉大怒，便派刺客夜間行刺尉遲敬德，尉遲敬德知道後，將門戶全部打開，刺客於是不敢進屋行刺。李元吉又在李淵面前誣陷尉遲敬德，將尉遲敬德關在監獄。然後李建成和李元吉又在李淵的面前誣陷秦王府的其他人，所以程知節、房玄齡、杜如晦等人全都遭到貶逐。李世民的親信，只剩下長孫無忌留在秦王府。

恰好此時突厥率領數萬騎兵進寇邊疆，李建成便推薦李元吉代替李世民，率領大軍北征突厥。李元吉請求讓尉遲敬德、程知節和秦叔寶等人隨軍出征，並挑選秦王府精銳將士，目的是想殺掉這些人，削弱李世民的實力。

長孫無忌再次勸說李世民先下手為強，否則只能束手待斃，李世民嘆道：「天底下最醜惡的事情，莫過於骨肉相殘。我也知道他們的陰謀，但是我想等他們發動陰謀之後再討伐他們，這樣不是很好嗎？」秦王府的人一再勸說李世民動手，終於讓李世民下定決心。

於是李世民率領長孫無忌等人入朝上奏告發李建成和李元吉的陰謀，並預先在宣武門設下伏兵。李淵的一名妃子知道了李世民上奏的大意，立即差人向李建成報

尉遲敬德

告。李建成招來李元吉共同商議對策，李元吉建議託病不去上朝，整肅部隊，對東宮和齊王府嚴加戒備，然後觀察形勢再做打算。李建成說：「現在我們的防備已經非常嚴密了，我們應當入朝親自打聽消息。」於是兩人一起入朝，往玄武門進發。

當他們兩人快要到達玄武門的時候，察覺到了異樣，於是勒馬返回。李世民從後面喊住二人，李元吉轉過身來，想要射殺李世民，但是因為心裡害怕，一連三次都沒有把弓拉開。李世民也彎弓搭箭，一箭將李建成射死。這時候，尉遲敬德率領著70多個騎兵也趕到，亂箭將李元吉射下馬。這時，李世民的坐騎受到驚嚇，奔入樹林，被樹枝掛住不能行走。李元吉見狀，迅速趕到，一把奪過李世民的弓，準備將他勒死。就在這危急關頭，尉遲敬德騎馬奔了過來，將李元吉喝退。李元吉向武德殿逃去，尉遲敬德追上，一箭將他射殺。

東宮和齊王府的將士聽說主人遇到變故，立即整裝趕往玄武門，與李世民手下的將士發生激鬥。東宮和齊王府的將士人數站多，並一度要攻打秦王府，李世民一面指揮將士抵抗，一面派尉遲德進宮。李淵正在等待朝見，只見尉遲敬德身披鎧甲，手執長矛徑直向自己走來，說：「太子和齊王作亂，秦王已經將他們誅殺。秦王擔心陛下受到驚擾，特意派我來保衛陛下安全。」

李淵手足無措，大臣建議說：「太子和齊王本無功勞，因為妒忌秦王，設下奸計。現在秦王已將他們誅殺，秦王功勞大，威望高，四海歸心。如果陛下立他為太子，將政事交給他打理，天下就不會再生事端了。」事已至此，李淵只好答應。

尉遲敬德回來後，見雙方士兵還在激鬥，於是割下李建成和李元吉的首級，並出示給東宮和齊王府的將士。這些將士看到首級後，便放下武器不再戰鬥了。幾天之後，李淵立李世民為皇太子，將政務全部交給他處理。兩個月之後，李淵以太上皇身分退休，將皇位傳給太子李世民正式即位，即歷史上有名的唐太宗。

賢后輔明君：長孫皇后

唐太宗李世民是古代出了名的明君，他開創了「貞觀盛世」，自己也被後世的君主所效仿和尊敬。同時，他的皇后長孫氏也被評價為「一代賢后」，她知書達禮，善解人意，總是能夠及時指出丈夫身上可能出現的問題。她管理下的後宮井井有條，使得唐太宗從來沒有因為後宮爭寵的事件傷過腦筋。長孫皇后憑藉自己的賢良淑德，不僅贏得了後宮嬪妃們的尊敬，也讓唐朝百姓交口稱讚。

長孫皇后是隋朝一位大將軍的女兒，身上有鮮卑族的血統。她從小就喜歡讀書，無論做什麼事情都遵循禮法。長孫皇后的舅舅高士廉（高士廉：唐代開國功臣，是李世民的心腹，參與策劃「玄武門之變」。長孫皇后的父親過世之後，他把長孫無忌和長孫皇后接到家中撫養，並且把長孫皇后許配給李世民）曾經招人給她卜過卦，占卜的人說她將來一定會貴不可言。

長孫皇后13歲的時候就嫁給了李世民，兩人的生活美滿，十分恩愛。那時候的李世民也只是一個十幾歲的少年，但是卻已經成為了了不起的英雄，是他建議自己的父親李淵舉起義旗，反抗隋朝的昏君楊廣，並且最終幫助父親奪取了天下。在這個過程中，長孫皇后一直默默地支持李世民，把家裡治理得有條不紊，讓李世民能夠安心在外征戰。

李淵建立唐朝之後，立了長子李承乾為太子。李世民起初並沒有謀反之心，但是因為戰功卓著，李承乾一直不放心這個弟弟，在哥哥的猜忌之下，李世民也漸漸改變了心意，小小的秦王之位已經不能滿足他了。於是李世民開始積極籠絡人才，暗中積蓄力量，他手下不僅有驍勇善戰的武將，也有善於出謀劃策的文臣。當時他的親王府也被人稱為「小朝廷」。李世民的所作所為讓大臣們擔心，於是就有人向他的父親李淵報告：「秦王總是自恃功勞很大，恐怕不願意久居太子之下。」

知道有人起了疑心，長孫皇后為了幫助丈夫成就大事，就去皇宮打探消息。從那以後，她每天都會去向李淵請安，消除李淵對李世民的猜忌；同時長孫皇后也積極拉攏李淵後宮的嬪妃，讓後宮的嬪妃都覺得秦王和秦王妃都是難得的孝順之人。

後來李世民策劃並發動「玄武門之變」的時候，長孫皇后為了幫助丈夫實現願望，還親自去激勵將士。李世民繼承皇位之後就冊封長孫氏為皇后。為了免除李世民的後顧之憂，長孫皇后對待後宮的嬪妃宮女都很溫和。

有一次有宮女犯了錯誤，皇上震怒之下要治罪。長孫皇后就下令讓人把宮女綁起來投進了監牢。等到皇帝消了氣，她又去為這個小宮女求情，最終救下了這名宮女。如果有嬪妃生病，長孫皇后會親自去探視，然後派人送去藥膳，因為後宮的嬪妃也以長孫皇后為榜樣，很少出現爭風吃醋的現象。

長孫皇后生活很節儉，她提倡過簡樸的生活，吃穿都很簡單，不僅自己是這樣做的，她也這樣要求自己的子女。有一次太子的奶媽對皇后說，太子寢宮的東西很少，顯示不出太子的尊貴，請求能夠賜給太子一些以顯示皇家氣派。長孫皇后聽完就一口拒絕了，她說：「做太子，最重要的不是用最好的東西，吃最好的食物，而是要立德，讓自己的德行成為萬民表率，這才是最重要的。」

長樂公主是長孫皇后與唐太宗的掌上明珠，所以她出嫁的時候唐太宗想多給她一些嫁妝，要求比永嘉公主多一倍。永嘉公主是唐太宗的姐姐，出嫁的時候大唐還正在建設中，所以嫁妝很簡單；但現在是貞觀盛世，唐太宗完全有能力給女兒很多很好的嫁妝。魏徵站出來反對說：「永嘉公主是陛下的姐姐，是長公主；而長樂公主是您的女兒，是公主。既然前面多了一個『長』字，自古以來的禮制就告訴我們長樂公主的嫁妝不能多於永嘉公主。」長孫皇后知道了這件事情不但沒有生氣，還大大賞賜了魏徵，認為他所言甚是，阻止了自己和皇帝犯錯。最終長樂公主是帶著簡單的嫁妝出嫁的。

長孫皇后很賢德，雖然自己深得李世民的信任，但是從來不會干涉朝政，她深知婦人亂政專權的禍害，有時候李世民和她討論問題，她會說：「我是一個婦道人家，怎麼能隨便議論國家大事呢？」但是，有的時候唐太宗會很固執地要求她說，她就保持沉默，始終不肯回答。長孫皇后還很重視外戚掌權的問題。唐太宗掌權之後，長孫皇后對太宗說不要給自己的哥哥長孫無忌很大的官職。唐太宗拒絕了長孫皇后的要求：「就算長孫大人不是你的哥哥，他所立的功勞也足夠他被封為大官啊！」見皇帝這裡說不通，長孫皇后就去見了哥哥長孫無忌，讓他拒絕皇帝的封賞。最終長孫無忌只當了一個普普通通的小官。長孫皇后死之前還對唐太宗說不要給自己的家族太多封賞，防止外戚專權。

不過，長孫皇后雖然不會干涉朝政，但是她會觀察朝廷中出現的問題，然後向太宗進諫，不過太宗最後做出什麼樣的決定，她一定不會干涉。魏徵以向皇帝進諫出名，有一次他在朝堂之上就批評了唐太宗，太宗下朝之後氣呼呼地對長孫皇后說：「魏徵這個傢伙，我一定要殺了他！」聽完事情的來龍去脈，長孫皇后換上朝服，向太宗道喜。李世民莫名其妙，長孫皇后說：「陛下能有這樣直言不諱的臣子，是大唐的幸運啊！而且這不也正說明陛下您是一位得道明君嗎？所以臣妾要恭喜陛下！」太宗聽了，心裡很開心，氣也消了不少。

長孫皇后去世的時候只有36歲，葬在昭陵。唐太宗在昭陵外的棧道上修建了一些房屋，讓宮女住在那裡，像侍奉活人一樣侍奉皇后。後來他還在宮裡建起了高台，終日眺望昭陵的方向，後來魏徵勸諫皇帝說這樣不合禮制，唐太宗哭了一場，下令毀了高台。在那樣的封建時代，長孫皇后不僅得到了丈夫真心的愛，而且也用自己溫柔的性格、豁達的胸懷征服了後世許許多多的人。

房謀杜斷

「房謀杜斷」這個典故的兩位主人公是唐初名相房玄齡和杜如晦，他們一個多謀，一個善斷，二人齊心合力輔佐李世民，被後世傳為美談。

當初隋文帝滅掉南陳，統一了全國，天下人都以為將要迎來天下太平的日子，那時房玄齡還很年輕，卻已經能夠看出隋朝一片欣欣向榮中隱藏的災禍，他說：「隋文帝本來沒什麼偉大的功勞和優秀的德行，不過是憑著奸詐的計謀取得了天下，他的幾個兒子都沒有什麼能力，而且性情驕奢淫逸，必定會自相殘殺。雖然大隋現在還風平浪靜，但楊家天下很快就要風雨飄搖了。」那時，房玄齡和杜如晦都還是隋朝的候補官員，有個叫高孝基的吏部侍郎素有識人之名，見到房玄齡就嘆息說：「你將來必成大器，可惜我看不到你施展才華的那一天了。」見到杜如晦就說：「你有隨機應變的才能，將來必定會是國之棟樑。」後來，房、杜二人先後成為了李世民的謀士，一直在他身旁出謀劃策。

李淵稱帝並統一全國後，李家兄弟之間的王儲爭奪日益激烈，李世民的功勞最大，卻是次子，李建成是長子，但卻沒有什麼功績，總擔心被弟弟李世民取而代之。所以，李建成雖然已經當上了太子，但還一直想方設法要謀害李世民，曾意欲用毒酒毒死弟弟，但沒有成功，又日夜不停地在高祖李淵面前誣陷李世民，致使李淵對李世民越來越不信任。面對這種情況，房玄齡勸李世民說：「大王的功勞之大，人所皆知，理應當繼承皇位，幹一番事業。如今的情形已經不是大王個人的問題，還涉及到國家的存亡，請您盡早做決斷。」杜如晦也這樣認為，兩人一同勸說秦王李世民誅殺李建成與李元吉。

李建成和李元吉也很忌憚房玄齡和杜如晦，一直認為，秦王府有智謀才略的人物中，房玄齡和杜如晦最值得畏懼。所以在打擊李世民勢力的過程中，李建成與李元吉極力在高祖面前誣陷他們兩個人，使房、杜二人遭到斥逐，高祖還下令不許他們私下與秦王見面。

李世民被形勢所逼，反覆思索房、杜二人的建議，終於發動了著名的「玄武門之變」，殺掉了李建成與李元吉。高祖見木已成舟，便立李世民為皇太子，還頒佈詔書說：「從今天開始，軍隊和國家的各項事務，無論大小，全部先交給太子處理，然後再報告給朕知道。」李世民能有這一天，房、杜二人功不可沒。

李世民登基之後，與群臣商議各個開國元勳的獎賞，淮安王李神通說道：「我在關西起兵，第一個回應起義的大旗，而房玄齡、杜如晦等人所做的只不過是捉刀弄筆，功勞竟然排在我的上面，我不服氣。」太宗回答：「叔父您確實是首先回應起義舉兵的，但那時您也是為了自保。而且叔父也沒有多少戰績，輸多勝少。房玄齡、杜如晦等人運籌帷幄之中、決勝千里之外，為我大唐出謀劃策，論功行賞，功勞自然應該在叔父之上。朕不能因為叔父是皇親國戚就徇私。」從正面肯定了房玄齡、杜如晦的功績，並任命二人為宰相。

房玄齡通曉政務，又極有文采，日夜盡心為國操持政務，就怕出現一點差錯；運用法令則很寬容，不對別人求全責備，並與杜如晦一同不遺餘力地提拔有才能的年輕人，朝廷中的很多制度都是兩個人一起制定的。唐太宗李世民每次與房玄齡商量政事時，都一定會說：「這件事只有杜如晦才能做出決斷。」等到杜如晦前來，最後也一定會採用房玄齡的策略，這是由於房玄齡善於謀劃，而杜如晦擅長做出決定。兩人相互扶持，共同為國盡心盡力，所以唐人只要提到「賢相」二字，就一定會首推他們兩人。房玄齡雖然很受唐太宗的寵信，但有時也會因一些事情而被責備，這時候，房玄齡總會一連好幾天到朝堂上磕頭請罪，從不因為自己有功就傲慢無禮。

後來，杜如晦病重，唐太宗派了太子前去探病，之後又親自前去看望。杜如晦去世後，太宗每次得到好東西都會想起杜如晦，並派人將東西賜給杜如晦的家人。過了很久，每每提到杜如晦，太宗總還會流下眼淚，並對房玄齡說：「你曾經與杜如晦一同盡心輔佐朕，而現在朕只能見到你，再也看不到如晦了！」

諫臣魏徵

魏徵是唐代初年傑出的政治家和史學家，是我國歷史上最負盛名的諫臣。魏徵從小就是一個孤兒，雖然窮困但是為人有大志。在亂世之中，輾轉流離，曾在多位諸侯手下任職，最後成為太子李建成的僚屬，擔任太子洗馬（洗馬：太子洗馬是輔佐太子，教太子政事、文理的官員）。

玄武門之變以後，有人向李世民告發，李建成的謀士魏徵曾經勸說李建成及早下手除掉秦王。李世民得知後非常不高興，召來魏徵，問他：「你先前為什麼出主意離間我們兄弟？」

魏徵毫無懼色的回答說：「因為當時我是太子的僚屬，就應當盡心盡力地為他著想。要是太子當初採納了我的建議，也不會落得最後這個下場。」

李世民素來器重他的才能，便改變了原來的態度，對他以禮相待，並引薦他擔任詹事主薄，後來又封他為諫議大夫。魏徵見唐太宗大度能容，於是傾盡全力輔佐。

唐太宗勵精圖治，多次在臥室內召見魏徵，詢問政治得失。魏徵態度剛直，知無不言，因此深得太宗的信任。一次，

太宗派人徵兵，宰相封德彝（彝）建議，有不滿18歲但是身體魁梧健壯的男子，可以一併徵調。太宗同意宰相的建議，並發出敕令。

但是魏徵堅決反對，始終不肯在敕令上簽署。太宗發怒，責備他說：「那些身體魁梧健壯的男子，不一定都未滿18歲，有的為了逃避兵役而虛報年齡。徵調這些人有什麼不對，你為什麼這麼固執呢！」

魏徵回答說：「治理軍隊在於法度，而不在於人數眾多。陛下如果治軍有法，足可以無敵於天下，為什麼還要徵調年幼之人來增加虛數呢？」頓了頓，魏徵繼續說道：「陛下剛即位時，立志要以誠信治國。可是這才沒多久，陛下就已經多次失信了。」

太宗驚訝地問：「朕怎麼失信了？」魏徵說：「陛下即位之時，曾經下令免除關中地區兩年的賦稅和勞役，關外地區則免除一年。現在時間還未過，陛下又是收租，又是徵兵，這還不是失信嗎！況且，陛下徵兵，卻要懷疑他們使詐虛報年齡，難道這就是誠信治國之道嗎？」

太宗聽後，不但沒有生氣，反而高興地說：「之前，朕認為你是固執，懷疑你不通達政務，現在聽到你議論國家大事，確實都切中要害。如果朝廷不講信用，那麼百姓就不知道應該遵從什麼，這樣怎麼能治理好國家呢？你說得對，這是朕的過失啊！」於是太宗沒有採納封德彝的建議，並且賜給魏徵一只金甕。

唐太宗曾經問魏徵說：「歷史上的君王，為什麼有的人明智，有的人昏庸？」魏徵說：「多聽各方面的不同意見，就會明智；而如果只聽一方面的意見，肯定就會昏庸。」他還舉了歷史上堯、舜和秦二世、隋煬帝等人的例子，說：「治理天下的君王如果能夠採納下屬的意見，那麼下情就能上達，他的親信要想蒙蔽也蒙蔽不了。」唐太宗聽了連連點頭。

有一次，唐太宗聽信讒言，批評魏徵包庇自己的親戚。經魏徵辯解，唐太宗知道是自己錯怪了他。魏徵乘機進言道：「我希望陛下讓我成為一個良臣，不要讓我做一個忠臣。」唐太宗驚訝地問：「難道良臣和忠臣有區別嗎？」魏徵說：「有很大區別。良臣擁有美名，君主也得到好名聲，子孫相傳，千古流芳；忠臣因得罪君王而被殺，君王得到的是一個昏庸的惡名，國破家亡，而忠臣得到的只是一個空名。」唐太宗聽後十分感動。

長樂公主因為是長孫皇后親生，所以深得太宗寵愛。公主出嫁之日，下令嫁妝要比皇姑永嘉長公主多一倍。魏徵勸諫說：「以前漢明帝分封兒子，認為自己的兒子不能和先帝的兒子相比，所以分封較之減半。現在長樂公主的嫁妝卻要比永嘉長公主多一倍，這和漢明帝的做法相差太多了。」太宗覺得很對，將話告知了長孫皇后，長孫皇后感慨說：「我總聽到陛下稱讚魏徵，以前不知道是什麼緣故，現在聽到他用禮義來抑制君王的私情，真是國家的棟樑之臣啊！我和陛下是多年夫妻，幸蒙厚愛，每次講話還要察言觀色，不敢輕易冒犯陛下，何況與陛下疏遠的大臣。魏徵能犯顏直諫，陛下不能不聽他的意見啊！」然後長孫皇后又差人給魏徵送去賞賜，並說：「以前常聽說您正直忠心，今日得以親見，希望您能一直維持下去。」

有一次上朝的時候，魏徵跟唐太宗爭得面紅耳赤。唐太宗憋了一肚子氣回到內宮，見了長孫皇后，抱怨道：「總有一天，朕要殺死那個鄉巴佬！」長孫皇后很少見唐太宗發那麼大的火，便問道：「陛下想殺哪一個？」唐太宗說：「就是那個魏徵！他總是當著大家的面侮辱朕！」長孫皇后聽了，回到自己的內室，換了一套朝見的禮服，向太宗下拜。唐太宗不知何意，便問她這是幹什麼。長孫皇后說：「我聽說有英明的天子才有正直的大臣，現在魏徵這樣正直，正說明陛下的英明，我怎麼能不向陛下祝賀呢！」太宗聽後，轉怒為喜。

魏徵相貌平平，但是很有膽略，善於挽回皇帝的主意，常常犯顏直諫。有時碰上太宗非常惱怒的時候，他面不改色，有時太宗也心生敬畏。有一次，唐太宗想要去秦嶺山中打獵取樂，行裝都已準備停當，但卻遲遲未能成行。後來，魏徵問及此事，太宗笑著答道：「當初確有這個想法，但害怕你又要直言進諫，所以很快又打消了這個念頭。」還有一次太宗得到了一隻上好的鷂鷹，把牠放在自己的肩膀上，很是得意。但當他看見魏徵遠遠地向他走來時，便趕緊把鳥藏在懷中。魏徵故意奏事很久，致使鷂子悶死在懷中。

正是在魏徵的輔佐和勸諫下，唐太宗避免了一些勞民傷財之舉，並且取得了貞觀之治的大好局面。西元*643*年，魏徵去世後，太宗十分懷念他，對左右大臣說：「以銅為鏡，可以正衣冠；以古為鏡，可以知興替；以人為鏡，可以明得失。魏徵去世，朕失去了一面鏡子啊！」

一代女皇：武則天

武則天，是中國歷史上唯一一位女皇帝。於西元*690*年廢除睿宗，自稱聖神皇帝，改國號為周，史稱武周。

武則天的父親原本是個木材商人，後來隨唐高祖李淵起兵反隋，因功被封為應國公，後來被任命為工部尚書，利州和荊州都督。西元624年，武父47歲時，楊氏為他生了一個女兒，這就是武則天。在武則天9歲時，武父因病去世，隨後，武則天母女便從荊州搬回長安居住。

在武則天14歲時，因為美貌被唐太宗召進宮當才人。在宮中，武則天言談不俗，舉止大方深得唐太宗喜愛，於是賜名武媚，不久又遭到冷落。武則天做了12年的才人，在太宗病重期間，與太宗的兒子李治日久生情。西元649年，太宗駕崩。按照當時朝廷的規定，皇帝駕崩，尚未生育的宮人都要被送進佛寺或者道觀。於是，武則天被送到感業寺當尼姑。

唐高宗李治即位後不久便把武則天召回宮中，加封昭儀，對她寵幸有加。武則天受寵，引起了王皇后和肖淑妃的嫉妒，兩人常在高宗面前出言詆毀。武則天工於心計又生性狠辣，她買通兩人身邊的奴婢，隨時掌握她們的過失，然後加油添醋地彙報給高宗。後來，武則天生下一個女兒，甚得高宗喜愛。為了陷害王皇后，武則天親手將小女兒殺死，然後嫁禍王皇后。終於，武則天得償所願，高宗於西元655年下詔廢掉王皇后，改立武則天為皇后，不久又改立武則天4歲的兒子李弘為太子。

武則天當上皇后之後，便把當初幫助自己奪得皇后之位的許敬宗、李義府等人提拔到重要的位置上。在武則天的支持和唆使下，他們勾結奸惡，陷害忠良。在兩年之內，高宗先後貶逐褚遂良，逼迫長孫無忌自殺，還罷斥了20多位反對武則天的官員。從此，朝中大臣，站在武則天一邊的越來越多，政權漸漸地落到她的手中。西元660年，高宗患上「風眩病」，病發作時，頭暈眼花，看不見東西。因此，朝中政事，常常讓武則天代為處理。

隨著勢力一天天的膨脹，武則天地位一天天鞏固。當高宗察覺到大權已落到武則天手中時，便把宰相上官儀召到宮中，商議廢掉武則天的事，但此事馬上被武則天探知，她迅速採取了對策，指使許敬宗誣告上官儀謀反，不久上官儀被殺。朝中和上官儀有往來的人，紛紛遭到貶職和流放。從此，高宗對武則天更是言聽計從。高宗每次上朝，武則天都坐在簾子後面，參與裁決朝政。所以，當時朝野上下，甚至是邊疆少數民族，都稱他倆為「二聖」。這時，出頭露面的雖然還是高宗，但實際的決策人是武則天，高宗成了一個名副其實的傀儡皇帝。

唐高宗為了保住李家的皇朝，想禪位給太子李弘。李弘不贊成母后掌權，結果被武則天毒殺。武則天又立次子李賢為太子，不料李賢的立場和李弘一樣，於是武則天又將他廢為庶人，又改立三子李顯為太子。西元683年，高宗駕崩，太子李顯即位為唐中宗。不久之後，武則天又廢唐中宗為廬陵王，立四子李旦為皇帝，這便是唐睿宗。從此，所有的政事都由武則天裁決，睿宗被幽禁在宮中，絲毫不能過問。

武則天把朝中大權全部掌握在自己手裡以後，便立即開始著手取代李唐的計畫。她首先將東都洛陽改為神都，接著又改換了許多官職、宮殿的名稱、旗幟的形狀，以及朝中官員的服飾顏色等等。時隔不久，她便對自己的五世祖宗一一進行追封，並在家鄉文水建立了五代祠廟。接著，又將自己的一些家人陸續安排在重要官職上，把反對她的徐敬業、唐之奇、駱賓王（駱賓王，唐初詩人，與王勃、楊炯、盧照鄰合稱「初唐四傑」。西元684年，隨徐敬業起兵討伐武則天，作為秘書，起草了史上著名的《討武檄文》）、杜求仁、魏思溫等貶了官。

西元684年，徐敬業等人在揚州起兵，十幾天內召集人馬十幾萬，發出《討武檄文》後便發起進攻。武則天立即派兵鎮壓，只不過20天內，徐敬業等人的起義迅速被撲滅。從鎮壓叛亂事件中，武則天更加看清了豪門貴族勢力的強大，要想使自己牢牢掌握政權，政令能夠順利通行，就必須對這些出身豪門的反對派，進行無情的鎮壓。於是大開告密之門，啟用一大批酷吏，打擊殘害那些反對派。經過這一連串行動，武則天為登基掃清了障礙。

西元690年，武則天把國號改為「周」，正式登基當了皇帝。作為皇帝，武則天還是比較有作為的。她非常重視農業生產，大力獎勵農桑，減輕百姓勞役。另外，武則天還下令讓邊遠地區的軍政長官施行屯田。同時，在武則天執政時，各地還興辦了一些水利工程。

另外，武則天還非常重視人才，提拔了許多傑出人才，如狄仁傑、姚崇、宋璟等，為唐玄宗開創「開元之治」的盛世局面提供了許多人才。

在武則天統治的後期，朝廷政治日漸腐敗。她放縱武氏親族集團，侄兒梁王武三思，把朝政搞得混濁不堪。她的女兒太平公主想像母親一樣稱帝，勾心鬥角，爭奪權勢。武氏親族集團和一批新貴權勢在武則天的縱容之下，無惡不作，最終導致了唐中宗的復位。

到了武則天晚年，太子李顯的地位已經確定，武則天本人又衰老多病，因此，政治大權逐漸轉移。但是，武則天的男寵張易之、張昌宗兄弟，還有他們的一些黨羽，依然掌握著一部分權力。於是，張柬之等人密謀除掉張氏兄弟，並將準備發動政變的事偷偷

告知太子，取得了太子的同意。西元705年，張柬之等人率領羽林軍5百餘人來到玄武門，會同太子，破門而入。直奔往武則天所住的迎仙宮，將張氏兄弟劈死，然後率眾進入武則天的寢宮長生殿，迫使武則天傳位給太子李顯。

中宗復位後，首先下詔把以前被酷吏所陷害的官吏，一個個給平反昭雪。皇族都恢復了原來的身分，照舊給以高官厚祿。武則天被遷往上陽宮，由李湛負責宿衛。皇帝每隔10天，前去向武則天請安一次。不久，又恢復了唐的國號。

西元705年，武則天去世，享年82歲。

賢相狄仁傑

狄仁傑的時代，整個大唐王朝還處於上升時期，比較太平。他生於官宦世家，從唐高宗李治在位時就已在朝為官。他性情耿直，當時有人誤砍昭陵柏樹，按罪應該除去官吏名籍，而唐高宗卻要將人處死，狄仁傑立刻上奏說：「他們的罪行不夠處死。」唐高宗說：「這些人砍了昭陵的柏樹，朕不殺他們就是不孝。」

狄仁傑堅持己見，即使面對一臉怒容的唐高宗仍繼續說道：「如果陛下處死了依照法律不該處死的人，那法律還如何取信於民？因砍一棵柏樹而殺兩個人，後世將如何看待陛下？陛下請三思。」唐高宗終於還是聽從了狄仁傑的意見，並因為他敢於直言勸諫而升了他的官。

狄仁傑不僅為官嚴明，敢於直諫，人品也是一流。在他還是個小官的時候，有位同事要去遙遠的地區出使，而那個人的母親年事已高，又體弱多病，狄仁傑知道後嘆氣道：「他的母親現在這樣，怎麼能讓她再忍受與兒子萬里離別之苦呢？」於是找到長官，要求代替那位同事出使。

武后當政時，狄仁傑曾先後出任寧州刺史和豫州刺史。當時討伐叛黨李貞的功臣張光輔還在豫州，仗著自己有功勞，想要勒索狄仁傑，狄仁傑根本不予理睬，張光輔大怒：「你敢輕視我這個全軍主將！」

狄仁傑悠悠然說：「河南作亂的只有一個李貞，現在一個李貞死了，又出現了一萬個李貞！」張光輔不解其意，狄仁傑解釋說：「您統兵30萬，不過是要殺李貞。您卻放縱軍士四處搶掠，虐殺已投降的人來假報軍功，這不是又有一萬個李貞嗎？」張光輔無法反駁，卻懷恨在心，上奏說狄仁傑對自己不恭順，狄仁傑因而被降職。

狄仁傑的才能和為人深受武后的讚賞，於西元691年武則天稱帝後升任為宰相。他在職期間，竭忠盡智，提出了很多有利於國家的政見。一次，有個太學生上表請假回家，武則天批准了他的請求。狄仁傑知道後說：「我聽說君主要掌握的只有生殺大權，其餘的權力可以分給各個部門，如果就連學生請假這種事情天子都要管，那天子一天要下多少命令啊！」武則天深以為然。

西元692年，酷吏來俊臣網羅罪名，告狄仁傑等人謀反，這之前來俊臣曾奏請武則天下令：一經審問就承認謀反自己的人可以免死。狄仁傑知道後，直接便說：「大周改朝換代，萬物更新，我們這些唐朝舊臣，甘心聽任誅戮。謀反是真的。」來俊臣因而沒有繼續為難狄仁傑，而且也對他不加防備，狄仁傑趁機從被子上撕下一塊布，在上面寫明自己的冤情，塞在棉衣裡，對看守說：

「天氣熱了，請將我的棉衣交給我家人撤去絲棉。」看守答應了下來。狄仁傑的兒子拿到書信後便去覲見武則天，武則天立即質問來俊臣，來俊臣花言巧語，並偽造了狄仁傑等人的謝死罪表，騙過了武則天。

後來，一個曾被來俊臣誣陷的官員之子請求覲見武則天，武則天准許了。武則天問他有什麼請求，他回答：「我已經家破人亡，沒有什麼好說的了，只可惜陛下的刑法被來俊臣等人玩弄。如果陛下不信我的話，就在朝中選幾個您信任的忠臣，提出他們謀反的罪狀交給來俊臣，這些忠臣一定都不敢不承認自己沒有謀反。」

武后聽了這話才稍稍醒悟，召見狄仁傑，問：「你承認自己謀反？」狄仁傑回答：「如果不承認，現在應該已經死於嚴刑拷打了。」武后又問：「那為什麼要寫謝死罪表？」狄仁傑予以否認，武則天這才知道謝死罪表是偽造的，於是赦免了狄仁傑等人，但將他們全部貶官，狄仁傑則被降職為彭澤縣令。

後來，契丹大軍攻陷河北，屠殺官吏和百姓數千人，又繼續進軍，武則天起用狄仁傑為與冀州相鄰的魏州的刺史。前任刺史害怕契丹突然殺到，將百姓全部驅趕入城，修築防禦工事，加強守備。狄仁傑改變了這一做法，讓百姓全部回去務農，說：「敵人離這裡還遠，用不著這樣！」百姓都很高興。

西元697年，狄仁傑被武則天召回朝中，恢復了宰相之職，再次成為了武則天的左右手。第二年，武承嗣、武三思想做太子，多次指使人勸武則天說：「自古以來的天子沒有讓外姓人繼承王位的。」武則天猶豫不決，狄仁傑則說道：「太宗皇帝親自冒著刀槍箭矢平定天下，並將皇位傳給子孫；而高宗皇帝又將兩個兒子託付陛下，陛下怎麼能將國家交給外姓？再說，姑侄能比母子還親嗎？陛下立自己的兒子為太子，後世代代相承，立侄子為太子，難道侄子還能為姑姑在太廟裡祭祀？」武則天在狄仁傑等人的勸說下，漸漸打消了立武承嗣、武三思為太子的想法。

西元698年，突厥大軍進犯河北，朝廷任命狄仁傑為元帥出征，但大軍還沒抵達，突厥就退回了漠北，狄仁傑便將重點轉向了安撫百姓上面，不僅向朝廷提出很多好建議，而且身體力行，自己吃糠咽菜，散發糧食救濟貧民，禁止部下侵擾百姓，違犯的必定斬首。被突厥侵擾的地區漸漸安定下來。

狄仁傑年事已高，屢次提出退休的請求，武則天都沒有答應。狄仁傑入朝參見時，武則天常常阻止他行跪拜之禮，而且說：「每次看到你行跪拜之禮，朕的身體都會覺得痛。」

西元700年，狄仁傑去世，武則天流著眼淚說道：「這朝堂上面再也沒有可以依靠的師長了！」這之後，朝廷一有什麼大事是群臣無法決策的，武則天就會長長地嘆息道：「老天啊，為什麼要這麼早就把我的國老奪走呢！」

盛唐兩大名相：姚崇和宋璟

姚崇在武則天當政時就在朝為官，武則天很信任他，甚至讓他推薦朝中可以勝任宰相的候選人，姚崇認為張柬之穩重睿智，堪當大任，武則天就真的任命張柬之做了宰相。

後來，唐玄宗李隆基繼位，一直想任用姚崇做宰相，這時，姚崇已經擔任過武則天、睿宗李旦兩朝的宰相了，而且每次都兼任兵部尚書，對邊境地區軍務很瞭解，唐玄宗剛剛即位時，遇事總要先聽聽姚崇的建議，相比於同僚們每次回答得唯唯諾諾、不知所云，姚崇常常都能對答如流，所以很受唐玄宗的讚賞。

姚崇精於政務，做了宰相之後常常直言勸諫，曾建議唐玄宗珍惜手中的爵祿賞賜，並請求玄宗削去受寵的權貴之家的權勢，少和大臣們開一些輕浮無禮的玩笑，積極採納敢於直諫的臣子的意見，唐玄宗都一一聽從了。姚崇又發現有不少富家子弟藉由削髮為僧來逃避徭役，便將這種情況報告給了唐玄宗，並說道：「宣揚佛法並不能助長國運，鳩摩羅什也無法使後秦免於覆亡，梁武帝尊佛同樣也有侯景之亂。只要陛下能夠使百姓安居樂業，就是功德無量，哪裡用得著那些假裝剃度的奸詐之徒為僧，讓他們敗壞佛法？」唐玄宗深以為然，命人篩查全國的和尚尼姑，發現有弄虛作假者立刻令其還俗，竟然查出一萬兩千餘人。

當時，山東出現特大蝗災，很多災民不去滅蝗，反而在田邊焚香膜拜，祭祀蝗神，姚崇奏請派人殺埋蝗蟲，玄宗認為蝗蟲太多，難以除滅，姚崇說：「現在山東蝗蟲肆虐，吞噬莊稼，怎麼能坐視這些害蟲禍害百姓？即使這樣做不能將之殺光，也要比養蝗蟲為害強百倍。」又有大臣提出殺滅的蝗蟲太多會影響天地陰陽之氣的調和，姚崇認為這是無稽之談，如果殺死蝗蟲會招來災禍，情願自己一人承擔。

姚崇自己沒有住宅，寓居在寺廟裡，因身患瘧疾向玄宗請假，玄宗多次派使者前去探望，詢問他的日常飲食。朝中一有大事，玄宗便派人去寺院詢問姚崇的意見，後來索性要他搬到接待外國使者的四方館居住。姚崇認為那裡不是病人應當居住的地方，堅決推辭，唐玄宗卻說：「朕安排您住在那裡也是為國家考慮，朕恨不得讓您住到宮裡好商議政事，您就不要再推辭了！」姚崇便住進了四方館。

無奈姚崇的兩個兒子都很不爭氣，仗著父親的權勢結交賓客，四處收賄，受到時人的非議。有個姚崇的親信接受胡人的賄賂被發現了，玄宗想要將之處死，姚崇出面營救，惹得唐玄宗很不高興。姚崇因此而感到恐懼，屢次請求辭去宰相職務，並推薦宋璟代替自己為相，玄宗最後同意了。

宋璟在睿宗當政時曾經做過宰相，但因為得罪了當時勢力還很大的太平公主而被罷免。後來，李隆基鎮壓了太平公主的叛亂，即位為唐玄宗，宋璟被升任為廣州都督。玄宗曾派一個自己很寵幸的大臣前去考察宋璟，但宋璟風度凝重，為人深不可測，竟沒有和玄宗派去的人說上一句話。唐玄宗知道之後慨嘆了許久，越發敬重宋璟。

宋璟做了宰相之後，致力於選拔人才，根據每個人的才華授予其相應的官職。而且賞罰分明，從不偏私，並敢於直言勸諫，以至於唐玄宗甚至很敬畏宋璟，有時雖然覺得他的建議並不怎麼合自己的心意，但也會曲意聽從。

一次，唐玄宗前往東都洛陽，經過一地，發現那裡的道路狹窄，而且沒有被很好的維護，便下令撤銷了當地官員的職務，宋璟勸道：「陛下正在巡視，如果只因為道路沒修好就罷免官員，別的官員一定會因為害怕而讓百姓都去修路，這樣一來百姓就要受苦了！」玄宗聽了這話立刻就要免去他們的罪，宋璟又說：「陛下治了他們的罪，卻又因為我的幾句話而免了他們的罪，這是要讓臣替代陛下領受他們的感激之情啊。所以請陛下先讓他們在朝堂聽候治罪，然後再赦免吧。」玄宗深以為然。

廣州的官吏百姓曾為宋璟建造了遺愛碑，宋璟知道後便向玄宗進言：「臣在廣州任職期間並沒有什麼了不得的政績，只不過因為現在臣做了宰相，地位顯赫，那些人才要來阿諛奉承。這種不良風氣一定要杜絕，請陛下下令禁止為臣立碑。」玄宗採納宋璟的意見，這樣一來，其他各州都不敢為權臣立碑了。

姚崇和宋璟相繼為相，姚崇擅長隨機應變地解決政務，宋璟則擅長堅守法度、正道直行。兩人的志向操守雖然不同，但都盡心盡力輔佐玄宗，使得賦役寬平，賞罰分明，百姓得以安居樂業。在唐代的賢相中，前有貞觀年間的房玄齡和杜如晦，後有開元時期的姚崇和宋璟，其他人都無法和他們四人相提並論。每當姚崇和宋璟進見時，玄宗總要站起身來迎接，他們離開時玄宗也要在殿前相送。等到李林甫做宰相時，雖然玄宗對他的恩寵超過姚、宋二人，但待遇就差多了。二人齊心協力，為唐代的「開元盛世」鞠躬盡瘁。

安史之亂：盛唐不再盛

大唐自李淵開朝建國一度繁榮昌盛，到玄宗開元年間，更是盛極一時，稱雄世界。然而在這昇平的表象之下，一場空前的危機已醞釀成熟。開元末年，唐玄宗「在位久，漸肆奢欲，怠於政事，不願納諫，不聽忠言。」他重用奸臣李林甫、楊國忠，弄得民不聊生，百姓深惡痛絕。

當時，唐朝東北邊境少數民族奚和契丹，與唐時戰時和，很不穩定。唐政府在此設立平盧、范陽等藩鎮，加強防禦。范陽節度使張守圭，在和契丹的爭戰中，屢建戰功，很得賞識。胡人安祿山是張守圭帳下的一員戰將，在一次戰鬥中失利，按罪處斬。行刑時，安祿山大叫：「殺我安祿山，還有誰能破契丹？」張守圭不能決斷，於是把安祿山送到長安，請唐玄宗處置。玄宗因為急需用人就赦免了安祿山。

安祿山口齒伶俐，又善於阿諛逢迎。平日，從將相到宦官，不論尊卑，他都要進行籠絡。遇有機會便設宴相請，或行賄送禮以取悅於人。因此，唐玄宗聽到的是對安祿山的一片讚美之聲。於是，唐玄宗在溫泉宮初幸楊玉環的第二年，擢升安祿山為營州都督。

安祿山利用自己的胡人身分，故意以裝瘋賣傻來騙取玄宗的寵信。有一次，玄宗引他與太子李亨相見。安祿山對太子故意直立不拜。左右催他行禮，他卻故作糊塗地反問：「臣為藩人，不識朝儀，不知太子是什麼樣的官？」玄宗信以為真，便告訴他太子是儲君：「朕百歲之後，傳位於太子。」安祿山這才做出恍然大悟的樣子謝罪說：「恕臣愚鈍，只知陛下，不知太子，臣罪該萬死。」玄宗見此，特別對他的淳樸坦誠贊許不已。

安祿山是個大腹便便的大漢。有一次，玄宗指著他的大肚子問：「愛卿的大肚腹內，到底裝滿何物？」安祿山答道：「並沒有什麼稀奇之物，這裡滿裝的都是對陛下的赤膽忠心，故而如此龐大。」玄宗愛其應答機敏，大加讚賞。

細心的安祿山很早就發現了楊玉環對玄宗的影響力，所以他想方設法要取得楊玉環的信任。一次安祿山看到玄宗和楊玉環並排坐在一起。他首先向楊玉環行禮拜見。玄宗一見，面露慍色，責其無禮。

安祿山坦然答道：「如陛下所知，臣乃胡人。胡人之禮，總是以女為先。所以臣依胡俗，先朝拜國母。國母乃是大唐的母親，臣得以拜見如此花容月貌的國母，實在是榮幸之至。」楊貴妃聽後心花怒放，玄宗也隨之放聲大笑。於是，安祿山又趁機說：「臣請為國母跳胡人之舞，為國母遣懷。」然後，他就做出滑稽的姿態，開始為楊玉環跳舞。

在楊玉環的請求下，玄宗把長安御苑的永寧園賜給安祿山作為他的私邸。又讓他與楊家一族的楊國忠等人結成兄妹之誼。安祿山卻不滿足：「臣冒昧奏請，容臣將美麗的國母娘娘，奉為臣的母親。」

聽安祿山這樣說，唐玄宗並不責怪，反而覺得安祿山是個值得寵信的人。於是玄宗笑呵呵地問安祿山：「莫非這也是胡人的習俗嗎？若奉貴妃為母，朕又是你的什麼人？」「此事何須臣再奏明，臣本是陛下的赤子。」就這樣，安祿山成了楊貴妃的養子。

安祿山憑藉著與楊貴妃的關係，日漸受到寵信，不久便被拜為都督。同時，由於他在邊疆又立下戰功，被封為平盧節度使。之後又大破奚和契丹，於是兼任御史大夫，不久又兼任范陽節度使和河東節度使。自此，安祿山一身兼三鎮節度使，把持重兵，又深受玄宗寵愛，其權勢之大，可想而知。

但是，安祿山不滿足於現有地位，他開始窺探玄宗的寶座了，並為此而積極準備。西元754

年，為了收買人心，安祿山提拔奚、契丹等族5百多人為將軍。第二年，又奏請以32位蕃將代替漢將，並得到玄宗同意。經過多年苦心經營，安祿山已擁兵10餘萬，雄据北方，伺機起事。

李林甫死後，楊國忠接替宰相。安祿山的勢力，已足以與楊國忠抗衡，威脅著楊國忠的地位。楊國忠及太子李亨多次警告玄宗安祿山有謀反之心，可玄宗怎麼也聽不進去，安祿山為此對楊國忠恨之入骨。因為楊國忠深為百姓所痛恨，所以安祿山於西元755年，以討伐楊國忠為藉口，聯合史思明從范陽起事，舉兵10餘萬，長驅南下。叛軍一路挺進，如入無人之境，沿途郡縣，或開城迎降，或棄城逃路。

唐玄宗得到安祿山叛亂消息，最初不相信。等叛軍攻至河北，玄宗才倉猝佈防，然而，唐政府草成之師，不是安祿山訓練有素的蕃將的對手。叛軍攻擊陳留，太守開城投降。攻滎陽，守城士兵聽到角鼓之聲，竟紛紛墜落城下。叛軍攻下滎陽後，轉而西進，進攻東都洛陽。封常清率軍在武牢迎擊，大敗，東都失守。西元756年正月，安祿山自稱大燕皇帝，改元聖武。

唐玄宗與楊國忠為了盡快平定亂事，逼迫哥舒翰率領20萬大軍勉強出戰，結果以慘敗收場。哥舒翰被擊敗，長安城岌岌可危。於是唐玄宗決定逃離長安，留下太子李亨督撫軍民。唐玄宗一行人馬來到馬嵬（嵬ㄨㄟˊ）坡時，將士又餓又累不能前進。眾將士請求殺掉楊國忠父子和楊貴妃，玄宗不忍，最後楊國忠死於亂刀之下，楊貴妃縊死。然後兵分兩路，逃入四川。

「安史之亂」歷經玄宗、肅宗、代宗三代，持續22年之久，強盛的唐王朝從此一蹶不振，開始走向衰落。

張巡死守睢陽以身殉國

張巡本為文官，但卻精通兵法，在「安史之亂」中為國平亂，素有戰功。

西元757年，安祿山被親信殺死，其子安慶緒自立為帝，並派部將尹子奇率大軍13萬來進攻軍事重地睢（ㄙㄨㄟ）陽，睢陽守將許遠向張巡求援，張巡立即率兵進入睢陽。張巡有士兵3千人，與許遠合兵共6千8百人。叛軍全力攻城，張巡親自指揮督戰，激戰16日，殺死叛軍兩萬多人。許遠對張巡很是佩服，便將指揮大權交給了他。

張巡見叛軍一直圍城不散去，便對手下的將士們說：「我身受國恩，自然要死守城池，以死報國。但一想到你們也要為國而死，就感到心痛萬分。」將士們聽後情緒激動，紛紛請求出戰，張巡便殺牛設宴，犒勞士兵，率軍出戰。叛軍看見官軍人少，便譏笑他們，張巡手執戰旗，率兵直衝叛軍之中，叛軍不敵，大敗。這一戰，張巡方面斬殺敵將三十餘人，殺死敵軍三千餘人。第二天，叛軍又重新集結，兵臨城下，張巡再次出戰，多次挫敗了叛軍的進攻。

尹子奇並不死心，增加兵力後繼續攻城。一天夜裡，張巡在城中擊鼓整隊，做出將要出擊的樣子，叛軍整夜嚴加戒備，可是直到天亮也不見張巡的軍隊，於是放鬆了警惕，解下盔甲開始休息。這時，張巡率騎兵突然殺出，直衝敵營，叛軍大亂。張巡想要射殺尹子奇，但又不認識他，便用沒有箭頭的箭去射叛軍，被射中的叛軍還都以為張巡的箭已經射完，馬上就去報告尹子奇，張巡就這樣知道了尹子奇是誰，命手下人射擊，一箭正中尹子奇左眼，尹子奇疼痛難當，只好後撤，但仍不放鬆對睢陽城的包圍。

這時候，睢陽城中儲存的糧食已經全被吃完了，將士們每日只能以茶紙、樹皮為食，反觀叛軍卻糧道暢通，兵員充足，而睢陽守城的將士死的死，傷的傷，只剩下1千6百人，大多還因為饑餓疾病失去了戰鬥力。叛軍製作了雲梯，並在上面安置了兩百精兵，向城頭推過去，想要讓士兵跳入城中。張巡則在城牆上鑿了三個洞，等雲梯接近時，從一個洞中伸出設有鐵鉤的木頭，鉤住雲梯使之不能後退，另一個洞中伸出木頭頂住雲梯使之不能前進，最後一個洞中伸出一根頭上綁有裝著火炭和易燃之物鐵籠的木頭，去燒雲梯，雲梯被燒斷，上面的叛軍全部掉下來摔死了。不管叛軍用什麼樣的攻城器械，張巡總有辦法破解，叛軍很佩服他的智謀，不敢再進攻，只是圍城。張巡還經常會對攻城的叛軍講做人的道理，有的叛軍竟然被說動，脫離敵軍前來投誠，前後有兩百多人，最後大多為張巡戰死了。

當時，許叔冀在譙郡，尚衡在彭城，賀蘭進明在臨淮，離睢陽都不算遠，可誰也不率兵來救。面對日益艱難的局面，張巡命手下將領南霽（霽ㄐㄧˋ）雲率領30名騎兵突圍去臨淮求援。南霽雲一出城，叛軍數萬人前來阻截，南霽雲左衝右突，所向披靡，僅傷亡了兩名騎兵便到達了臨淮，見到了賀蘭進明，賀蘭進明卻執意不發兵去救睢陽。南霽雲苦苦哀求未果，大哭道：「我突圍出來時，睢陽城中士兵已經一個多月沒有糧食吃了！您手握重兵，就眼睜睜地看著睢陽陷落，這就是忠臣義士所應做的嗎？」

張巡當初堅守睢陽城時，僅有士兵1萬人，後來叛軍圍城，大小戰鬥共進行了四百多次，殺死叛軍12萬人。城中糧絕時有人建議放棄睢陽，張巡卻說：「睢陽是江淮地區的屏障，如果被放棄了，叛軍定能長驅南下。」於是，沒有糧食吃茶紙，茶紙吃完殺馬為食，馬也沒有了，又捕鳥雀和田鼠來吃，這些都吃完了，張巡就殺掉自己的愛妾給將士們吃，再之後就殺城中的女人來吃，接著又殺老弱病殘的男子來吃。城中的人都知道難逃一死，但沒有一個人叛變，最後只剩下四百多人。在沒有食物也沒有援軍的情況下，睢陽最後還是被攻破，張巡拒不投降，最後被殺。

後來，竟然還有人議論說張巡死守睢陽，不肯撤離，並殺人而食，還不如棄城而保全人命。張巡的朋友李翰為張巡作了傳記，並上奏肅宗說：

「張巡率兵以少敵眾，為保全江淮地區而拚死保衛睢陽，他的功勞是不容詆毀的。有人認為他殺人而食有罪，死守睢陽是愚蠢，這簡直就是揚惡貶善，我真是感到傷心。張巡固守睢陽城是為了等待援軍，援軍不至而城中糧絕，迫不得已只得殺人而食，這並不是他所願意的。就算是在守城之初，張巡就已經有了殺人而食的準備和覺悟，那麼殺掉數百人而來保全天下，我認為也算是功過相抵吧，況且那並不是他所想要的。張巡為國戰死，如果不將他的功德記錄下來，恐怕會被後人遺忘，那就太可悲了。所以我寫下了張巡的傳記並獻給陛下，希望能夠將它編列在國史之中。」從此，再也沒有人非議張巡的行為了。

司馬光曾經感嘆道：像張巡這樣的忠義之士，太平盛世的時候被排擠在朝廷之外，居身賤職；等到天下大亂之時，又被拋棄在孤城之中，等不到援軍，最後慘死敵手，世道為什麼對待好人如此不公平呢？

名將郭子儀：大唐戍邊的王牌

西元755年，安祿山、史思明聯合胡人發起叛亂，史稱「安史之亂」。當時大唐經過「貞觀之治」和「開元盛世」的太平安樂，民不知戰，兵戈已棄，河北各縣望風披靡，守軍不是逃跑就是投降。安祿山從范陽起兵，長驅直入，只用了35天時間就打到了東都洛陽。在國家生死存亡的關鍵時刻，有一批有勇有謀的卓越將領站出來為國而戰，郭子儀就是其中之一。

「安史之亂」爆發後，郭子儀被封為北方節度使奉詔討伐亂黨，他聯合名將李光弼分兵進軍河北，並共同擊敗了史思明，收復了河北。第二年，郭子儀與回紇兵聯手平定河曲，殺敵3萬餘人，俘虜1萬餘人。

西元757年，郭子儀見時機成熟，開始籌畫收服失陷的東都洛陽和西京長安。他認為河東居於二者之間，如果佔據河東，收復兩京的難度將會大大降低。於是，他先派人秘密潛入河東，與那些陷於叛軍中的唐朝官員進行聯繫，讓他們作為內應，而後率兵向河東進發。大軍將至，作為內應的將士們殺死叛軍1千多人，翻越河東城來迎接郭子儀率領的軍隊。而叛軍倉促集結起來阻擊郭子儀，但是被郭子儀打得潰不成軍，這一戰郭子儀的軍隊共殺死4千人，俘虜5千人。叛軍逃至安邑城，守城的官兵打開城門讓叛軍進城，等到叛軍的人馬進去一半時又將城門關閉，並襲擊了入城的叛軍，將之全部斬殺，郭子儀則收拾了剩下的敵軍，於是河東全境平定下來。

這一年，自行登基的唐肅宗也決意收服兩京，他犒勞了諸位將領，並請求他們進攻長安，特別對郭子儀說：「事情成敗，國家存亡就在此一舉！」郭子儀鄭重回答：「如果這一戰不能勝利，我一定會以死報國！」郭子儀認為回紇（紇ㄏㄜˊ）兵精，能征善戰，之前在平亂的戰鬥中也頗有戰績。為了能夠順利收服失地，便向肅宗推薦了回紇可汗，讓他幫助平亂，肅宗採納了郭子儀的建議。於是，廣平王李俶（俶ㄔㄨˋ）率領著唐軍及回紇、西域各國士兵共15萬，號稱20萬，從鳳翔出發，開往長安。

大軍在長安城西排開陣形，李嗣業為前軍，郭子儀為中軍，王思禮為後軍，叛軍10萬人也排開陣勢。戰鬥異常慘烈，叛軍勇猛，官軍近乎不敵，後來幸好有回紇大軍全殲了叛軍伏兵，大大打擊了叛軍的士氣，又繞到叛軍陣後與唐軍前後夾擊，最終擊敗了叛軍，殺敵六萬餘人。又經過大大小小幾次作戰，終於收復了長安。

唐軍乘勝東進，郭子儀率兵包圍衛州。叛軍將領安慶緒前來援救，郭子儀命3千弓箭手埋伏在軍營壘牆的後面，對他們說：「一旦我引軍後撤，叛軍必定會緊追不捨。到時候你們就登上壘牆，擂鼓吶喊並開弓放箭。」郭子儀與安慶緒交戰，並假裝敗退，叛軍追到軍營壘牆的附近，郭子儀的伏兵立刻萬箭齊發，叛軍措手不及，死傷無數，又聽見陣陣鼓聲，軍心大亂，只得敗退，郭子儀又率兵追擊，安慶緒大敗，郭子儀趁機拿下了衛州。

「安史之亂」平定之後，大唐一蹶不振，吐蕃、回紇趁虛而入，連年侵犯邊境。郭子儀多次率軍前去鎮壓，為國家鞠躬盡瘁，唐代宗一直都很信任他。

郭子儀的第六子叫郭曖，娶了升平公主為妻。小倆口有一天發生了口角，郭曖對升平公主吼道：「你倚仗你父親是天子嗎？天子有什麼了不起，我父親只是不屑於做天子罷了。」公主氣得乘車飛奔入宮向代宗告狀。代宗聽後卻說：「唉，的確是這樣，如果郭子儀有心做天子，天下現在又怎麼會是我們家的呢！」又將升平公主好好勸慰一番，讓她回家去了。

郭子儀知道這件事後，將兒子郭曖囚禁起來，自己入朝等待代宗的懲處。代宗卻笑著對郭子儀說：「俗話說得好，『不癡不聾，當不了家長。』他們小倆口在私房裡拌嘴，咱們做親家的，怎能將那些話當真呢！」郭子儀還是回家打了郭曖數十大棍。

郭子儀也不是那種血氣上湧、不顧一切的武夫，能忍人之所不能忍。曾經有盜墓賊挖開了郭子儀父親的墳塚，官府大力搜捕，卻沒有抓到人，人們都認為是向來討厭郭子儀的魚朝恩派人所為。當時，魚朝恩是備受唐代宗寵信的大宦官，朝廷很害怕郭子儀因為這件事而背叛朝廷。郭子儀從軍中回到朝中拜見代宗時，代宗提心吊膽地提起此事，郭子儀痛哭流涕地說道：「我常年帶兵，手下的士兵也會做出挖掘別人墳墓的行為，但我都沒有阻止這種暴行。如今，我父親的墳塚被盜，這是上天在懲罰我，與旁人無關。」朝廷於是安定了下來。

西元*781*年，郭子儀去世。郭子儀以一人之軀擔當國家安危將

近30年，功勞天下無雙，但從不居功，只要皇帝一紙詔書，他必定星夜啟程前往進見，所以即使有小人用讒言詆毀，皇上也不猜疑他。他85歲時壽終正寢，子孫滿堂，是身為武將少有的福分。

李光弼智守太原

「安史之亂」爆發後，李光弼在郭子儀的舉薦下，擔任河東節度副使，率兵先後打敗常山、九門等地的叛軍，並與郭子儀共同在嘉山大敗史思明部隊。後來，長安失守，李光弼率軍駐守太原。

當時，叛將史思明從博陵發兵，蔡希德從太行發兵，高秀岩從大同發兵，牛廷介從范陽發兵，四路大軍共計10萬多人，氣勢洶洶向太原攻來。李光弼手下的精兵強將又都前往北方支援，守城的士兵只有不滿1萬人，而且還都是些沒有經過仔細操練的新兵。史思明認為太原兵力弱，簡直是唾手可得，如果能拿下太原，自己的大軍就可以長驅直入，直取北方。

太原城中的將士都十分害怕，緊急商議著如何修繕城防，以抵禦敵人，李光弼卻不贊同，他說：「太原城城牆的總周長有40多里，如果在叛軍即刻到來的時候開始修繕城防，等敵人來了，我們哪裡還有力氣去打仗？」眾將問李光弼應該怎麼辦，李光弼率領士兵和城中百姓在城外開鑿了壕溝，並讓軍民做了數十萬塊磚坯，大家都不知道他到底有何用意。後來，叛軍兵臨城下，開始攻城，李光弼就命令兵士們用磚坯將城牆加高，一旦有地方被損毀，就立刻用磚坯修補好。史思明見難以攻下太原城，就派人去峭山以東取攻城的器械，並讓3千胡兵護送，李光弼知道後便遣兵將前去阻擊，將胡兵盡數殺死。

敵人一開始攻得極為兇猛，李光弼就做了大炮，以巨石為炮彈，一發射出去就能打死20多個敵人。叛軍在攻城戰中死傷了將近十分之二三的兵力，終於學乖了，開始後撤，在離城數十步以外的地方安營紮寨，將太原城團團圍住，想要把官軍困死。李光弼又生妙計，派人前去詐降，假意與叛軍約定好日子出城投降，叛軍覺得可以不戰而勝，自然非常高興，根本不加防備。李光弼趁叛軍守衛鬆懈之機，在他們的營地周圍挖掘地道，之後再用木頭頂住，到了和叛軍約定好要投降的那一天，派手下的將領帶著幾千人出城，假裝要投降，而自己就率領士兵站在城頭上。叛軍正都將注意力放在將要投降的將士身上，突然自己軍營的地面塌陷，一下子就死了1千多人，叛軍頓時大亂。此時，李光弼命令將士高聲吶喊著衝殺過去，殺死並俘虜叛軍1萬多人。

史思明圍攻太原一個多月，還是沒有攻下太原，於是決定改變攻城策略，挑選了一批驍勇善戰的精兵，作為流動作戰軍隊，給他們分派了一個特殊的任務：「當我率大軍攻打太原城城北時，你們就暗暗前往城南；我攻打城東時，你們就暗暗前往城西，一旦發現有機可乘就趕緊進攻。」

史思明萬萬沒有料到，李光弼治軍森嚴，即使是叛軍沒有攻打的地方，那些巡邏的士兵也會打起精神，萬分警惕，所以史思明的這條「妙計」根本就排不上用場，精兵流動作戰軍隊攻不進城去。

李光弼不但很會打仗，還會用人。他在軍中招募人才，只要是會一些小技藝的人都會被選中，之後再根據他們各自的能力分派崗位，可謂是人盡其才。那時，李光弼發現軍中有3個會鑄錢的工匠，而且3人非常善於挖掘地道，於是讓他們主持挖掘地道的工作。當叛軍士兵在城下仰著頭高聲罵陣時，李光弼就派人從挖好的地道中抓住他們的腳，把他們拖到城裡，然後押到城頭殺掉，以至於那些叛軍走路時都盯著地面，生怕突然被拖走殺掉。叛軍用雲梯和土山作為攻城器械大舉攻打太原城，李光弼則用挖地道的方法來對付，讓這些大型的攻城器械剛被運到城下就陷入了地裡不能移動。

安祿山自從作亂之後視力直線下降，後來已經看不清東西了，因而脾氣越來越暴躁，還經常拿身邊的人出氣，終於被近侍所殺。他死後，其子安慶緒取而代之，並命令史思明回歸范陽，留下蔡希德等人繼續圍攻太原城。

李光弼見敵人兵力分散，便親自率領敢死隊出城襲擊，大破蔡希德軍，殺死叛軍7萬餘人，蔡希德逃走，太原城終於轉危為安。

李泌單騎入陝

唐德宗剛剛即位時，還是個胸有大志的皇帝，面對因藩鎮割據而日漸衰落的大唐王朝，他決心削去那些擁兵自重的地方藩鎮節度使的權力。然而，雄風不再的唐王朝已經無力對抗那些實力雄厚的地方割據勢力，戰事陷入膠著狀態，天下大亂，民不聊生，唐德宗不得不向那些節度使妥協，發佈「罪己詔」，並宣佈一切如初，不再削弱藩鎮的權力。但這並不能讓紛亂的天下變得太平，唐王朝仍危機四伏。

西元785年，陝虢（虢）都知兵馬使達奚抱暉用毒酒毒死了節度使張勸，自己代理總攬陝虢地區的軍務，並請求朝廷任命他為新的節度使。同時，他還暗中勾結反叛了的朔方節度使李懷光，大有背叛朝廷之意。唐德宗得知消息後急忙找來李泌，對他說：「如果達奚抱暉和李懷光聯合起來對抗朝廷，那反賊的勢力將更加龐大，朝廷就難以將之制伏了。而且，一旦達奚抱暉佔據了陝州，那水陸的運輸要道都會被他們把持。如今國難當頭，朕想麻煩先生親自走一趟。」

李泌和德宗關係很好，在德宗還是奉節王的時候，李泌就曾教授過他寫文章。等德宗當了太子，兩人還經常往來。德宗做了皇帝後就急招李泌在自己左右，對他非常信任。如今國有大事，於公於私，李泌自然都要一口答應下來。

德宗便任命他為陝虢都防禦水陸運使，並想派兵護送他上任，李泌卻拒絕了：「我還是單人匹馬去赴任的好。陝州的百姓心向朝廷，只不過是達奚抱暉一人作亂，如果帶大批人馬同去，達奚抱暉肯定會緊閉營門，百姓也會以為是朝廷派兵來討伐，因為恐懼一定會做出反抗；如果我一個人前去，達奚抱暉就不能大規模的出動軍隊，而派一兩個人來殺我，我也不怕。不過我希望陛下可以讓河東的元帥馬燧和我一同啟程離開長安，這樣達奚抱暉想要害我時，便會忌憚河東調動軍隊討伐他們，這也算是一種心理攻勢吧。」

德宗還是很擔心，說道：「你對朕非常重要，朕寧可失去陝州也不能失去你。你一個人去太危險了，朕還是派別人前往吧。」

李泌笑了笑回答：「不是臣自誇，其他人未必能順利進入陝州，而且這件事宜早不宜遲，陝州現在剛剛出事，眾將心中難以安定，人人自危，我如果能夠出其不意地將他們震懾住，那事情就基本可以控制了。如果等到達奚抱暉做好準備，穩固了自己的勢力，那事情就麻煩了。」德宗左思右想，最後只得同意讓李泌獨自前往。

李泌又對達奚抱暉派來請求職務的官員說：「皇上因陝州鬧饑荒，所以派我前去出任水陸運使，節度使則另行任命，如果達奚抱暉表現出他的才華，證明自己能當大任的話，朝廷自然會擢升他為節度使。」達奚抱暉的人將這番話報告給達奚抱暉，達奚抱暉稍微安下心來，也不打算謀害李泌了。

李泌孤身一人前往陝州，行路速度很快，達奚抱暉本來不想讓地方官員和李泌見面，但他的命令還沒傳達下去，李泌就已經到了。李泌先見過了眾官員，告知他們自己奉旨前來上任，而後又見了達奚抱暉，並稱讚他治軍有方，又說：「那些閒言碎語您不必放在心上，朝廷是不會更換將領的。」達奚抱暉聽了這話很高興。

李泌進城任職後，有的官員單獨前來找李泌，並請求李泌屏退左右，說有事要秘密商量，李泌卻說：「更換節度使的時候自然會有很多閒言閒語，這是正常的。但我都已經來了，這種閒話應該停止了吧！」這樣一來，那些還心存疑慮的人也安定了下來，李泌也只是要來帳簿和文書，專心整頓糧運儲備。

第二天，李泌把達奚抱暉叫了過去，對他說：「我憐惜你行伍出身，出生入死才有今天的成就，也知道之前節度使張勸對軍中將士們待遇不公，但你畢竟有反叛朝廷的居心，所以我不想殺你，你現在就逃走吧，帶著你的家小，別再進入潼關了，我保證不會有人發現。」達奚抱暉聽了李泌的話，亡命天涯去了。

其實，在李泌臨走前，德宗將一份寫有陝州作亂的75位將領資料的黑名單給了李泌，並讓李泌殺掉他們。李泌讓達奚抱暉逃走後，朝廷派來的使者到了，李泌對使者說：「我已經將達奚抱暉打發走了，剩下的人不必再追查了。」德宗知道後，又派使者來陝州，執意要李泌將那些將領殺掉，李泌沒有辦法，只得抓了其中五個人押送到京城，並懇求德宗赦免他們的罪，但德宗最後還是把他們都殺了。

李懷光聽說李泌已經進入陝州，知道自己無法再與陝州將領聯合，便打消了這個念頭。於是，李泌單騎入陝州，不用一兵一卒就為朝廷解決了一個大隱患。

大唐第一理財專家：劉晏

劉晏自小就才華出眾，當時玄宗東封泰山，年僅8歲的劉晏獻上一篇《東封書》，受到玄宗誇獎。玄宗還命宰相張說測試他的才能，張說一試，連連稱奇，唐玄宗很高興，便讓劉晏做了秘書省正字，自此，劉晏因「神童」的美譽而名噪一時。

安祿山叛亂後，大唐歷經8年終於平定了這場「安史之亂」，但盛極一時的王朝已然千瘡百孔，國庫入不敷出，百姓生活艱辛，整個唐朝的經濟都十分蕭條，特別是水運因常年廢弛而受阻，江南的米糧無法抵達關中地區，致使關中的米價每斗漲到一千多錢，餓殍遍地，有時就連皇宮裡也會沒有吃的。在這種情況下，劉晏臨危受命，作為轉運使開始發展漕運。

劉晏先是不畏艱險、親自對漕運沿線進行了實地考察，而後決定要大力治理漕運，但又擔心自己的改革力度過大，會遭到其他官員的牽制，於是就給當政的宰相元載寫了一封信，痛陳漕運中的「四利」、「四弊」，深刻地指明了重整漕運的重要性，也分析了其中的困難。元載看完信後極力支持劉晏的改革，並將情況上報給了代宗。

劉晏得到了大唐最有權勢的兩人的支援，於是加快進度，整頓漕運。他首先組織人力疏通河道，並打造了兩千艘堅固的大船，每艘船的造價都要比普通的船高一倍，有人覺得花費太多，沒有必要，劉晏卻回答：「漕運茲事體大，怎麼能吝惜那麼一點小錢？做事情不能只看眼前，要為長遠考慮，大船每次都能運送更多的米糧，而且還能保證糧食在運輸過程中的安全，多花點錢又算得了什麼？」

之後，他開始訓練士兵押運糧食，不再徵召沿岸的壯丁服役，以減輕百姓的負擔，而是雇用專門的船夫，漕運開始正式由朝廷直接經營。最後，他還改直法運輸為分段運輸，將全程分成四個運輸段，並建立了多個轉運站和倉庫，這樣就避開了一些不利於水運的河段，提高了運輸速度，也減少了糧食在運輸過程中的損耗。

就這樣，廢弛已久的漕運在劉晏的改革下重新煥發了活力，江南的米糧源源不斷地運進了關中，緩解了糧食短缺的緊張形勢。在第一船糧安全抵達長安時，代宗還專門派了樂隊前去迎接，並稱讚劉晏是當世的蕭何。

唐初，政府對於鹽的販賣並不進行限制，也不收鹽稅。後來，鹽開始由政府專賣，政府大幅提高鹽價，其中一些貪官污吏中飽私囊，只要是跟鹽沾邊的職位都富得流油。劉晏管理鹽鐵之後，先是大力削減了政府的鹽務機構，減少了不必要的開支，之後又調整了鹽的專賣制度，將原來的政府全權經營，改為官收、商運、商銷，並統一徵收鹽稅。為了防鹽商趁機哄抬鹽價，劉晏在各地都設立了鹽倉，專賣平價鹽，這就迫使那些黑心鹽吏降低鹽價，這樣百姓就不必因為吃不起鹽而發愁了，而且販賣私鹽的現象也有所減少，政府收取的鹽利隨之翻了數倍，國庫也因此變得豐盈起來，很順利地補貼了漕運等各項開支。

劉晏還很注重對經濟相關資訊的收集和整理，他以優厚的待遇招募了一些善於在各地奔走、打探消息的人，而後將他們安排到全國各地搜集並上報當地的經濟情況。這樣，即使是那些偏遠地區的經濟狀況，中央也能夠瞭若指掌，並根據這些情報來謀劃國家的經濟形勢，保證各地物價平穩，使百姓能夠安居樂業。

劉晏掌管大唐的經濟大權多年，從不以權謀私，中飽私囊。他治家儉約，飲食簡單，家裡連個使喚的丫頭也沒有，他常常說：「住的屋子乾淨整潔就好，不需要如何華美；吃的東西能夠裹腹就好，不必多麼美味；騎的馬跑得快而穩就好，不必在乎毛色如何。」當時人們無不欽佩他的廉潔簡樸。劉晏做事也兢兢業業，每次騎馬上早朝時，都會一邊走，一邊計算財政的收入和支出情況，下朝後回家繼續處理事務，每天都要忙到半夜才去休息。

可惜，就是這樣一個好官頻頻遭人妒忌。一些官員眼紅劉晏手中的財政大權，時常在皇帝面前說劉晏的壞話。當時的宰相楊炎是個睚眥必報的小人，因為劉晏曾經得罪過他就派人誣陷劉晏私自徵召士兵，意圖不軌。德宗在沒有仔細查清真相的情況下，就派遣密使將劉晏殺掉了，並公佈了其根本不存在的罪狀，還將劉晏的家屬發配到嶺南，全國人都認為劉晏是冤枉的。後來，楊炎派人去抄劉晏的家，只得到兩車的書和幾斗米，世人都稱頌劉晏的廉潔。

中興名臣：裴度

唐憲宗李純即位後，對先祖開創的「貞觀之治」和「開元盛世」十分仰慕，決心以祖上那些聖明之君為榜樣，勵精圖治，做一位千古稱頌的好皇帝。在他和眾賢臣的努力之下，「安史之亂」之後一直頹廢的唐王朝終於開始重新煥發活力，形成了中興氣象，而裴度正是得使大唐中興的股肱（ㄍㄨㄥ）之臣。

西元814年，唐憲宗在宰相李吉甫、武元衡的支持下，決心改變致使唐朝衰弱的藩鎮割據局面，恰好那時淮西節度使吳少陽死了，他的兒子吳元濟秘不發喪，上表圖謀繼承父親之位，被朝廷駁回，於是便勾結同為節度使的李師道，起兵造反。憲宗發兵征討，官軍打了很久也沒能消滅叛軍，憲宗便派遣當時身為御史中丞的裴度前往軍營考察軍情，並慰問將士，裴度回朝後，向憲宗表示攻取淮西只是時間問題，並特別提到了一個叫「李光顏」的將領，認為他驍勇善戰，又有愛國之心，定能建功立業，憲宗聽了很高興。後來，李光顏果然率軍大敗淮西叛軍，叛軍開始大規模地潰退，憲宗想起之前裴度的話，稱讚他有識人之能。

淄青節度使李師道表面上支持朝廷討伐吳元濟，實際上卻認為朝廷的這一行為是削藩的徵兆，威脅到了他自身的地位，所以暗中支持吳元濟，竟然派人潛入京城，意欲暗殺力主對淮西用兵的大臣。他們先是偷襲了正要上朝的宰相武元衡，將他殺死，而後又前去刺殺裴度，裴度命大，又有忠僕相護，逃得了性命。事情傳開，整個京城都震驚了，朝中人人自危，大臣們不到天亮都不敢出門，有時皇上登殿後許久，百官還不能到齊，有的大臣因為懼怕，開始向憲宗建議對節度使妥協。

裴度傷癒後，憲宗命他代替武元衡為宰相，裴度不畏強暴，繼續進言說：「淮西地區是朝廷的腹心大患，不能不除，討伐吳元濟絕對不能半途而廢。如今朝廷已經派兵討伐淮西，對待其他的藩鎮，朝廷也應採取強硬態度。」憲宗採納了裴度的意見，並將對藩鎮採取軍事行動的指揮大權交給了他，裴度加快了討伐吳元濟的進度。

西元817年，朝廷對淮西用兵已歷時四年之久，還是沒有完全取得勝利，物資的不斷轉運致使勞民傷財，導致有些百姓只能用驢來耕地，憲宗也為此而深深地擔憂，便召來眾臣商議。大臣們紛紛認為，如今軍中士氣低落，國庫因連年征戰而空虛，希望能停止用兵，唯獨裴度一言不發。當憲宗問到他的時候，他卻回答：「我請求親自到前線督戰。」憲宗很感動，裴度又繼續說：「我最近看了吳元濟的奏表，他所面臨的局面已經十分窘迫了，我軍主要的問題就是各將領的心不齊，如果我親自前去，那些將領一定怕我奪去他們的功勞，必定對叛軍步步緊逼，我軍便能取勝。」憲宗聽取了裴度的意見，命他前往督戰，臨行前，裴度對憲宗說：「若這次能將叛軍一舉消滅，那麼我很快就會回來見陛下，但只要叛軍還在，我就會一直留在前線不會回來。」憲宗聽了這話，百感交集，不由得流下了眼淚。

裴度來到前線之前，軍中的將士們都由宮中派出的使者監督作戰，軍隊的行動不能由主將做主。一旦打了勝仗，那些使者就派人向朝廷上報，說都是自己的功勞；要是打了敗仗，就責罵將士們無用。裴度將這些宮中派出的使者全部罷免，這樣，各位將領就得以自由靈活的處理軍務，而且打仗時積極性也得到了提高，所以便能夠經常取勝。

在裴度的指揮之下，官軍士氣大振，所向披靡，很快雪夜奇襲蔡州成功，破城俘虜了吳元濟，徹底取得了勝利。蔡州被攻破以後，裴度領軍進駐其中，並任用蔡州的將士。有人勸他說：「蔡州人中搖擺不定的還很多，您這樣不加以防備地隨意任用他們，太危險了！」

裴度笑著說：「吳元濟已除，現在蔡州人就是我的人，有什麼好擔心的呢？」蔡州眾將士聽了都很感動。之前，吳少陽、吳元濟父子統治蔡州，下令禁止北行在路上私語，還禁止他們在夜間點燭火，甚至會處私下來往的人死刑。裴度接管蔡州之後，只是禁止偷盜，其餘並不過問，蔡州百姓這才有了自由。

淮西被破，各個藩鎮割據勢力都被嚇破了膽，相繼歸順朝廷。西元818年，叛亂的淄青節度使李師道也被肅清，大唐取得了削藩的巨大成果，重振了中央集權的聲威，成就了唐朝的中興氣象。

甘露之變：誅閹宦功敗垂成

唐朝後期，宦官專權把持朝政，氣勢熏天，有時甚至皇帝的廢立也由這些閹人一手掌控。唐文宗（唐文宗：李昂，是唐朝的第14位皇帝，在位期間政治黑暗，官員和宦官爭鬥不斷，是唐朝社會走向沒落的轉型期。唐文宗形同傀儡，最後抑鬱而死）繼位之後，深感宦官胡作非為是國家的禍害，但苦於勢單力薄，只得忍氣吞聲。

權臣李訓、鄭注得到文宗信任和重用之後，揣摩到文宗的心思，於是在給唐文宗講授先人經典的時候，多次暗示文宗除掉閹黨。文宗覺得李訓、鄭注二人機智多謀，才華出眾，而且還是由大宦官王守澄推薦給自己的，與他們商議誅除宦官的事情，那些宦官不會疑心，於是便將自己的打算秘密告知了二人，並和他們商量除掉閹黨的辦法。李訓、鄭注二人不甘心一直受閹黨壓制，於是便日夜商議對策，以誅除宦官為己任。文宗不知他們的私心，還以為兩人真心為國，對他們言聽計從，而旁人只知道李訓和鄭注是大宦官王守澄面前的紅人，隸屬閹黨，卻不知他們正和文宗密謀。

李訓、鄭注秘密地向文宗建議誅殺王守澄，文宗便派人前往王守澄的府邸，賜王毒酒將王守澄毒死，而後又追封王守澄為揚州大都督，以穩定閹黨的心。李訓、鄭注二人本是受了王守澄的提拔才有當時的地位，但最後竟然利用文宗將他殺死，所以，凡是知道這件事情真相的人都一邊為王守澄這個國賊被殺而高興，一邊又厭惡李、鄭二人的狡詐陰險。

為了除去閹黨，鄭注請求擔任鳳翔節度使，文宗准許了。李訓表面上也極力贊成鄭注擔任鳳翔節度使，但他心裡一直十分嫉妒鄭注，想要在誅除宦官之後，順便把鄭注也一同除掉。

鄭注不知，還和李訓計畫，想要等自己到鳳翔上任之後，挑選幾百名大漢，每人身上帶一根白色棍棒，懷揣利斧，作為親兵，然後與文宗約定日期，讓文宗下旨在河邊埋葬王守澄，並命所有的宦官都去為王守澄送葬，到時候自己下令關閉墓門，命令那些親兵將宦官全部殺掉，這樣閹黨就被一舉清除了。李訓表面贊同，暗地裡卻和自己的同黨密謀：「這樣一來功勞豈不都是鄭注的了？不如讓我們的人也去招募一些壯士作為私兵，同時再調動其他軍隊，先於鄭注一步誅除宦官，然後再把鄭注也殺掉。」

西元835年，唐文宗和百官正在大殿之中，與李訓一黨的大將軍韓約上報：「昨晚在左金吾衙門後院的石榴樹上發現有甘露，這是祥瑞之兆。」李訓等人趁機勸文宗親自前往觀看，文宗同意了，並命百官先前去觀看，百官過了很久才回來。李訓奏報說那甘露不像是真正的甘露，文宗假裝奇怪，又派眾位宦官再次前往觀看，士兵手執兵器等待命令。

大宦官仇（仇ㄑㄧㄡˊ）士良率領眾宦官跟著韓約去察看甘露，韓約因為太緊張而臉色古怪，仇士良覺得奇怪，這時，又有一陣風把院中的帳幕吹了起來，使得眾宦官發現了隱藏在帳幕後的伏兵。眾宦官大驚，急忙往外跑，守門的士兵沒把門閂好，被眾宦官衝了出去。仇士良等人奔上大殿，向文宗報告發生兵變，半強迫地將文宗攙扶上軟轎，帶著文宗一同逃跑。李訓急呼士兵護駕，士兵衝上前誅殺宦官，一時間血流成河，死傷十幾個人。文宗的軟轎被抬進後宮，宦官們將宮門緊緊關閉，李訓知道事情不妙，急忙逃跑。上朝的百官都還不清楚到底是怎麼回事。仇士良等宦官得知文宗也參與了這件事，十分惱怒，在文宗面前出語不遜，文宗又羞又怕，不敢作聲。

仇士良等人命令手下帶領禁兵5百人討伐賊黨。當時，大臣們正在政事堂準備吃飯，忽聽有人報告：「有一大群士兵衝了過來，見人就殺！」連忙四散奔逃，禁兵隨後趕到，關閉了大門，還沒來得及逃出去的六百多人全部被殺。仇士良又下令分兵在城中搜查亂黨，一時間雞飛狗跳，不少百姓和商人被誤殺，屍體狼藉，流血遍地，京城中的那些地痞流氓也趁機隨意殺人，四處搶掠商家和百姓們的財物，京城一片烏煙瘴氣。

宰相王涯逃出宮，躲在一處茶館避難，不幸被禁兵逮捕。王涯已經70多歲了，本不知道李訓、鄭注的計畫，但被士兵毆打凌辱，無法忍受，便違心地承認自己謀劃與李訓一起謀反，並想要擁立鄭注為皇帝。不少無辜的大臣遭到逮捕，禁軍藉機四處掠奪大臣們家中的財產。李訓逃出了京城，但卻無處躲藏，最後還是被閹黨抓住殺了。

幾日後，百官開始上朝，宮內戒備森嚴，持刀槍的禁軍分列兩旁。百官進入大殿時，沒有宰相和御史大夫帶領，隊伍混亂，唐文宗登上大殿，仇士良上奏說宰相參與謀反，已被逮捕入獄，並將王涯的供詞呈上，文宗心中又悲又氣，但只能苦苦忍住，任命仇士良推薦的人主持朝政。一場轟轟烈烈的誅除宦官的「甘露之變」就這樣徹底失敗了。

黃巢起義

黃巢，私鹽販出身。年輕時喜歡擊劍騎射，且深通文墨。他曾幾次赴長安參加科舉考試，但都落第。他以《不第後賦菊》為題，寫過一首詠菊詩：

待到秋來九月八，我花開後百花殺。

沖天香陣透長安，滿城盡帶黃金甲。

唐期末年，由於宦官專權，藩鎮割據，常年混戰不休，社會生產遭到嚴重破壞，百姓身處水深火熱。西元874年，濮州人王仙芝、尚君長等人集合了3千餘眾，在濮陽首舉義旗，向唐王朝宣戰。

黃巢聽到王仙芝起兵反唐的消息後，便和族兄黃存，子侄黃揆、黃思鄴，外甥林言等8人，聚集數千民眾回應。不久，兩路起義軍在曹州勝利會合，黃巢被推舉為第二領袖。他們連戰連勝，在群眾的支持下，只幾個月的工夫，就攻下附近許多州縣，起義軍發展到幾萬人。

起義軍在黃河、淮河地區的迅速發展，直接威脅著唐朝的漕運，並從政治上動搖著唐朝的統治。朝廷與起義軍在中原展開了一場激烈的圍剿與反圍剿的戰爭。張仙芝與黃巢隨機應變，把部隊化整為零，迅速轉向沂（沂）蒙山區，進行外線作戰。由於義軍神出鬼沒地流動作戰，使唐軍時戰時休，無所適從，以致軍心動搖。王仙芝、黃巢則乘唐軍厭戰之機，率領義軍突入河南，跳出唐軍的重重包圍，取得了反圍剿的重大勝利。

唐朝統治階級對起義軍的圍剿沒有奏效，就企圖用誘降辦法來分化起義軍。王仙芝很高興地準備接受誘降，遭到黃巢和起義軍戰士的斥罵。王仙芝自知理虧，答應和大家一起繼續戰鬥。粉碎敵人誘降陰謀以後，起義軍兵分兩路，一路由王仙芝率領，進入河南淮南、汝南等地；一路由黃巢率領，北上山東濟南、曲阜一帶活動。

西元876年，王仙芝戰敗被俘，首級被斬下傳至京師，王仙芝一支算是徹底失敗。黃巢一支，進展順利，一個多月後，這支隊伍擴大到好幾萬，直逼汝州。黃巢先率義軍一鼓作氣攻陷汝州，之後擺出佯攻洛陽的姿勢。「東都大振，百官脫身出逃。」正當唐王朝調集重兵準備保衛洛陽的時候，義軍出其不意，突然北折，佔陽武，攻鄭州，然後揮師南下，進取唐州、直逼湖北，連克郢（郢ㄧㄥˇ）州、復州，直達江淮重鎮揚州。唐廷急忙命令感化軍節度使薛能率部援救。黃巢在揚州虛晃一槍，提兵折向西南，入安徽克舒州。年底，義軍兵臨蘄（蘄ㄑㄧˊ）州城下。

黃巢率領義軍在幾十萬唐軍的圍追堵截之間宛如游龍，進退自如。他們以高速流動的作戰方式，在敵強我弱的形勢之下，避實就虛，以全力打擊唐軍，變防禦為進攻，削弱敵人，擴大自己，使義軍像滾雪球一樣，越滾越大。義軍攻下汝州後，接著剽掠關東，官軍屢次來討戰，都被殺敗。這時，義軍隊伍又發展到10多萬人。尚讓和其他首領共推黃巢為王，號稱「沖天大將軍」。

義軍在黃巢的統率下連克許多州縣，迅猛地逼近東都洛陽。唐軍加強了洛陽的防線，但江淮防禦卻因此出現漏洞。黃巢乘虛向南進軍，開始了踏遍大半個中國的萬里征戰。「軍國大計，仰於江淮。」江南歷來是唐朝財政命脈。為了實現大軍的南征，黃巢針對當時唐軍三路軍隊組成長江防線，企圖阻止義軍南下的部署，組織了幾次大規模的運動戰。

西元878年3月，黃巢率義軍從濮州出發，沿魯豫邊境插入河南中部，兵鋒直指東都洛陽。唐廷急調曾元裕軍離襄州，救援洛陽。曾軍北上，正中黃巢調虎離山之計，使唐軍長江防線出現缺口，為義軍南下打開了通道。黃巢率義軍乘長江防線之虛而入，直奔江淮，渡過長江天險，橫掃江西全境，兵陳宜州。

黃巢率領起義軍南下湖湘，轉入浙東，攻佔越州，進軍福州。12月，義軍攻克福州。經過幾個月的休整，於879年春繼續前進，5月攻佔南方重鎮廣州，又分兵取桂林，控制了整個嶺南地區。這次南征，充分顯示了農民戰爭的巨大威力。義軍在廣州停留了兩個月，當時因瘴疫流行，將士死亡眾多。大家勸黃巢不如北上以圖大業。

879年10月，義軍從桂州出發，沿湘江進入湖南，連克永、衡二州，又在潭州全殲唐軍。西元880年，義軍北上越過五嶺，從湖湘打到江浙，進逼廣陵，高駢（駢 ㄆㄧㄢˊ）閉城自守，各鎮戍都望風迎降。這年9月，黃巢大軍渡淮北上。11月11日，攻克洛陽，洛陽留守劉允章率領在洛陽的分司官迎降。黃巢繼續西進攻取陝州、虢州，進逼潼關。

潼關攻堅戰，是攻佔長安，徹底動搖唐朝反動政權的關鍵一仗。結果唐朝官軍全線崩潰，12月3日夜間，僖宗逃出開遠門向南奔往駱谷。4月，黃巢大軍到昭應（今陝西臨潼），宰相盧捷自殺，來不及逃命的文武百官，在金吾大將軍張直言的率領下來到灞上出降黃巢。5日，黃巢率軍進入長安城受到人民夾道歡迎。義軍南征北戰，歷時13個月，終於實現了「沖天香陣透長安，滿城盡帶黃金甲」的誓願。

西元881年1月16日，黃巢在長安含元殿正式即皇位，國號大齊，改元金統，並登丹鳳樓宣佈赦書，當時舊宰相都逃亡藏匿，黃巢搜訪不到，就任命楊希古、尚讓、趙章等為相，孟楷、蓋（蓋 ㄍㄜˇ）洪為左右軍中尉，費傳古為樞密使，許建、朱實、劉塘為軍庫使，朱溫、張言、彭攢（攢 ㄗㄢˇ）、季逵（逵 ㄎㄨㄟˊ）為諸衛大將軍、四面遊奕使。又挑選驍勇而且身材魁梧的5百人稱為功臣，派自己的外甥林言做他們的軍使，比之於唐朝的控鶴府。

起義軍佔領長安後，逐步滋長起來的驕傲、輕敵心理使得黃巢並沒有集中優勢兵力，乘勝追擊並徹底消滅僖宗小朝廷，肅清長安周圍各藩鎮兵力。這樣，隨著唐朝廷喘息之機的獲得及力量的逐步聚集，隨著義軍由攻勢轉入守勢，由大範圍的流動作戰，轉入局限於長安及其數州之地的保衛戰。起義軍的優勢便逐步喪失了，起義開始走向低潮。

西元881年2月，尚讓進攻鳳翔，鳳翔節度使鄭畋（畋）出兵抵禦，大敗尚讓於龍尾坡。5月6日，黃巢義軍佯裝撤離長安，悄悄露宿在東郊的灞上，趁敵人得意忘形，不加防範的混亂之際，黃巢揮兵從各門殺回長安，長安城又重新回到義軍手中。

西元882年，王處存會合忠武軍的部隊打敗尚讓，乘勝進入長安，受到城市百姓的熱烈歡迎。黃巢率領大軍撤離到城外。王處存未做防備，當夜被黃巢回軍襲擊，唐朝官軍大敗。黃巢知道了百姓曾歡迎官軍，極為憤怒，就下令洗城，成年男子幾乎被殺盡，血流遍地。

西元883年正月，李克用（李克用，本姓朱邪，沙陀族人，自唐太宗時，世代效忠於唐王朝。其祖父因平叛有功，被賜姓李，因此沿用李姓。李克用以鎮壓黃巢起義起家，後被賜封晉王，是唐朝末年勢力最大的藩鎮之一，後來他的兒子李存勖在他的基礎上建立後唐）率軍參戰。這年4月8日，李克用聯合忠武騎將龐從和黃巢大軍在渭南決戰，三戰三捷，黃巢義軍大敗。10日夜晚，黃巢率15萬大軍分頭撤出長安。

這年5月，黃巢的先鋒孟楷攻打蔡州，唐節度使秦宗權兵歸降，向黃巢稱臣。黃巢和秦宗權合兵進攻陳、許，背水紮營，陳州刺史出城迎擊，擊敗黃巢軍先鋒，擒斬孟楷。黃巢一向寵信孟楷，得知消息後大為悲痛，全軍圍攻陳州，在州城北面建築營壘，仿造長安宮闕的形式，號稱「八仙營」。

黃巢圍陳州3百餘日，百姓無從耕種，人人饑餓得靠倒在牆壁上。黃巢本來還可以繼續流動作戰，打擊唐朝，但由於圍攻陳州3百餘日。不但失去了向各地發展的大好時機，也使唐朝部署好了對義軍的追阻。

884年，黃巢在李克用騎兵追擊的情況下，東奔兗州，在瑕丘地方，又與唐將李師悅及叛徒尚讓激戰，終因寡不敵眾，大敗。黃巢寧死不屈，自刎於泰山狼虎谷襄王村（今山東萊蕪縣西南）。

朱溫篡唐：唐王朝結束

朱溫年少的時候就失去了父親，家境十分貧困，與自己的兩個哥哥跟隨母親依靠一個叫劉崇的人討生活，劉崇經常污辱朱溫，但劉崇的母親卻看出朱溫不是個平常人，要家裡人好好對待他。那時正值唐末，朝廷統治腐朽，變本加厲地剝削百姓，終於引發了大規模的農民起義。西元877年，黃巢發動起義，開啟了唐末軍閥割據的混亂局面，朱溫前往參加，之後屢立戰功，很受黃巢重用。

西元881年，起義軍進入長安，黃巢稱帝，開始安於享樂，不思進取，朱溫認真分析形勢，認為黃巢必將會被鎮壓，再加上親信規勸，於是率領手下的全部人馬投降官軍。唐僖宗很高興，封朱溫為右金吾大將軍，並賜朱溫名為朱全忠，並命他率兵討伐黃巢起義軍。經過近十年的征戰，黃巢起義最後被鎮壓，但軍閥割據的局面卻已經形成，唐王朝名存實亡，宣武節度使朱全忠、河東節度使李克用、鳳翔節度使李茂貞等實力極大，各方節度使擁兵自重，他們為了擴張自己的勢力而相互征討，國家兵禍連連。而當時，朱全忠和李茂貞都有挾制天子以號令諸侯的打算，都想把唐昭宗弄到自己的勢力範圍中去。

西元901年，唐昭宗和心腹大臣崔胤謀劃誅殺宦官，計畫敗露，事情急迫，崔胤便和朱全忠結黨，並送信給朱全忠，假稱奉有密詔，命令朱全忠率軍隊迎接皇上車駕，還說：「朱公您一定要迅速行動，不然功勞就要被李茂貞搶了！」朱全忠收到書信急忙發兵向皇城趕去。

大宦官韓全誨聽說朱全忠正火速趕來，驚恐萬分，決定投靠鳳翔節度使李茂貞，於是忙命人劫持了唐昭宗，強迫昭宗駕臨鳳翔，並擄掠了國庫內的錢財、珍寶，送往鳳翔。朱全忠知道後率兵圍攻鳳翔，李茂貞不敵，最後殺死了韓全誨等一眾宦官，與朱全忠和好，並將昭宗送出鳳翔。昭宗來到朱全忠的軍營，朱全忠一見唐昭宗就流著眼淚磕頭，昭宗也邊扶他起來邊抽泣道：「有了你，宗廟社稷才能再次安定，朕和眾皇族才能活命。」

朱全忠率軍護送昭宗回到長安，和崔胤一起將閹黨勢力連根拔起，朝廷賜朱全忠「回天再造竭忠守正功臣」的名號，朱全忠開始把持朝政。有一次，昭宗想要任用韓偓（偓ㄨㄛˋ）為宰相，韓偓則推薦趙崇和王贊二人，昭宗想要應允，崔胤不願意有人來分享自己的權力，就讓朱全忠入宮提出反對。朱全忠指責昭宗：「趙崇和王贊都是輕浮無才之人，韓偓怎麼能向陛下舉薦這樣的人做宰相呢？」昭宗見朱全忠氣勢洶洶，心中害怕，無可奈何地將韓偓貶為濮州司馬。離別時，昭宗拉著韓偓的手哭著道別，韓偓嘆氣道：「朱全忠已經不是以前那個為國為民的朱全忠了，我能夠被貶到遠離京師的地方也好，至少不用看到篡位殺君的災禍。」

西元904年，朱全忠逼迫昭宗遷都洛陽，也就是他自己的勢力範圍，並驅趕士族、百姓一同遷徒，一時間號哭遍野，都罵：「全是逆賊崔胤招了朱溫這隻狼來顛覆社稷。」朱全忠又命手下拆毀長安的宮殿、民舍，長安自此成了一片廢墟。

朱全忠派人監視昭宗，昭宗因為處處被朱全忠壓制，心中鬱悶，時常表現出對朱全忠的恨意，朱全忠很害怕，於是命令手下趁夜色以前線有急報為名，要求面見昭宗，昭宗的妃子剛打開門，就被士兵殺死，昭宗喝醉了，迷迷糊糊地起來，穿著單衣想要逃跑，也被殺死了。最後，年僅13歲的李柷（柷ㄓㄨˋ）被扶上帝位，成了昭宣帝。朱全忠聽到昭宗被殺的消息，還假裝震驚，撲倒在地放聲大哭：「這些奴才害死我了，讓我承受萬載罵名！」伏在昭宗的棺材上面哭泣。後來，朱全忠將唐昭宗的其餘九個兒子全都勒死，拋屍九曲池中。

朱全忠既然已經將小皇帝捏在了自已手中，便放下心來四處征討，擴大勢力，而他手下的謀士進言：「現在四方節度使發兵前來征討您，都是以擁戴唐室為名義，您應該先滅了唐室，這樣就不會再落人口實了。」朱全忠深以為然。後來，昭宣帝派御史大夫薛貽矩前去慰勞朱全忠，朱全忠委婉地表示了自已想要稱帝的願望，薛貽矩回來就對昭宣帝說：「元帥希望陛下能將帝位禪讓給賢德之人。」昭宣帝只得下詔將帝位禪讓給朱全忠，朱全忠推辭不受。大臣們見風使舵，共同奏請昭宣帝退位，並紛紛前往元帥府勸朱全忠即位。

西元907年，朱全忠更名為朱晃，登基為帝，接受唐室百官的朝拜。17歲的昭宣帝表面上被封為濟陰王，實際被囚禁了起來，第二年就被朱晃殺害了。至此，朱溫篡位，李唐的江山易主，近3百年的統治在這裡畫上了一個句號。

「無憂天子」北齊高緯

高緯是五代十國時期北齊（北齊：是中國南北朝時的北方王朝之一。西元550年，由文宣帝高洋取代東魏建立，國號齊，都城為鄴，史稱「北齊」）的皇帝，14歲的時候即位。不過他的父親當時還在掌權，等到四年後老皇帝去世他才掌權。

北齊朝廷中有一個叫做和士開的人，他是先帝的寵臣，很善於阿諛奉承，同樣很得高緯的歡心。高緯的弟弟琅琊王高儼一直很想除掉他。高緯一親政，和士開就開始慫恿高緯解除高儼的兵權。不過高儼也不好惹，脾氣很暴躁，聽到這個消息，馬上就組織了一隊人馬把和士開殺了。殺完和士開之後，手下的士兵們建議他造反，高儼竟然同意了。

高緯一聽說這件事，馬上召來忠臣斛律光。這個斛律光也一直想除掉和士開，聽說高儼殺了他，開心地笑道：「龍子做事，還真是跟凡人不一樣。」他來到宮中，看到高緯組織了四百兵士正準備出門與弟弟對陣。斛律光勸高緯說：「琅琊王的手下是為了殺和士開組織起來的，並不是都有謀反之心，只要您親往台階上一站，那些士兵就不敢動手了。」

果然，高緯一露面，高儼的軍隊就四散而逃，只剩下了高儼一個人。斛律光見狀，趕緊為高儼說情：「天子的弟弟殺個人算什麼大事呢。琅琊王現在年紀小，長大後就不會這樣了。」高緯很生氣，抽出高儼的佩刀用刀柄對弟弟的腦袋一陣擊打，然後才把高儼放了。母親胡太后瞭解深知高緯的性格，知道他不會輕易放過高儼，於是就把高儼帶在自己身邊。每次吃飯前，太后都會親口嘗試確定沒有毒之後再讓兒子吃。結果，高儼還是沒能逃過高緯的毒手。幾個月後，高緯趁胡太后睡覺的時候，邀請高儼去打獵，剛出門，高儼的雙手就被反綁，嘴被堵住，被扛到了皇帝的宮中殺了頭。

殺了高儼之後，高緯還是很害怕有人搶奪皇位，又擔心起宰相斛律光來。斛律光一家可以說是北齊的頂樑柱，斛律光和他的父親打了很多惡仗才使得北齊平安無事。斛律光本身也是名將。但是也因為他的才幹，高緯很害怕他會篡位，於是就找了人誣告斛律光謀反，然後把斛律光一家全部殺害了。當時北齊的死對頭北周皇帝聽到這個消息，高興地直跳，下令大赦全國來慶祝斛律光的死。

蘭陵王高長恭是高緯的堂兄，也是位有名的將軍。高長恭長相俊美，他總覺得自己的容貌過於陰柔，所以作戰的時候總是戴上面目猙獰的鐵面具來威嚇敵人。有一次洛陽被北周軍隊重重圍困，高長恭帶了五百騎兵突圍到城門下，城裡的士兵都不敢相信有人能打進來，害怕被騙所以都不敢開門。最後高長恭摘掉了面具，守軍一看真是蘭陵王，就趕緊開門接應。士兵們唱著《蘭陵王入陣曲》把高長恭迎進了城裡。

後來有一天高緯聽到了這首曲子，就對高長恭說：「深入陣列之中太危險了，一旦失敗了，後悔都來不及。」高長恭沒有思考就回答道：「這原本就是我們的家事，不覺得危險。」不料，「家事」這兩個字讓高緯心裡非常不痛快，開始對蘭陵王產生了猜忌。有一次高長恭患病，高緯馬上就派人送去了毒藥，還說是幫他治病。高長恭對自己的妃子長嘆：「我對陛下如此忠心，為什麼還要被毒死呢。」

殺掉了朝中最會打仗的人，高緯覺得自己的寶座安穩了，就開始吃喝玩樂。他先是過了一把封官的癮，找了一批為非作歹的人來擔任重要的官職，然後又把自己養的寵物分別封侯，還讓牠們享受俸祿。

他還在宮裡的後花園開闢了一塊地，在那建了一個村子，自己經常穿上破破爛爛的衣服在那裡裝成乞丐向宮女們討飯。後來又在裡面建了一個市場，有時候自己裝作賣家，有時候裝作買家，在那裡過討價還價的癮。北齊的百姓都諷刺他是個「無憂天子」

這個「無憂天子」還有一個非常寵愛的妃子叫做馮小憐。這個馮小憐原本是皇后身邊的侍女，當時的高緯很寵愛會彈琵琶的曹昭儀，為了奪回皇帝，皇后想出了一個主意：讓小憐去勾引皇帝，打敗曹昭儀。不過最後的結果是，小憐確實打敗了曹昭儀，但是皇后也被小憐打敗了。小憐能歌善舞，高緯很寵愛她，幾乎形影不離。高緯上朝的時候都要帶著小憐，讓小憐坐在自己腿上，兩人卿卿我我，大臣們見到這種情況，說話總是結結巴巴，國內的大事都沒有辦法彙報。

高緯置國事於不顧的時候，北周的武帝開始進攻北齊。西元576年，北周大舉進攻，包圍了平陽。當時高緯正在幹什麼呢？原來他正與小憐在附近打獵，得到消息之後，高緯也打算帶兵去救，可是小憐卻非要再玩一次。打獵這種遊戲，再玩一次最少要消耗一天，多了就得兩三天，結果等到高緯去救援的時候，平陽早就被攻下了。

來到平陽城下，小憐讓高緯親自帶兵去反攻平陽，高緯自然言聽計從，把平陽城團團圍住。北齊軍隊的戰鬥力超強，為收復失地又個個爭先，真是勢不可當。結果在北齊士兵的攻擊下，城牆破了好幾個大洞。在這關鍵時刻，高緯下令停止攻擊，傳召小憐來觀看千軍萬馬破城的壯觀景面。於是小憐開始梳洗打扮，等到她打扮好了，天已經黑了。她來到城前，抱怨天黑她看不清楚，讓明天再打，結果第二天下起大雪，小憐不想出門。等到天氣好轉，武帝已經帶著大軍到了。兩軍在各自皇帝的帶領下展開決戰。剛開始交鋒，北齊一個部隊略有後退，本來這是很常見的，結果小憐嚇得連喊敗了，快逃。高緯聽了這句話，馬上就撤退。本來北齊士兵一看皇帝臨陣逃脫，鬥志瞬間崩潰，最後被殺了一萬多人。

最後高緯被抓之後仍然乞求北周武帝把小憐還給他，武帝答應了他的請求，高緯非常感激，帶著家族的人投降了。半年以後，為了斬草除根，武帝找人誣告高緯謀反，滅了他們一族。小憐最後也上吊自殺了。

五代第一明君：周世宗柴榮

著名國學大師陳寅恪（恪ㄎㄜˋ）曾經說過：「華夏民族之文化，歷數千載之演進，造極於趙宋之世。」意思就是中華民族的文化到了宋朝達到了鼎盛。也是因為這個原因，宋王朝的開創者趙匡胤（趙匡胤ㄧㄣˋ：西元951年，郭威稱帝，建立後周，趙匡胤任禁軍軍官，周世宗時為殿前都點檢。西元960年，他發動陳橋兵變，代周稱帝，建立了宋朝）又被尊稱為「藝祖」。但是，宋朝輝煌的開創者並不是趙匡胤，而是有人為他奠定了基業，這位為宋朝的繁華奠定基礎的就是後周的世宗皇帝柴榮。他是五代十國時期最英明的君主，對中國歷史的進程也有很大的影響。

柴榮是今天的河北魏縣人，並沒有顯赫的家事。他得到的一切可以說都要感謝他的姑姑，為什麼這麼說呢？柴榮的姑姑原本是唐莊宗後宮的一名宮人，後來唐明宗發動政變，殺死了莊宗，他的後宮也被遣散了。柴榮的姑姑在回家的路上遇到了後來的後周太祖郭威，並且嫁給了他。

因為家庭貧窮，柴榮幼年時期便跟隨自己的姑姑一起生活。郭威非常喜歡這個謹慎厚道而且聰明伶俐的孩子，就把他收為養子，改名為郭榮。此時郭威地位還不高，生活也不富裕，因此在郭威為自己的未來奮鬥時，柴榮就幫助父親經營副業，經常走南闖北地去做生意。值得敬佩的是，柴榮不僅幫助父親維持了家庭的開銷，還堅持習文練武，最終變成了一位精通騎射並且熟讀詩書和諸子百家的文武全才。

他的養父郭威也不是等閒之輩，可以說是五代時候的大英雄，性格沉穩有謀略。在戰場上的勇猛表現使郭威迅速成了一位有名的將軍。郭威當時跟隨著一個叫做劉知遠的軍閥，很得劉知遠的信任。後晉被滅之後，郭威勸劉知遠自立為王，自己也一躍成為後漢的開國功臣。

劉知遠死後，漢隱帝即位，郭威被封為樞密使。漢隱帝劉承祐長大成人之後不想再受制於那些老臣，於是就殺掉了當時在京城的很多前朝官員。此時郭威正在外打仗，聽說很多開國功臣被殺，知道自己難逃一死，他選擇了鋌而走險，起兵造反。最後雖然起兵成功，但是在京城的全部家眷和子侄都被殺掉了。

柴榮長大後一直跟著養父郭威東爭西討，屢建奇功，他在養父郭威心目中的地位也越發重要。郭威稱帝之後3年在皇宮中病死，因為自己的親生兒子都已經被殺，所以皇位理所當然地傳給了柴榮。

五代十國時期是中國歷史中最黑暗動盪的時期，在54年的時間裡經歷了5個朝代，皇帝的更換就像走馬燈一般，各地的起義和戰爭也沒有間斷。柴榮即位還不到10天的時間，後漢不甘心自己的統治被後周取代，就與契丹勾結企圖推翻柴榮的統治。柴榮不顧大臣的勸阻御駕親征，沉著應戰，最後竟然以少勝多，把後漢的軍隊打了個落花流水。

戰爭結束後，柴榮對於軍隊中的人賞罰分明，戰爭中立下大功的人得到了很多賞賜，而那些貪生怕死的將領全都被處死了，隨後嚴厲整治了那些禍害軍紀的驕兵悍將。此後，他又提出「兵務精不務多」，下令讓各地的將軍把戰鬥力最強的士兵都送到京城，把這些士兵編成了最精銳的禁軍來保護京城的安全。後來的事實證明，周世宗的觀點是非常正確的，隨後的戰爭中，禁軍都產生了決定勝負的關鍵作用。北宋建立後，趙匡胤延續了這種禁軍制度，而且禁軍始終是北宋王朝實力最強的軍隊。

周世宗不僅有軍事才能，他也很善於治國。五代時期政治黑暗，官吏殘暴，百姓都苦不堪言。看到這種情況，周世宗大力整頓吏治，改革了科舉制度中存在的弊病，破格任用了一批有真才實學的人，讓他們為朝廷獻計獻策。他非常痛恨貪官，懲罰起貪官來絕不手軟，有一次他生父的好朋友犯了法，父親親自來說情，他仍然嚴厲地懲罰了那名貪官。他對官吏的考核十分嚴格。有一次，幾個官員藉公務之名去遊山玩水，被他知道後就貶了官。這件事在中國古代的官吏考核史上是非常罕見的。

因為周世宗小的時候曾經走南闖北，所以他對民間的疾苦非常瞭解，即位之後，他一直努力為百姓減輕負擔。他下令撤銷了正稅之外的一切稅收，禁止地方官把自己的賦稅轉嫁到普通百姓身上，就連歷代享受優待的曲阜孔氏的特權也被取消了。此外他鼓勵百姓去開墾新的土地，把沒有主人的荒地分配給沒有土地的人去耕種。

五代時期佛教非常盛行，人們為了逃避徭役紛紛「出家」，大量的金屬被用來鑄造佛像，使得銅價上漲，錢幣不足。周世宗為了維持穩定，採取了抑制佛教、打擊寺院經濟的措施，他下令禁止私自剃度，拆掉了數千座寺廟，勒令數十萬僧人還俗，還毀掉了很多銅佛像來鑄造錢幣。有大臣提醒他這樣可能會得罪佛祖，周世宗笑了笑說道：「讓世界和平是有利於千秋的功德啊！佛家曾經說過，如果有益於世間之人，手和眼都可以獻出來。現在毀掉了幾座銅像又有什麼關係呢？」

可惜的是，在收復幽州的關鍵時刻，周世宗忽然患病，不久在開封城病逝。大敗北漢之後，柴榮派兵伐蜀，一舉收回四州，使後蜀不敢輕舉妄動，也扼制了周圍的少數民族勢力。柴榮審時度勢，3次親征南唐，歷時兩年5個月，奪取了江淮之間14州60縣，逼南唐退守江南。後周大獲全勝，國力驟然增強。就在後周伐唐之際，北漢再次聯合契丹南犯。柴榮再次親征，42天之間，兵不血刃收復3州3關17縣，贏得了五代以來對遼作戰最大的勝利。柴榮率領諸將，打算乘勝進軍，一舉收復幽州。可惜就在這緊要關頭，他卻突然患病，被迫班師還朝，不久病逝於開封。

周世宗在位僅僅5年，在這5年裡，他清吏治，強國力，疏河道，為國家的統一打下了良好的基礎。宋朝統一全國僅僅用了20年，這是因為周世宗為宋朝奠定了基礎。史學家認為柴榮是照亮黑暗歷史天空的一顆明星，他又被後人尊稱為「五代第一明君」。

國家圖書館出版品預行編目資料

《資治通鑑》故事導讀 / 司馬光 作 姜波 編譯--
一版. -- 臺北市 :廣達文化, 2012.10
面 ; 公分. -- （典藏中國：36）（文經閣）
ISBN 978-957-713-509-4(平裝)
1.資治通鑑 2.歷史故事

610.23 100016945

書山有路勤為徑
學海無涯苦作舟

《資治通鑑》故事導讀

作者：司馬光
編譯者：姜波
叢書別：典藏中國 **36**
文經閣 編輯室 企畫出版
出版者：廣達文化事業有限公司
Quanta Association Cultural Enterprises Co. Ltd
編輯執行總監：秦漢唐

發行所：臺北市信義區中坡南路 287 號 4 樓
電話：27283588 傳真：27264126
E-mail：siraviko@seed.net.tw
本公司經臺北市政府核准登記.登記證為
局版北市業字第九三二號

印　刷：卡樂印刷排版公司
裝　訂：秉成裝訂有限公司
上　光：全代上光有限公司

代理行銷：創智文化有限公司
23674 新北市土城區忠承路 89 號 6 樓
電話：02-2268-3489 傳真：02-2269-6560

CVS 代理：美璟文化有限公司
電話：02-27239968 傳真：27239668

一版一刷：2012 年 10 月
定　價：300 元

書山有路勤為徑
學海無崖苦作舟

文經閣

書山有路勤為徑

學海無崖苦作舟

文經閣